AF371924

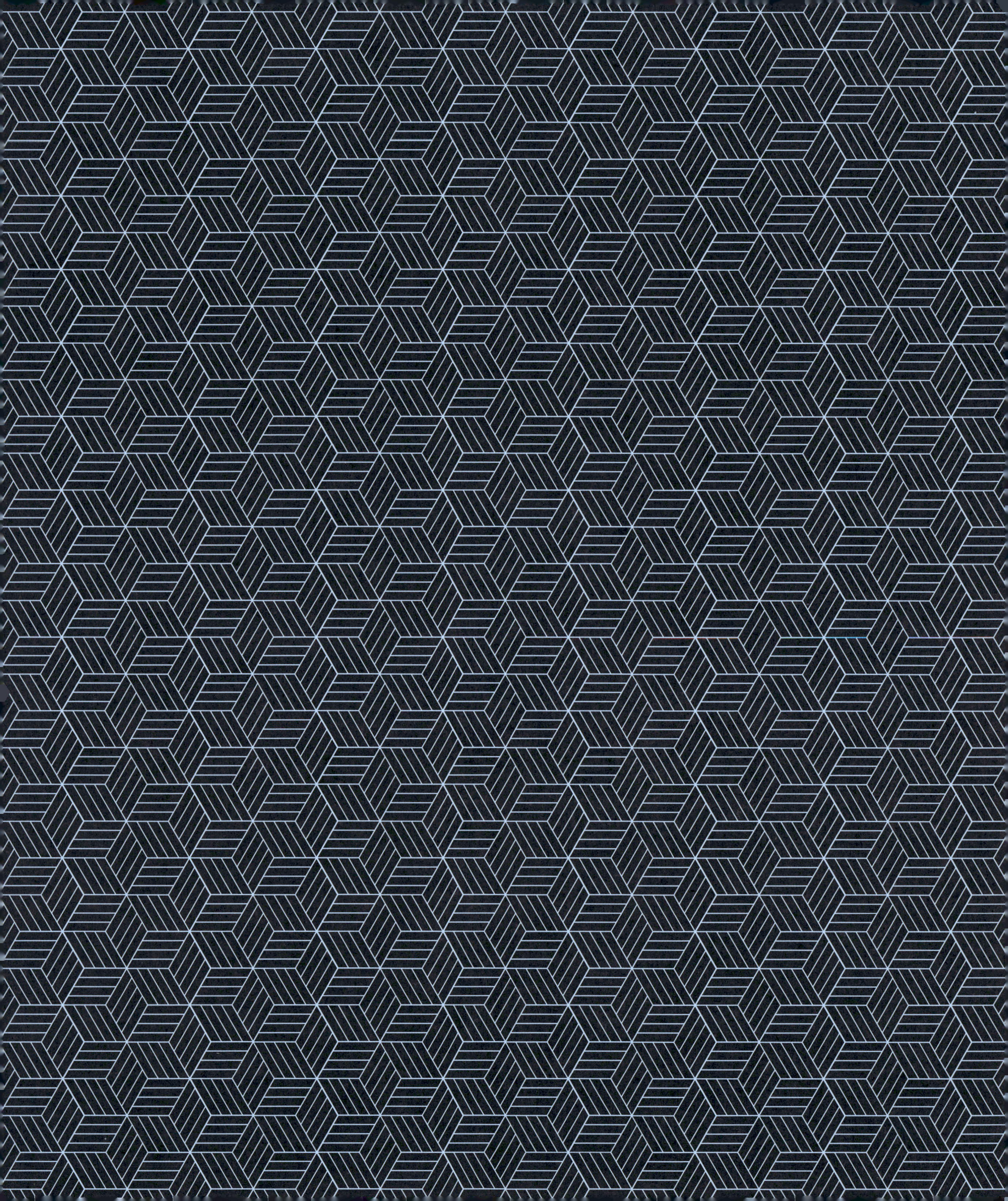

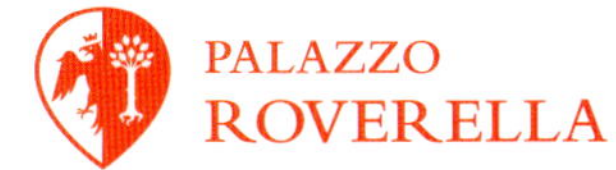

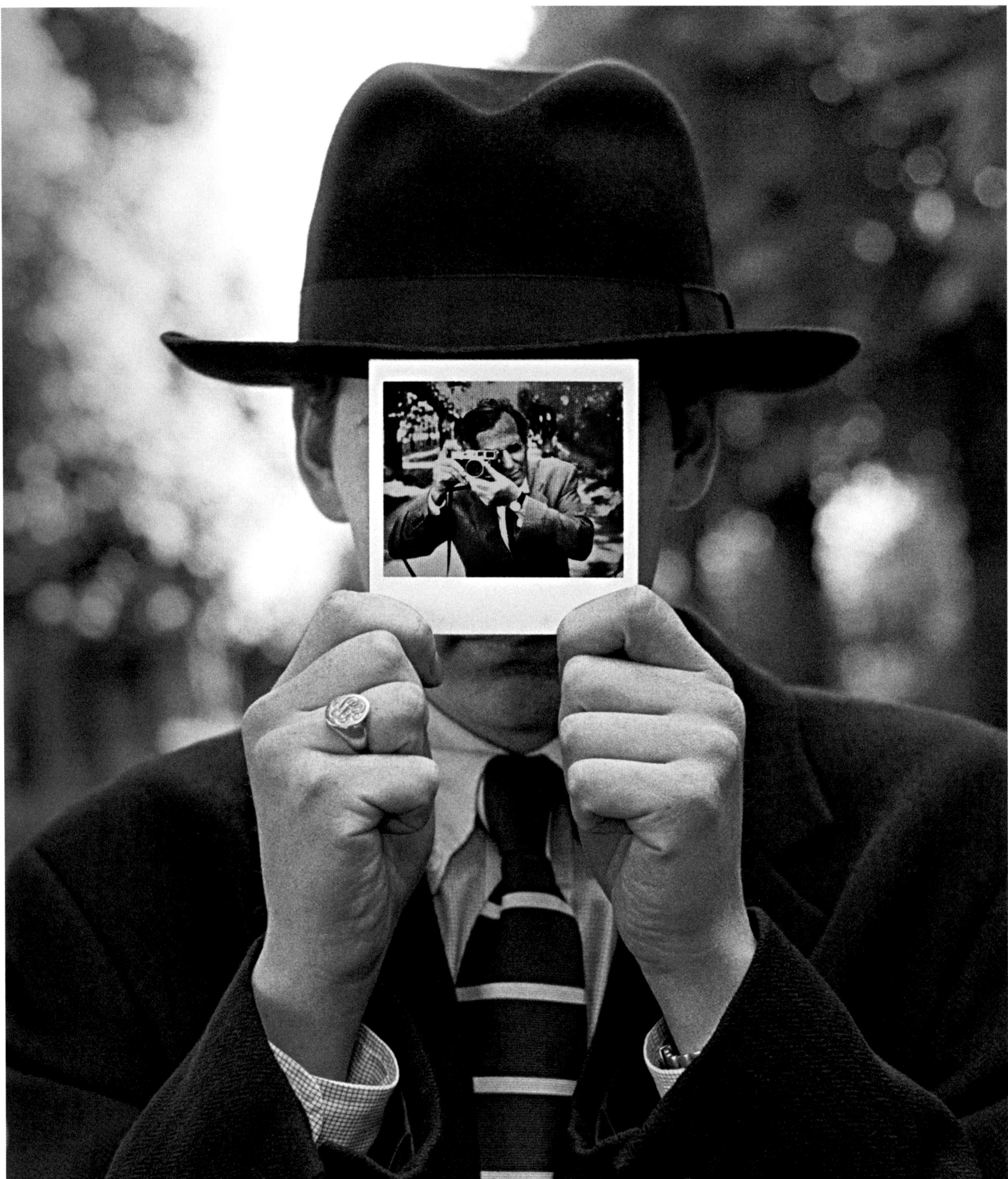

RODNEY SMITH

Fotografia
tra reale e surreale

Photography
between real and surreal

SilvanaEditoriale

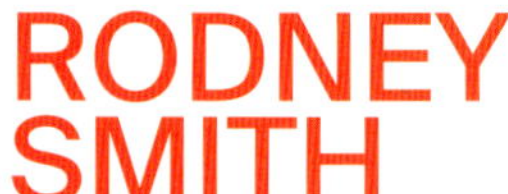

RODNEY SMITH

Fotografia
tra reale e surreale

Photography
between real and surreal

Rovigo, Palazzo Roverella
4 ottobre 2025 – 1 febbraio 2026

Mostra promossa da

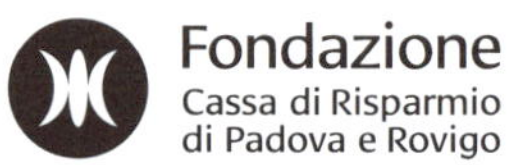

Fondazione
Cassa di Risparmio
di Padova e Rovigo

In collaborazione con

diChroma
photography

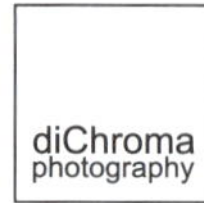

COMUNE
DI ROVIGO

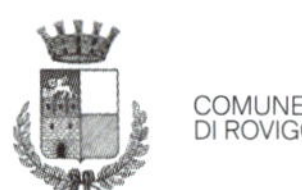

ACCADEMIA
DEI CONCORDI

Main sponsor

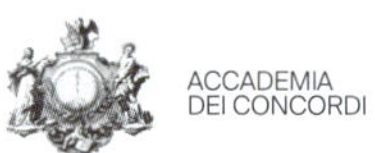

INTESA SANPAOLO

Mostra prodotta da

SilvanaEditoriale

**Coordinamento generale, organizzazione
e promozione**
Fondazione Cassa di Risparmio
di Padova e Rovigo

Presidente
Gilberto Muraro

Vice Presidenti
Damiana Stocco, Cesare Dosi

Segretario Generale
Roberto Saro

Ufficio Patrimonio artistico ed eventi espositivi
Alessia Vedova

Ufficio Comunicazione
Roberto Fioretto

Supervisione allestimento e logistica
Auxilia S.p.A.
Daniele Perazzolo

Silvana Editoriale

Direttore Generale
Michele Pizzi

Direttore Editoriale
Sergio Di Stefano

Direzione mostre
Nicolò Sponzilli

Art director
Giacomo Merli

Registrar
Sara Girelli
Marianna Palermo

Comunicazione e promozione
Alessandra Olivari

Comunicazione digitale
Guido Guzzo

Servizi generali, amministrazione e controllo
Giorgio Mattioli

Bookshop
Alessandro Vigliaroli
Giulia Verri

Mostra a cura di

Anne Morin
con la collaborazione di
Tessa Demichel

Estate of Rodney Smith
Direttrice
Leslie Smolan

Stampatore, archivista e responsabile di studio
Patricia Barrett

diChroma photography
Direttrice
Anne Morin

Dipartimento mostre
Tessa Demichel

Progetto dell'allestimento
Corrado Anselmi
con
Andrea Damiano, Monia Muraro

Progetto grafico e immagine coordinata
Giacomo Merli
con
Letizia Abbate

Installazioni multimediali
Bruno Stucchi, Dinamomilano
con Lorenzo Genta

Conservazione
Conservazione e Restauro di Ilaria Bianca
Perticucci

Assicurazioni
Colli&Vasconi
DUAL Italia

Trasporti e accrochage
Apice

*Realizzazione dell'allestimento
e dell'arredo urbano*
Stand Up

Realizzazione dell'impianto audio e video
Eurotecnica Salmaso

Ufficio stampa
Studio Esseci di Sergio Campagnolo

Sito web di Palazzo Roverella
palazzoroverella.com
Silvana Editoriale, Guido Guzzo

Digital Advertising
Moma Comunicazione

Social Media Management
Roberto Bianchi

Biglietteria
Vivaticket

*Call center, servizi in mostra, visite guidate
e laboratori didattici*
Pop Out

Audioguide
Imagineear

Catalogo a cura di

Anne Morin

Testi di
Susan Bright
Anne Morin
Leslie Smolan

Ringraziamenti
I promotori e la curatrice della mostra
desiderano esprimere la più profonda
riconoscenza a Leslie Smolan, Executive
Director della Estate of Rodney Smith,
per il generoso invito ad accompagnarli
in questa avventura in un mondo così sensibile
e complesso. La sua dedizione, l'occhio
attento e l'intima conoscenza di Rodney hanno
saputo rendere questa collaborazione gioiosa.
La sua custodia dell'eredità di Smith non è
semplicemente amministrativa, è spirituale.
Un ringraziamento speciale a Patricia Barrett,
la cui competenza nella stampa consente di
ammirare queste immagini, in cui ogni tonalità
vibra con esattezza e delicatezza. Il suo
lavoro risuona con la bellezza senza tempo
immaginata da Smith. Un ringraziamento anche
al resto del team di Smith che ha lavorato dietro
le quinte, Jennifer Scheutz-Domer, Katherine
Steinberg e Atticus Brady.
Grazie inoltre a Susan Bright per il suo sguardo,
la sua interpretazione cinematografica
e l'articolazione dello spazio in momenti
che Rodney amava tanto abitare.
La curatrice intende rivolgere un pensiero
speciale a Tessa Demichel, con la quale
ha il privilegio di lavorare da molti anni e la cui
complicità è così preziosa.

Dopo aver dedicato, in anni recenti, importanti esposizioni a figure centrali della fotografia del Novecento – penso a Robert Doisneau, Robert Capa, Tina Modotti e Henri Cartier-Bresson – Palazzo Roverella continua nel percorso tracciato, per offrire al pubblico l'opera di un acclamato fotografo che ha saputo costruire una poetica del tutto originale: Rodney Smith.

Palazzo Roverella, i visitatori abituali lo sanno, ha sviluppato e consolidato, in quasi vent'anni di esposizioni, un'attitudine a fare da apripista, offrendo al pubblico anche alcune "prime volte". Questa mostra, infatti, è la prima retrospettiva che l'Italia dedica a Rodney Smith. Rappresenta dunque un'occasione preziosa per scoprire l'opera di un fotografo il cui lavoro è stato spesso paragonato, per le atmosfere sospese tra realtà e immaginazione, all'opera di René Magritte.

Uomo colto, studioso di teologia e filosofia mosso da una ricerca continua del significato della vita, Rodney Smith ha trovato nella fotografia il linguaggio che gli ha consentito di esprimersi al meglio. La sua opera si inserisce a pieno titolo nel solco di quella fotografia che non si limita a documentare, ma che aspira a trasformare lo sguardo e, con esso, la percezione del mondo.

Le sue immagini iconiche catturano il mondo con humour, grazia e ottimismo, creando in chi le osserva stupore e ammirazione. Tre viatici di cui oggi, nei tempi difficili che stiamo attraversando, si avverte particolare bisogno, per non lasciarsi trascinare in una spirale discendente di sfiducia e alimentare invece la speranza: una missione che l'arte sa svolgere al meglio.

La Fondazione Cassa di Risparmio di Padova e Rovigo è lieta di avviare questa nuova avventura culturale in collaborazione con i partner di sempre, il Comune di Rovigo e l'Accademia dei Concordi, e con il prezioso sostegno che Intesa Sanpaolo non ci fa mai mancare.

Il nostro impegno nel sostenere la cultura e l'arte acquisisce nuovo vigore anche attraverso progetti come questo, che puntano a portare a Rovigo proposte nuove, di respiro internazionale, contribuendo a rendere la città e il Polesine tutto sempre più attrattivi e dinamici.

Ci auguriamo che questa mostra possa offrire al pubblico un'immersione nella bellezza, oltre che un'occasione di riflessione, e che le suggestive immagini di Rodney Smith, con la loro intelligente quanto profonda leggerezza, possano consentire un'esperienza coinvolgente a chi avrà il desiderio di scoprire l'opera di un grande fotografo del nostro tempo.

After hosting several exhibitions in recent years featuring the work of leading twentieth-century photographers—I am thinking of Robert Doisneau, Robert Capa, Tina Modotti, and Henri Cartier-Bresson—Palazzo Roverella is continuing in the same vein by offering the public a chance to view the work of the acclaimed photographer Rodney Smith, who developed a wholly original poetic vision.

As regular visitors know, over the course of almost twenty years of staging exhibitions, Palazzo Roverella has developed and consolidated a tendency to be something of a trailblazer, also offering viewers some "firsts." This exhibition is in fact the first retrospective of Smith's work to be held in Italy and is therefore a precious opportunity to discover a photographer whose output has often been related, due to his atmospheres suspended between reality and imagination, to that of René Magritte.

A cultured man who studied theology and philosophy and was constantly searching for meaning in life, Smith found in photography the language that enabled him to express himself most fully. His work lies squarely in the strand of photography that does not just document life but aspires to transform the gaze, and with it how we perceive the world. His iconic images capture the world with humor, grace, and optimism, stirring amazement and admiration in the viewer. In the difficult times we are living through, these three traits are particularly needed, to avoid being caught up in a downward spiral of disenchantment and to nurture hope instead—a mission that art can perform in exemplary fashion.

The Fondazione Cassa di Risparmio di Padova e Rovigo is pleased to launch this new cultural adventure in collaboration with our longstanding partners, the Comune di Rovigo and the Accademia dei Concordi, and with the invaluable and unfailing support of Intesa Sanpaolo.

Our commitment to sustaining culture and art acquires fresh vigor with projects like this, which aim to bring to Rovigo new offerings that are international in breadth and outlook. In so doing, they contribute to making the city and the whole of the Polesine area increasingly attractive and dynamic.

It is our hope that this exhibition will offer visitors a chance to immerse themselves in beauty and to find cause for reflection, and that Rodney Smith's evocative images, with their intelligent and profound lightness, will provide an engaging experience for those wishing to discover the work of one of the great photographers of our times.

GILBERTO MURARO
Presidente / Chairman
Fondazione Cassa di Risparmio di Padova e Rovigo

Accogliere per la prima volta in Italia una mostra dedicata a Rodney Smith, uno dei più raffinati interpreti della fotografia contemporanea, è per la nostra città motivo di grande orgoglio. Un'opportunità importante, resa possibile grazie alla sensibilità e alla visione della Fondazione Cariparo, che da anni sostiene e investe nel nostro territorio con progetti culturali di alto profilo, capaci di lasciare un segno profondo.

La mostra, allestita negli spazi di Palazzo Roverella, prezioso scrigno d'arte e punto di riferimento imprescindibile per la vita culturale della nostra comunità, è un viaggio affascinante nell'universo poetico e visionario di Rodney Smith. Le sue immagini ci parlano di un mondo sospeso tra sogno e realtà, che ci invita a riflettere e a guardare oltre le apparenze.

Questo prestigioso evento di alto valore artistico è un'ulteriore testimonianza di come la cultura possa essere motore di sviluppo per il nostro territorio, capace di generare ricadute positive non solo sul piano dell'identità e della coesione sociale, ma anche dal punto di vista turistico ed economico.

Mostre come questa rafforzano l'attrattività della nostra città, attirano visitatori da ogni parte d'Italia e dall'estero, valorizzano il patrimonio architettonico e contribuiscono a costruire un'offerta turistica di qualità. I visitatori della mostra potranno vivere un'esperienza completa che unisce arte, bellezza e accoglienza. Sarà un'occasione preziosa per immergersi in una narrazione visiva di rara intensità, che arricchisce il patrimonio culturale della città.

A nome dell'amministrazione comunale, desidero ringraziare la Fondazione Cariparo per il costante impegno nella promozione della cultura come bene comune e per aver reso ancora una volta Palazzo Roverella un palcoscenico d'eccellenza per l'arte internazionale, investendo in un progetto di così alto profilo. Un ringraziamento anche a diChroma photography che ha collaborato alla realizzazione della mostra, all'Accademia dei Concordi, sempre a fianco di questi progetti culturali, alla curatrice Anne Morin per la sensibilità e la professionalità con cui ha seguito e realizzato il percorso espositivo, e a tutti coloro che hanno contribuito al progetto.

Le fotografie di Rodney Smith stupiscono, affascinano e intrigano; invito quindi cittadini e visitatori a lasciarsi ispirare dal suo sguardo unico e a vivere la città con lo stesso spirito di meraviglia che permea le sue immagini.

It is a source of great pride for our city to host, for the first time in Italy, an exhibition devoted to Rodney Smith, one of the most sophisticated exponents of contemporary photography. This important opportunity has been made possible thanks to the sensibility and vision of the Fondazione Cariparo, which for years has supported and invested in the area with high-profile cultural projects capable of making a profound impact.

Held in Palazzo Roverella, an artistic gem and a key point of reference for the cultural life of the community, the exhibition is a fascinating journey through Smith's poetic and visionary universe. His images speak to us of a world suspended between dream and reality, inviting us to reflect and to look beyond appearances.

This prestigious event of great artistic value is further evidence of how culture can drive local development, creating positive effects not just in terms of identity and social cohesion but also from the point of view of tourism and the economy.

Exhibitions like this reinforce the appeal of the city, attract visitors from all over Italy and abroad, enhance the value of our architectural heritage, and help to build a quality tourist offer. Visitors will be able to enjoy a complete experience combining art, beauty, and hospitality. The show will be an invaluable chance to immerse oneself in a visual narrative of rare intensity that enriches the city's cultural heritage.

On behalf of the City Council, I would like to thank the Fondazione Cariparo for its unflagging commitment to promoting culture as a common good and for having once again made Palazzo Roverella a fabulous stage for international art by investing in such a high-profile project. Thanks also to diChroma photography, who collaborated on the exhibition project, to the Accademia dei Concordi, always at our side on cultural projects of this kind, to the curator Anne Morin for the sensitivity and professionalism with which she designed the exhibition, and to everyone who contributed to the project.

The photographs of Rodney Smith amaze, fascinate, and intrigue, and so I would urge residents and visitors alike to allow themselves to be inspired by his unique gaze and to live the city with the same spirit of marvel that imbues his images.

VALERIA CITTADIN
Sindaco / Mayor
Comune di Rovigo

Le brillanti ironie di Rodney Smith

Alle tante, autorevoli declinazioni della fotografia, del suo ruolo sociale, del valore estetico e del potere comunicativo di questo irrinunciabile *medium* del mondo moderno, il newyorkese Rodney Smith – di cui stanno per ricorrere i dieci anni dalla morte – ha aggiunto a parere generale una originale quanto preziosa testimonianza di creatività e di stile, di leggerezza e di ironia. Dopo aver documentato l'attività di maestri internazionali come, fra gli altri, Doisneau, Modotti, Cartier-Bresson, le sale del Roverella restano sui sentieri alti della fotografia mondiale accogliendo a Rovigo per la prima volta in Italia una rassegna monografica del talento brillante e inconfondibile di Smith. Un mix di eleganza, di rigore, di cura formale, nei tanti ritratti, negli infiniti scatti del mondo della moda, nelle visioni di architetture e di ambienti, nel linguaggio soprattutto del bianco e nero, una realtà vera ma rischiarata sempre e invariabilmente dal brillio di tocchi di surrealtà e di intelligenza che colpiscono e fanno meditare.

L'*esprit* di Rodney Smith, intinto di cultura e di studi di teologia e di filosofia, partecipe delle poetiche e dell'espressività di protagonisti del mondo del cinema e dell'arte del suo tempo, interroga con vivezza e garbo l'anima dei suoi contemporanei. "Ansioso e solitario" come si sentiva, ha proposto immagini perfette, levigate, quanto a trama di linee, di equilibrio, di forma e di contenuto, assai spesso con luce naturale, mai ritoccate in seguito. Con una griffe tutta sua: quella dell'inserimento di elementi, di dettagli, di particolari bizzarri e fuori posto, "surreali", alla Magritte e soci estrosi. Hanno conferito genio e vivezza alla sua galleria visiva, gloria e successo alle sue opere conservate ora in musei, gallerie, collezioni importanti. E con candore pari a un buffetto ci invitano ancora oggi con gentilezza alla complicità di riflessioni in profondità, non scontate e fuori dagli schemi.

The brilliant ironies of Rodney Smith

To the many, authoritative trends of photography, of its social role, aesthetic value, and the communicative power of this crucial medium of the modern world, the New York photographer Rodney Smith—the tenth anniversary of whose death is approaching—has added, it is generally agreed, an original and invaluable contribution of creativity and style, lightness and irony. After showcasing the work of internationally renowned photographers such as Doisneau, Modotti, and Cartier-Bresson, among others, Palazzo Roverella in Rovigo remains amid the peaks of world photography by hosting, for the first time in Italy, a monographic exhibition focusing on Smith's brilliant and unmistakable talent. His many portraits, his countless images of the fashion world, and his photos of buildings and settings, largely in black and white, combine elegance, rigor, and attention to form, conveying an authentic reality invariably illuminated by brilliant touches of intelligence and of the surreal that are striking and thought-provoking.

Steeped in culture and theological and philosophical studies, and attuned to the poetic vision and expressiveness of the leading lights of the film and art world of his time, Smith explored the spirit of his contemporaries with liveliness and grace. "Anxious and solitary," as he felt himself to be, he produced images that are perfect and polished in their lines, balance, form, and content; very often shot in natural light, they were never retouched afterwards. With a signature note of his own: the insertion of bizarre, out-of-place, "surreal" elements and details in the manner of Magritte and other whimsical artists. These imparted brilliance and liveliness to his visual gallery, and glory and success to works now held in leading museums, galleries, and collections. With arresting candor they still politely invite our complicit engagement in Smith's profound, surprising, and unconventional vision.

PIER LUIGI BAGATIN
Presidente / President
Accademia dei Concordi

Intesa Sanpaolo è lieta di sostenere la Fondazione Cassa di Risparmio di Padova e Rovigo nel varo del progetto "Rodney Smith. Fotografia tra reale e surreale", curato da Anne Morin e dedicato al fotografo newyorkese scomparso nel 2016.

L'iniziativa, realizzata in collaborazione con diChroma photography, Comune di Rovigo e Accademia dei Concordi, presenta per la prima volta in Italia, a Palazzo Roverella di Rovigo, un'ampia monografica di Rodney Smith, noto in tutto il mondo per i suoi scatti caratterizzati da eleganza compositiva e ironia quasi surreale insieme a rimandi al grande cinema.

Con questa anteprima, Palazzo Roverella conferma il valore delle sue proposte espositive di assoluta rilevanza nel panorama culturale del Paese. La mostra rodigina offre infatti al pubblico italiano l'opportunità di conoscere un protagonista della fotografia internazionale: un uomo colto, studioso di filosofia e teologia, alla continua ricerca del significato ultimo delle cose. Le sue affascinanti immagini, che portano ordine nel caos, trasmettono a chi guarda una sorta di stupore sereno, catturando il mondo con garbo e ottimismo.

Realizzate con semplice pellicola e luce naturale, mai ritoccate, le fotografie di Smith si distinguono per il rigore formale e l'attenta cura artigianale, rivelando quel vitale nesso fra tradizione e innovazione che il Progetto Cultura di Intesa Sanpaolo mira a mantenere vivo e sviluppare mediante le Gallerie d'Italia. In particolare, questa mostra è in sintonia con l'impegno che le Gallerie torinesi dedicano alla promozione della cultura fotografica.

Alla Fondazione Cariparo, punto di riferimento per la valorizzazione del patrimonio storico e artistico, non solo locale, un vivo plauso per la qualità delle iniziative proposte.

Intesa Sanpaolo is proud to support the Fondazione Cassa di Risparmio di Padova e Rovigo in the project *Rodney Smith. Photography between real and surreal*, curated by Anne Morin and dedicated to this outstanding New York photographer, who passed away in 2016.

This exhibition, the fruit of collaboration with diChroma photography, the Comune di Rovigo, and the Accademia dei Concordi, presents for the first time in Italy, at Palazzo Roverella in Rovigo, the work of Rodney Smith, who is known worldwide for his shots characterized by compositional elegance and almost surreal irony, with allusions to the great tradition of cinema.

Palazzo Roverella thus affirms the quality of its shows and its place of relevance in the country's cultural panorama. The exhibition gives in fact the Italian public an opportunity to become familiar with this protagonist of international photography—a highly cultured man, a scholar of philosophy and theology in search of the ultimate meaning of things. Capturing the world with grace and optimism, his fascinating images bring order to chaos, transmitting to the viewer a serene sense of wonder.

Smith's photographs, produced on simple film and using natural light, were never retouched. They stand out for their formal rigor and careful artisanal attention, foregrounding that vital connection between tradition and innovation that Intesa Sanpaolo's Progetto Cultura aims to preserve and develop in its Gallerie d'Italia. In particular, this exhibition is in line with the efforts made by the Gallerie in Turin to promote the culture of photography.

I wish to heartily thank Fondazione Cariparo, a point of reference for the promotion of local (and not only local) historical and artistic heritages, for the quality of the initiatives it has put forth.

GIOVANNI BAZOLI
Presidente Emerito / President Emeritus
Intesa Sanpaolo

SOMMARIO
CONTENTS

IL PARADOSSO DI RODNEY SMITH

Leslie Smolan

Una volta Rodney Smith disse: "Se una foto ha una risposta per ogni domanda, non serve guardarla più di una volta". Lo stesso si potrebbe dire delle persone: le più interessanti sono quelle più complicate, quelle che ci spingono a indagare a fondo. E Rodney Smith era, senza dubbio, il più affascinante degli uomini.

Era l'emblema delle contraddizioni. Prediligeva la classe operaia e i poveri, che riteneva ben più degni rispetto ai suoi genitori benestanti. Non esitò a rinunciare ai beni materiali, ma al tempo stesso era ossessionato dagli oggetti di fattura raffinata e durevole bellezza. Era un pensatore profondo, che rifletteva sulle questioni esistenziali della natura umana, ma il suo lavoro era in grado di esprimere un grande senso di leggerezza e ironia.

La personalità di Smith era altrettanto sfaccettata. Aveva un gran senso dell'umorismo e amava provocare, capace di colpire nei punti più sensibili con la precisione di un cecchino, ma rimaneva pur sempre un insegnante empatico e attento. Scattava foto per il piacere di farlo, ma dava importanza soprattutto al manufatto, l'espressione materiale della sua visione creativa. Rodney combatteva ogni giorno con l'ansia generata dalle sue aspettative, ma durante un servizio fotografico si trasformava completamente: calmissimo, divertente e totalmente presente, amava abbandonarsi al momento della creazione.

Questo libro illustra tale dicotomia attraverso due prospettive distinte sulla sua opera.

Il saggio di Susan Bright, *Visioni cinematografiche*, esplora le immagini di Smith attraverso una lente culturale. Spiega come le sue fotografie, pur catturando la sintesi di un singolo istante, siano pervase da un forte senso di anticipazione. Sono immagini che invitano l'osservatore a completare la storia attraverso la sua immaginazione, lasciando spazio alla creatività e alla fantasia. Bright sottolinea come il fortunato lavoro di Smith renda omaggio all'eleganza stilizzata degli anni trenta e degli anni sessanta, trascendendo la realtà per raccontare storie sul mondo di portata più vasta.

Dal canto suo, invece, il saggio di Anne Morin, *L'architettura dell'aria*, indaga l'interiorità – la ricerca dell'anima, l'elemento psicologico, lo stato onirico e i demoni spirituali che hanno alimentato l'arte di Smith. Partendo dalla formazione teologica dell'artista, Morin esplora le basi filosofiche della sua opera e mette soprattutto in evidenza la sua strenua lotta con la fallibilità umana: "Questa idea di imperfezione non ha mai smesso di tormentare Smith per tutta la vita, sempre in preda a un ossessivo dualismo: perdersi nell'oscuro labirinto che è l'enigma dell'essere o elevarsi come un superuomo verso Dio", afferma eloquentemente l'autrice.

A prima vista, queste due prospettive d'indagine possono sembrare in contraddizione, ma forse rappresentano l'intero spettro delle emozioni umane. Smith ha sempre cercato di catturare questa complessità nelle sue fotografie, attraverso la qualità della luce, un momento fugace, o il linguaggio del corpo umano.

Come sua committente, poi moglie, e successivamente direttrice della Rodney Smith Estate, ho vissuto questa complessità molto da vicino. La nostra prima interazione è stata di natura professionale, con Smith che rifiutava le mie indicazioni, sostenendo che la sua fedeltà era all'immagine, non a me. E ho presto scoperto che aveva sempre ragione: le sue fotografie superavano sempre, e di gran lunga, la mia idea iniziale.

Durante la nostra vita insieme mi ha insegnato ad affinare il mio modo di guardare al mondo e a ricercare con insistenza la massima qualità. Quando Rodney era soddisfatto, mi sembrava di aver raggiunto un obiettivo che andava ben oltre le mie aspettative: un'esperienza condivisa dalle tante persone che lavoravano a stretto contatto con lui.

In ultima istanza, tanto l'esplorazione visiva di Bright quanto l'indagine filosofica di Morin convergono su quella che è l'essenza del lavoro di Smith: la sua straordinaria capacità di catturare la natura intricata e contraddittoria dell'esistenza umana. Susan mette in luce la tensione fra il desiderio di perfezione e la malinconia che vi soggiace, Anne rivela il tormento della lotta fra il nulla e il divino. Insieme, le due studiose mostrano come le fotografie di Smith, con la loro composizione impeccabile, i loro mondi immaginari e quelle figure così enigmatiche, riescano a dare corpo a questa profonda dualità.

Che siano viste come narrazione visiva o ricerca filosofica, le sue fotografie possiedono sempre un potere trascendente che continua a risuonare ancora oggi, molto dopo la sua scomparsa. Ci sfidano a guardare il mondo e noi stessi attraverso una lente diversa che ci consente di abbracciare la bellezza, la stravaganza, l'umorismo, la malinconia e lo sforzo incessante. Il suo lavoro ci ricorda che l'esistenza umana è, in fondo, un esercizio di mirabile contraddizione: siamo capaci di incarnare simultaneamente esperienze multiple e apparentemente incompatibili.

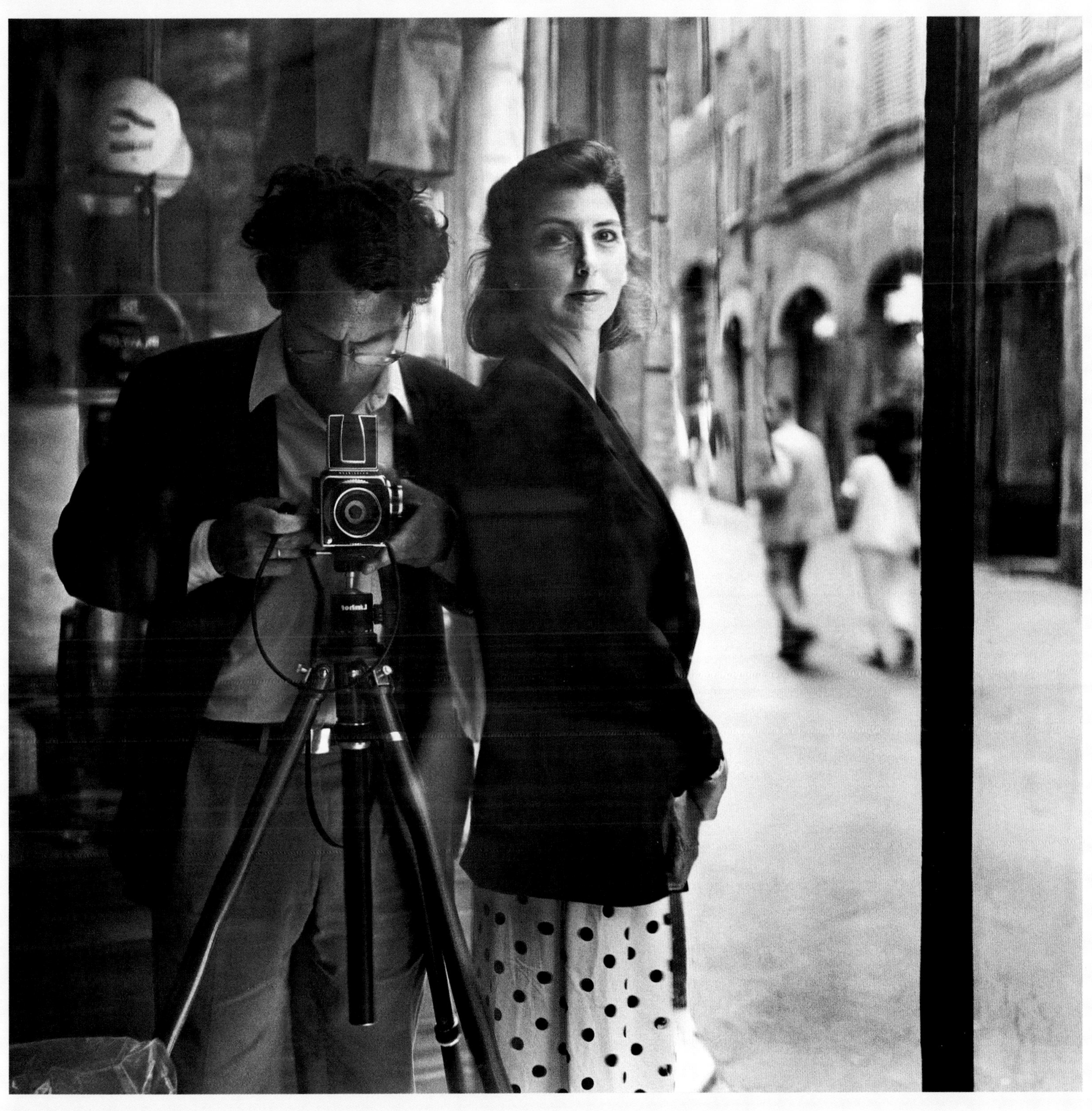

Self-portrait with Leslie
Siena, Italy
1990

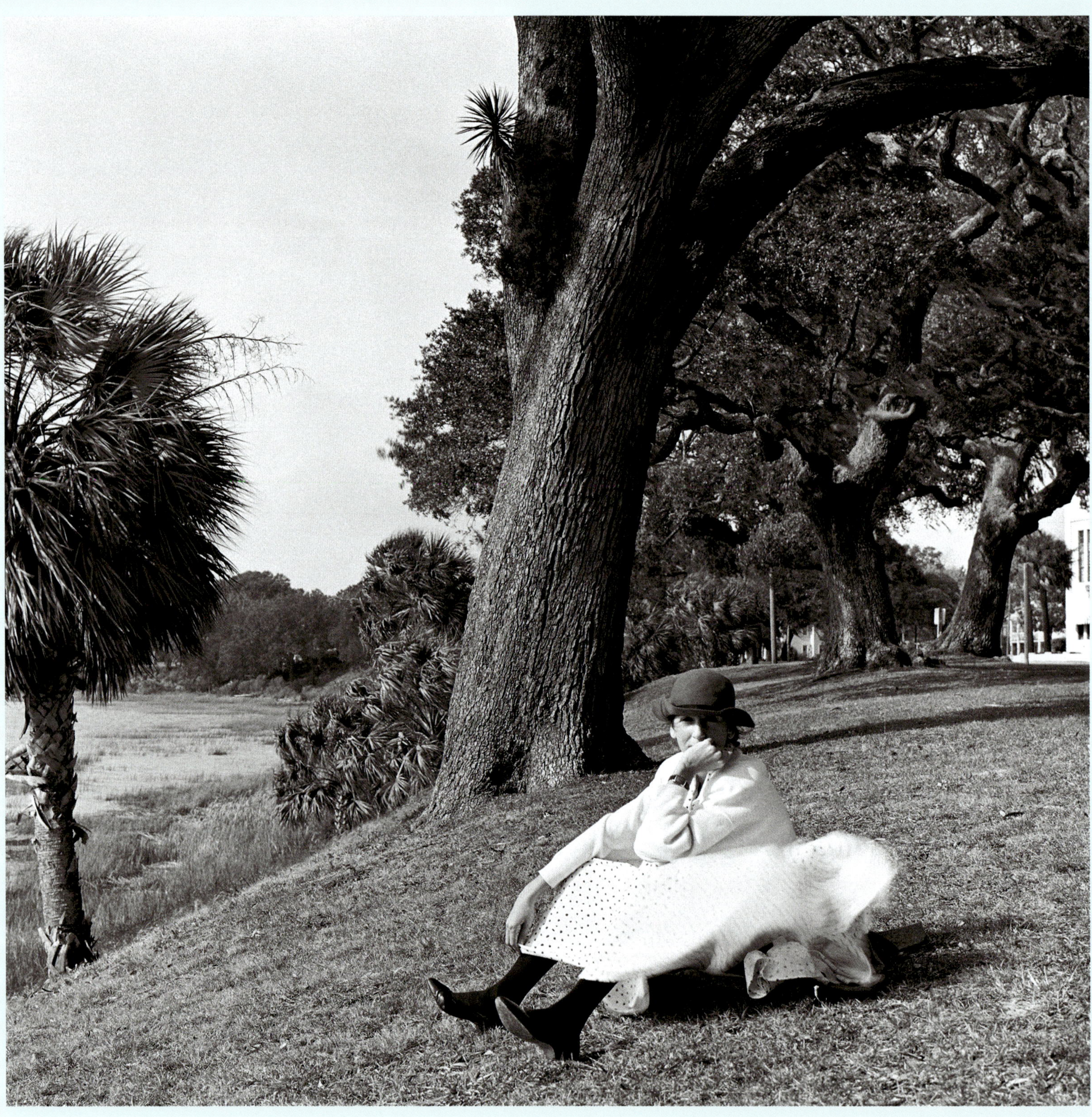

Leslie
Beaufort, South Carolina
1989

THE PARADOX OF RODNEY SMITH

Leslie Smolan

Rodney Smith once said, "If a picture answers every question, it's not worth looking at it more than once." The same thing could be said about people. The most interesting individuals are the most complicated, and the ones who compel us to explore more deeply. And Rodney Smith was, without a doubt, one of the most fascinating of men.

He was a study in contradictions. Drawn to the working class and the poor, whom he saw as more noble than his affluent parents, Smith was quick to discard material possessions. Yet, he was obsessively devoted to maintaining objects of exceptional craftsmanship and enduring beauty. A deep thinker who pondered existential questions about human nature, his work simultaneously possessed a remarkable lightness and humor.

Smith's personality was equally nuanced. He had a provocative sense of humor, hitting a sensitive spot with the precision of an expert marksman, yet remained a compassionate and interested teacher. He took pictures for the experience but prized the artifact, the material expression of his creative vision above all. Day-to-day, Rodney wrestled with anxiety about personal expectations, but during a photo shoot, he transformed completely. Totally calm, funny, and utterly present, he would surrender himself to the moment of creation.

The book you hold in your hands illustrates this dichotomy through two distinct perspectives on his work.

Susan Bright's essay, "Cinematic Visions," explores Smith's images through a cultural lens. She articulates how his photographs, although capturing a single distilled moment, are laden with anticipation and invite viewers to complete the story through their imagination. Bright notes that Smith's well-known work pays homage to the stylized elegance of the 1930s and 1960s, transcending reality to tell broader stories about the world.

In contrast, Anne Morin's essay, "The Architecture of Air," delves into the interior—the soul-searching, the psychological, the dream state, and the spiritual demons that fueled Smith's art. Drawing on his theological background, Morin explores the philosophical underpinnings of Smith's work. She emphasizes his engagement with philosophical thought and highlights his perpetual wrestle with human fallibility. As she eloquently puts it, Smith was always "in the grip of this obsessive duality: that of abandoning oneself in the dark labyrinth that is the enigma of being, or rising like a superman to God."

At first glance, these perspectives might seem contradictory, but they perhaps represent the full spectrum of human emotion. Smith consistently sought to capture this complexity in his photographs—through the quality of light, a fleeting moment, or human body language.

As his client, wife, and later director of the Rodney Smith Estate, I experienced this complexity intimately. Our first interaction was professional, with Smith refusing my direction and asserting that his allegiance was to the image—not to me. I soon discovered he was invariably right: his photographs always surpassed my initial ideas.

During our life together, he taught me to edit the world with greater refinement and to insist on the highest quality. When Rodney was satisfied, I had achieved something beyond my own expectations—an experience shared by many who worked closely with him.

Ultimately, both Bright's cinematic exploration and Morin's philosophical excavation converge on the essence of Smith's work: his extraordinary ability to capture the intricate, often contradictory nature of human existence. Susan highlights the tension between aspirational perfection and underlying melancholy, while Anne reveals the torment of striving between nothingness and divinity. Together, they illuminate how Smith's photographs—with their impeccable composition, imagined worlds, and enigmatic figures—embody these profound dualities.

Whether viewed through cinematic narrative or philosophical quest, his images possess a transcendent power that continues to resonate long after his passing. They challenge us to see the world, and ourselves, through a different lens—one that embraces the beautiful, the strange, the humorous, the melancholic, and the eternally striving. His work reminds us that being human is, at its core, an exercise in beautiful contradiction: capable of embodying multiple, seemingly incompatible experiences simultaneously.

VISIONI CINEMATOGRAFICHE

Susan Bright

Al cuore di ogni film che ci coinvolge sta una domanda fondamentale: cosa succederà dopo? Questo flusso di aspettativa costituisce la linfa vitale del cinema, affascinando il pubblico e incoraggiando l'investimento emotivo. È in questo regno della possibilità, in questo momento di animazione sospesa che il cinema fiorisce davvero. L'attesa dello svolgersi degli eventi si allinea al nostro innato desiderio di narrazione e di significato, permettendoci di entrare in contatto con quelle storie a un livello profondo. In sostanza, il cinema è una visione dello spirito umano e riflette i nostri sentimenti più profondi, le nostre aspirazioni più elevate. È una testimonianza della creatività umana e offre una piattaforma per indagare idee ed emozioni complesse.

La fotografia, però, non possiede la capacità narrativa del cinema e viene spesso percepita come un punto anziché una linea: un istante cristallizzato. Di conseguenza, nella maggior parte dei casi le riflessioni sul mezzo fotografico lo considerano strettamente legato al tempo: un *memento mori* che cattura un istante irripetibile. È affascinante esplorare il rapporto con il tempo nel lavoro di Rodney Smith, poiché le sue immagini trasmettono un forte senso di sospensione temporale. Si resta sorpresi guardando le date di realizzazione delle sue fotografie: gran parte dei suoi scatti più celebri risale agli anni novanta e ai primi del nuovo secolo, eppure evocano atmosfere degli anni trenta o, talvolta, dei sessanta. Quello che percepiamo è un tempo immaginato, l'omaggio a uno stile, un'eleganza e una grazia che appartengono a un'epoca idealizzata. In tutto ciò, emerge un elemento di fantasia[1].

Questo legame con una presunta "età dell'oro" è finzione e simulazione: com'è noto, il XX secolo è stato tutt'altro che raffinato. Tuttavia, non era la realtà a interessare Smith, il suo scopo era raccontare storie, costruendo la propria personale visione di un'America immaginaria, simile a quella evocata da romanzi come *Il grande Gatsby* di Francis Scott Fitzgerald, dalle star del cinema come Cary Grant, e da alcune fotografie di Irving Penn. Una visione della vita che parla di estati calde temperate da brezze leggere, pantaloni bianchi e mocassini, case negli Hamptons, uomini in abiti impeccabili e donne bellissime ma riservate, intente a prepararsi per la cena. Nell'aria c'è profumo di fichi e di fresie, in sottofondo una musica soave. Queste narrazioni evitano deliberatamente la realtà e ignorano il lavoro necessario per mantenere le apparenze e sostenerne il costrutto. Come afferma Smith, "Rappresento un mondo che è possibile se le persone agiscono al meglio. È un mondo leggermente fuori portata, oltre l'esperienza quotidiana, ma decisamente non impossibile."[2] Questo desiderio di appartenenza è alla base di tutta l'opera di Smith: la volontà di immortalare un mondo accessibile a un certo tipo di persone.

I parallelismi tra lo stile fotografico di Rodney Smith e alcune tradizioni e convenzioni cinematografiche sono innegabili[3]. Il suo approccio dimostra come un singolo fotogramma

---

1   Questa visione appartiene a molti dei marchi conservatori per cui ha lavorato, come Saks, Brooks Brothers e Neiman Marcus, che attingono tutti a un sentimento americano simile per la loro identità aziendale.

2   https://rodneysmith.com/about/ (ultimo accesso 23 settembre 2024).

3   Esiste una vasta letteratura sulla sovrapposizione dei due mezzi; una fonte eccellente è D. Campany, *Photography and Cinema*, Reaktion Books, London 2008.

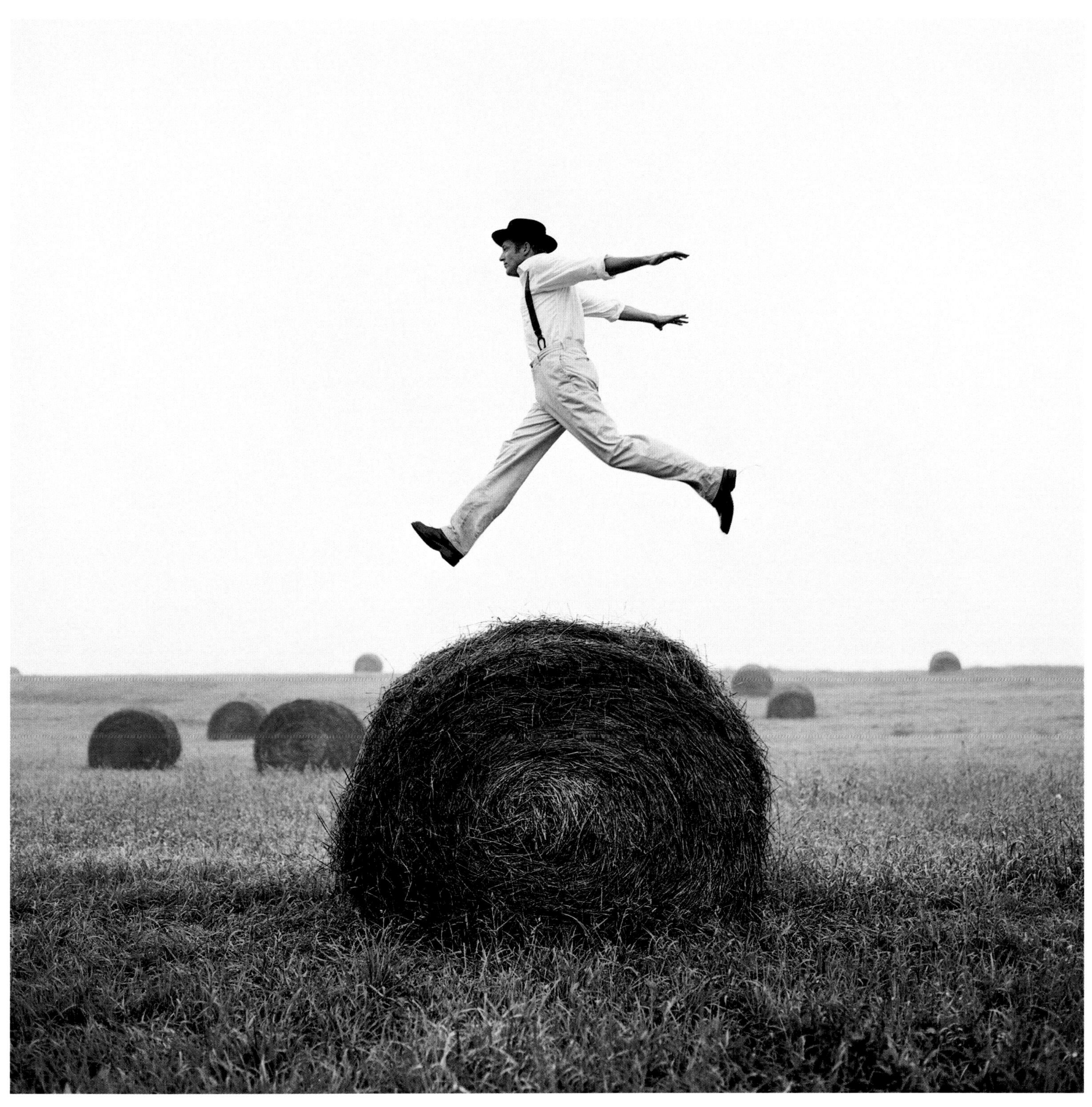

Don Jumping over Hay Roll No. 1
Monkton, Maryland
1999

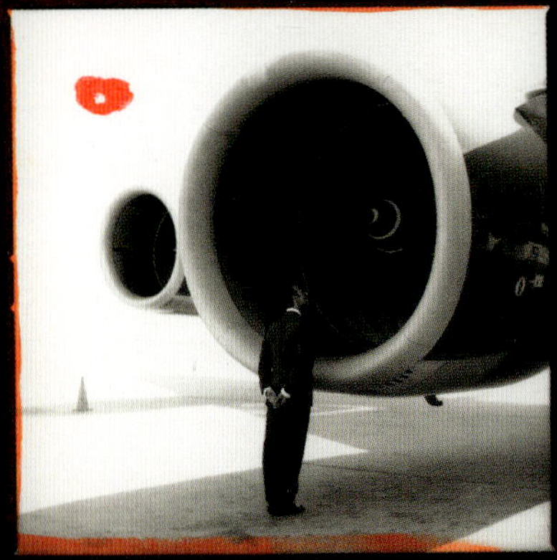
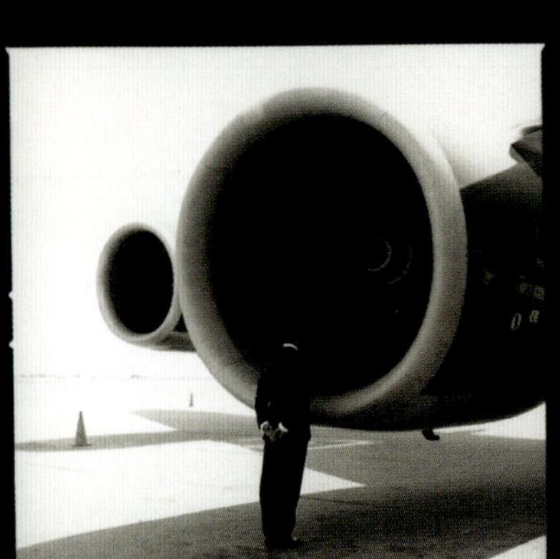
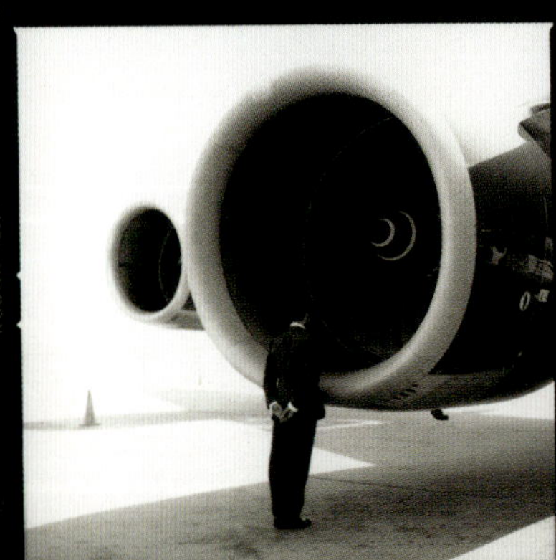
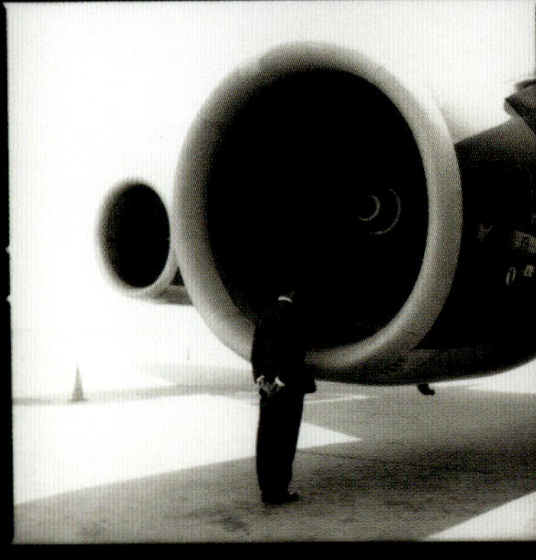
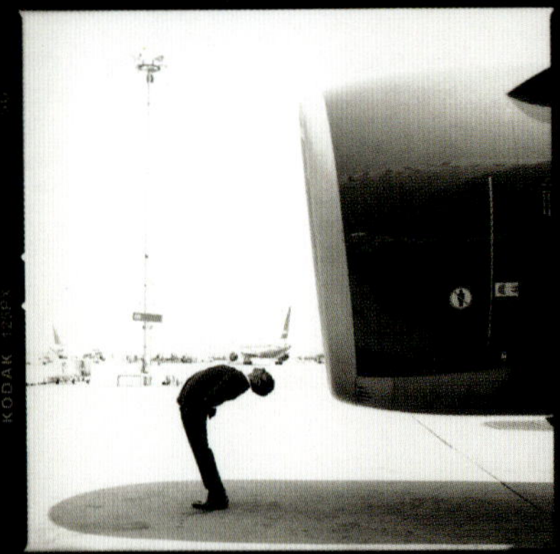
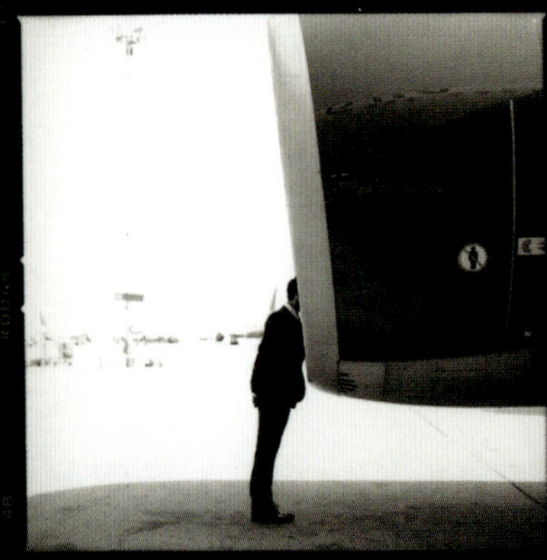
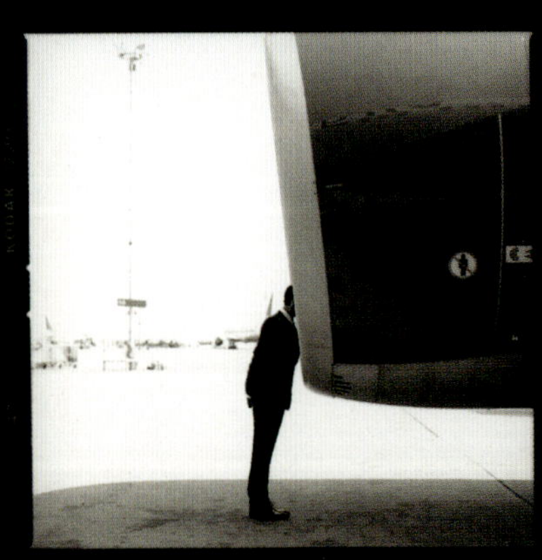
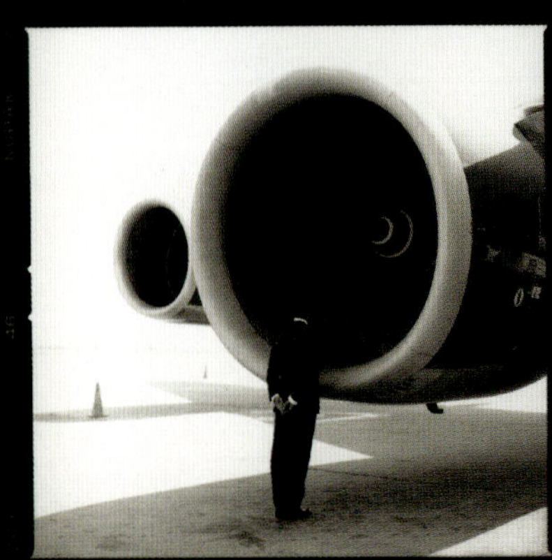
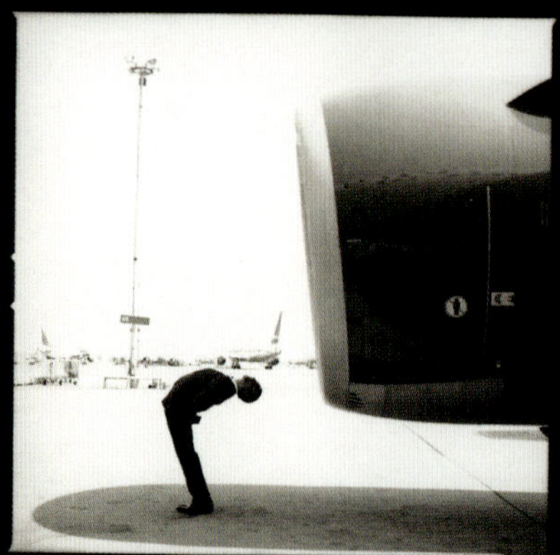
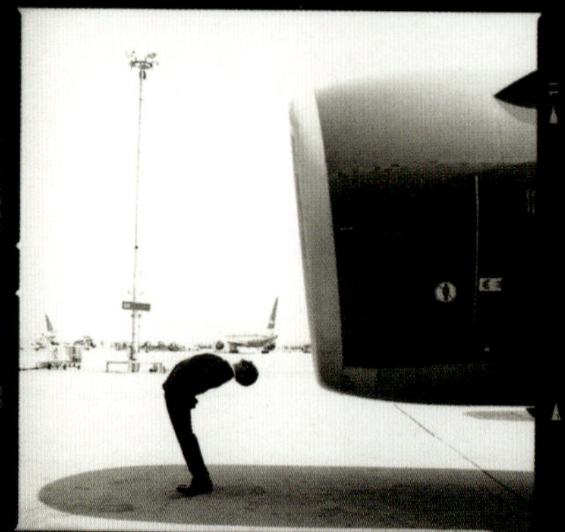
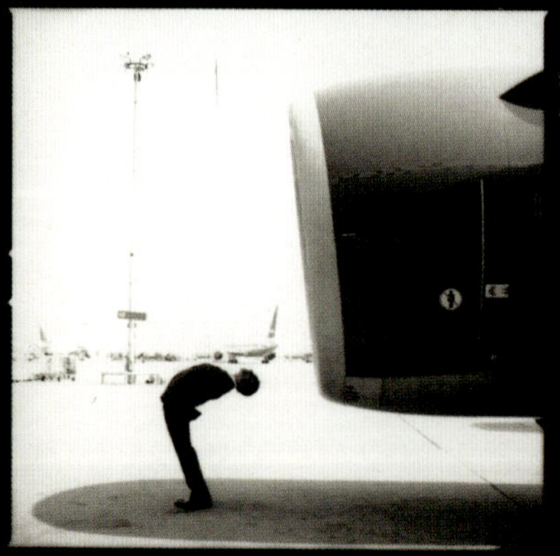
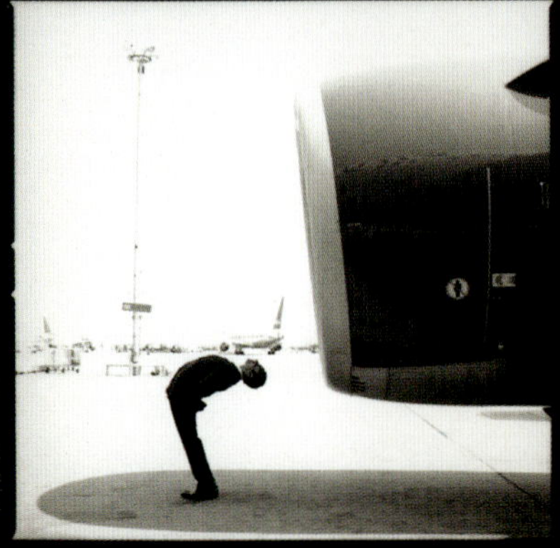
J.F.K

CINEMATIC VISIONS

At the heart of every compelling film lies a fundamental question: What happens next? This undercurrent of anticipation forms the lifeblood of cinema, captivating audiences and fostering emotional investment. It is within this realm of possibility, this moment of suspended animation, that cinema truly flourishes. The anticipation of unfolding events resonates with our innate desire for narrative and meaning, enabling us to connect with stories on a profound level. Essentially, cinema functions as a vision of the human spirit, reflecting our deepest feelings and highest aspirations. It stands as a testament to human creativity, offering a platform for exploring complex ideas and emotions.

Photography, however, cannot narrate like film, and is often perceived as a point rather than a line. It is a moment distilled. This leads most thinking around the medium to consider it in relation to time—a memento mori capturing a moment never to be repeated. It is fascinating to contemplate time in relation to Rodney Smith's work, as there is a sense of suspension in his images, so much so that one does a double take upon seeing the dates the photographs were taken: most of his well-known work was produced in the 1990s and early 2000s, yet these photographs evoke the 1930s, or sometimes the 1960s. What we experience is imagined time, a homage to the style, elegance, and grace of an idealized era. There is an element of fantasy involved.[1]

This connection to a "Golden Age" is make-believe, as we all know that the twentieth century was far from genteel, but it is not real life that interested Smith. He aimed to tell stories and seek his own versions of an imaginary America, akin to those found in novels like F. Scott Fitzgerald's *The Great Gatsby*, in movie stars like Cary Grant, and in certain photographs by Irving Penn. These versions of life offer hot summers with cool breezes, white trousers and slip-on loafers, houses in the Hamptons, men in immaculate suits, and beautiful, but silent, women dressing for dinner. The scent is fig and freesias, the music smooth. The narratives ignore realities, or the effort needed to maintain appearances and uphold the construct. As Smith states, "I represent a world that is possible if people act their best. It's a world that's slightly beyond reach, beyond everyday experience, but it's definitely not impossible."[2] This striving and desire to belong is at the heart of all Smith's work—a wish to capture a world open to certain types of people.

The parallels between Rodney Smith's photographic style and certain cinematic traditions and tropes are undeniable.[3] His approach demonstrates how a single frame can encapsulate narrative intrigue, effectively compressing expansive storytelling into concise visual moments. This technique invites viewers to actively participate in the narrative process, completing the story through their own interpretation and imagination. His whimsical, surrealist-style photographs can be read as

---

1   This vision is one that mirrors many of the conservative brands he worked for such as Saks, Brooks Brothers, and Neiman Marcus, all which all tap into a similar American sentimentality for their brand identity.
2   https://rodneysmith.com/about/ (last accessed September 23, 2024).
3   There is much literature around the overlap of both mediums; an excellent source is D. Campany, *Photography and Cinema* (London: Reaktion Books, 2008).

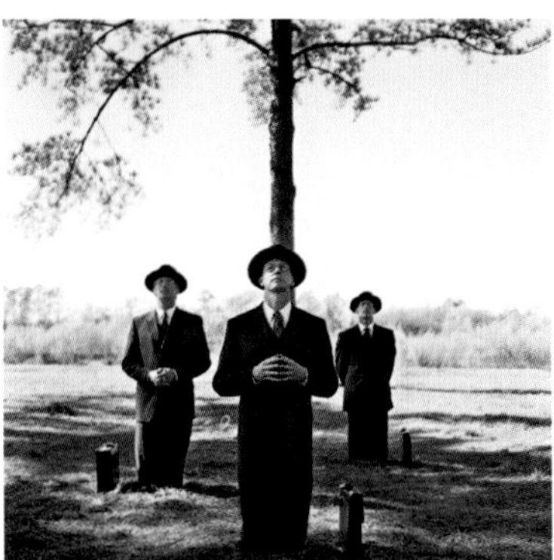

possa condensare un'intera narrazione, comprimendo efficacemente storie complesse in singoli, densi momenti evocativi. Questa tecnica coinvolge attivamente gli spettatori, invitandoli a completare la narrazione attraverso la propria interpretazione e immaginazione. Le sue stravaganti fotografie d'impianto surrealista possono essere lette come fotogrammi di film meticolosamente composti, momenti sospesi che prendono vita nell'immaginazione di chi li osserva. Pur essendo profondamente personale e immediatamente riconoscibile come "fotografia di Rodney Smith", la sua estetica attinge a numerose convenzioni cinematografiche[4].

Attraverso l'esame delle sue narrazioni oniriche, della sua tecnica, del processo partecipativo, della spontaneità, del linguaggio del corpo, degli oggetti di scena, della suspense, del movimento, delle contraddizioni e dei fattori emozionali, questo saggio si propone di analizzare il modo in cui la visione di Rodney Smith si allinea con l'opera di alcuni registi come Alfred Hitchcock, Frank Capra e Wes Anderson, e con leggende del cinema muto quali Buster Keaton, Charlie Chaplin e Harold Lloyd. Questi riferimenti sono fondamentali per approfondire l'archetipo maschile americano e la contraddizione fra aspirazione e malinconia che emerge nel cuore delle fotografie di Smith. Contraddizione che lo stesso artista ha riconosciuto, come ha dichiarato nel 2010: "Nel corso degli anni, a livello sia accademico sia teologico, e attraverso un'intensa introspezione, ho iniziato a studiare la natura dell'uomo. Non di un uomo qualsiasi, ma di questo uomo, di me, di me stesso. Lentamente, col tempo, ho compreso il significato di quella vocina che ha accompagnato tutta la mia storia fotografica: anche quando il bicchiere sembrava mezzo pieno, questa voce ha sempre rivelato l'esatto contrario"[5].

REGISTI

Il senso di fantasia, suspense e mistero presente in alcune immagini di Rodney Smith, in particolare quelle che raffigurano personaggi solitari in vasti paesaggi o in situazioni precarie, richiama il linguaggio visivo di Alfred Hitchcock. Il termine "hitchcockiano", spesso abusato e utilizzato in modo generico, trova una definizione precisa nelle parole del critico cinematografico Mark Cousins: una combinazione di "suspense, sessualità e commedia", che descrive con accuratezza lo stile del regista, ora immediatamente riconoscibile[6].

Hitchcock sfruttava il linguaggio tecnico del cinema per suscitare negli spettatori piacere e timore, forzando i limiti della narrazione formale. Le lunghe inquadrature degli inizi e il montaggio impeccabile dei film successivi lo condussero ad addentrarsi in profonde indagini psicologiche.

---

4 Questi termini sono molto usati (e di fatto abusati) nella scrittura e nella riflessione sulla fotografia e significano molte cose diverse per vari stili fotografici che differiscono drasticamente dal punto di vista stilistico e concettuale: ad esempio quelli di artisti come Cindy Sherman e Gregory Crewdson.

5 Nel 2014 Rodney Smith ha aperto un blog intitolato "The End", https://rodneysmith.com/blog/why-i-believe-in-mr-claus/ (ultimo accesso 30 settembre 2024).

6 M. Cousins, *The Story of Film*, Pavilion Books, London 2011, p. 156.

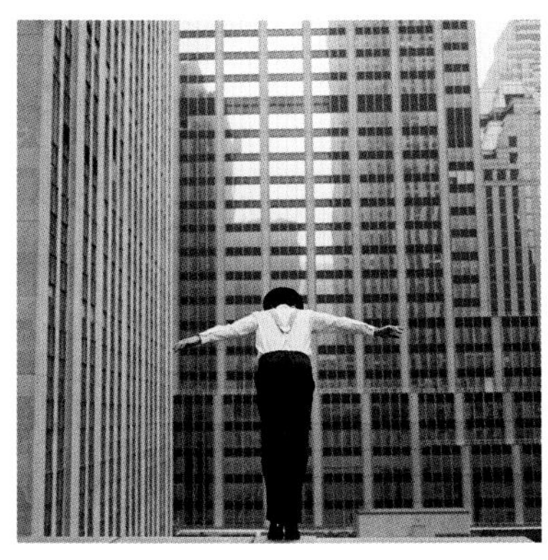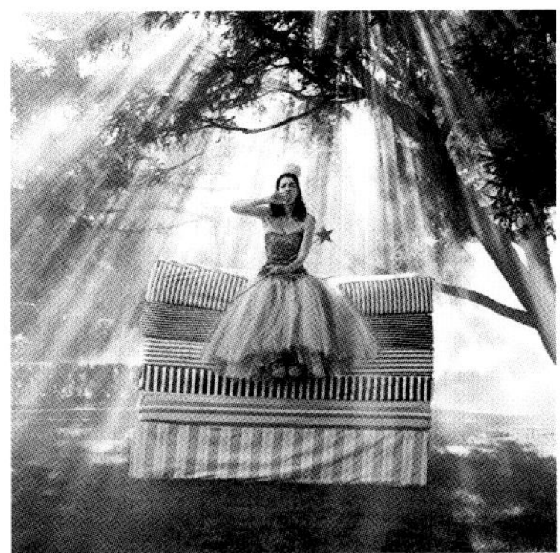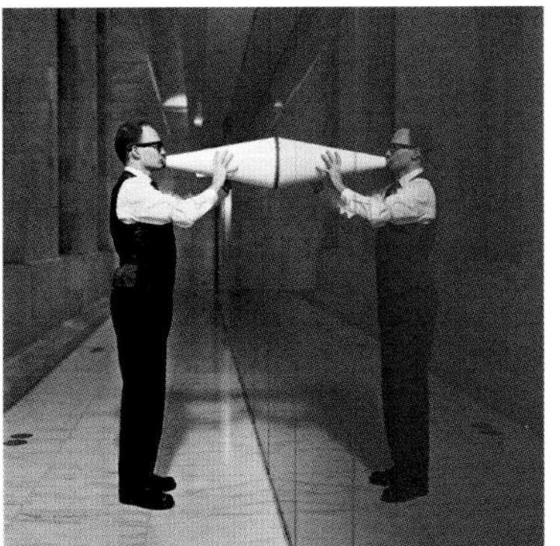

Reed on Ledge
New York, New York
2007

Zoe on Top of Mattress Stack
Snedens Landing, New York
2007

Travis with Megaphone Reflected
New York, New York
2003

carefully composed film stills, frozen moments that exist in the viewer's imagination. His aesthetics, although extremely personal and instantly recognizable as a "Rodney Smith photograph," draws on many conventions of cinema and "the cinematic."[4]

In examining Smith's dreamlike narratives, his technical style, participant-based process, spontaneity, body language, props, suspense, movements, contradictions, and emotional underpinnings, this essay will closely explore his vision and how it aligns with certain directors and actors. This includes the work of some of "the male greats," Alfred Hitchcock, Frank Capra, and Wes Anderson. Additionally, actors of silent cinema such as Buster Keaton, Charlie Chaplin, and Harold Lloyd will be considered to further explore the idea of a male American archetype and investigate the contradiction of aspiration and melancholy that lies at the heart of Smith's photographs. A contradiction that he recognized in himself, as he stated in 2010: "So through the years, both academically and theologically, and with an enormous amount of introspection, I began to study the nature of man, but not just any man, this man, myself, me. Slowly over time I have discovered what this little voice has been saying throughout my photographic history. First, despite my outward appearance that the glass may appear only half full, this voice exposed quite the opposite."[5]

DIRECTORS

A sense of fantasy, suspense, and mystery in some of Smith's images, particularly those featuring lone figures in expansive landscapes or precarious situations, can evoke Hitchcock's visual language. The term "Hitchcockian" is often overused and has become a blanket word for various viewpoints. The combination of "suspense, sexuality, and comedy," as termed by film critic and historian Mark Cousins, is the most accurate explanation of the director's precisely spoken style, which is now immediately recognizable.[6]

Hitchcock used the technical language of cinema to create a pleasure and dread of looking. He pushed the formal limits of narrative through a combination of long shots, earlier in his career, and masterful editing in later films to create psychological investigations. One is always anticipating what comes next. Suspense is key. In Smith's photographs, suspense and comedy are certainly present, but any kind of sex is left out of the picture, as any good WASP family would have it. It's one of the subjects—alongside politics, religion, and death—that is not discussed in public. What Smith does is take certain elements made famous by other artists and translate them into a style that is quintessentially his own.

---

4   These terms are heavily used (and indeed overused) in writing and thinking about photography and mean many different things for different photographic styles. It can range from looking at work which differs drastically, stylistically, and conceptually from artists such as Cindy Sherman and Gregory Crewdson.

5   Rodney Smith started a blog in 2014 titled "The End," https://rodneysmith.com/blog/why-i-believe-in-mr-claus/ (last accessed September 30, 2024).

6   M. Cousins, *The Story of Film* (London: Pavilion Books, 2011), p. 156.

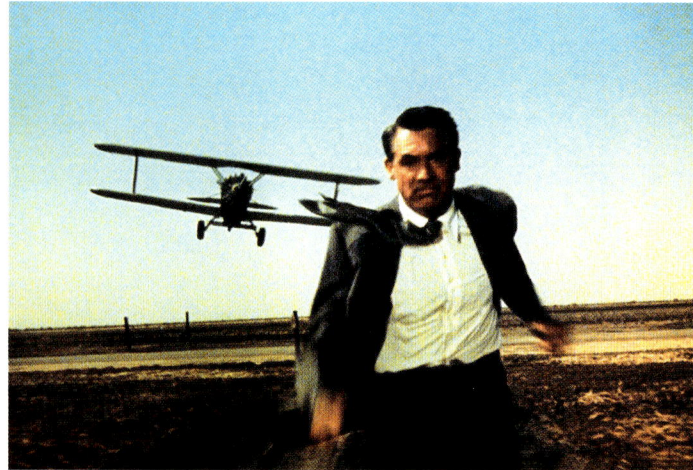

Fotogramma da *Intrigo internazionale* / Film still from *North by Northwest*, prodotto da / produced by Alfred Hitchcock Productions, Hollywood (distribuzione / distributed by Metro-Goldwyn-Mayer, 1959), 35mm, colore / color, 136 min.

Guardare un film di Hitchcock significa trovarsi costantemente in attesa di ciò che accadrà dopo: la suspense è fondamentale. Nelle fotografie di Smith la suspense è evidente, e talvolta anche la commedia, ma manca del tutto la sessualità, come si addice al decoro di una buona famiglia WASP. Smith evita consapevolmente di affrontare questa dimensione, così come rifugge da temi quali la politica, la religione e la morte. Attinge elementi resi celebri da altri artisti e li rielabora in uno stile che risulta inconfondibilmente suo.

Il riferimento più evidente a Hitchcock è *A. J. Chasing Airplane, Orange County Airport, New York*, un omaggio esplicito alla leggendaria scena di *Intrigo internazionale* (1959)[7]. L'immagine è un brillante esempio del perfezionismo e del senso di controllo di Smith: in essa tutto è perfettamente calibrato, persino la testa del modello è allineata con le ruote dell'aereo. Tuttavia, contrariamente al film, nella fotografia il pericolo è assente: anziché essere inseguito, l'uomo corre dietro al velivolo. Si percepisce un senso di futilità e umorismo, ma non di rischio. L'accento è tutto sulla fantasia e sulla costruzione della scena: se l'uomo stesse davvero inseguendo l'aereo, probabilmente si sarebbe tolto il cappello e avrebbe gettato la valigetta e il cappotto, invece posato con eleganza sulla spalla. Qui non si cerca il realismo: siamo di fronte a una celebrazione dell'immaginazione, che attinge a immagini iconiche note al pubblico e le usa per un'interpretazione personale della scena: è "lo stesso, ma diverso". Dimostra la predilezione di Smith per le scene memorabili e la sua disponibilità a sospendere l'incredulità per il piacere della narrazione visiva, raccogliendo la narrazione del film attraverso un minimo di riferimenti stilistici: è tutto lì, condensato in un unico scatto.

Un riferimento più sottile a Hitchcock emerge nelle fotografie di Smith che mostrano uomini sul bordo di edifici, figure solitarie pericolosamente vicine al limite che guardano verso il basso: l'effetto di vertigine è immediato. Hitchcock è noto per la suspense e un senso di "dilatazione del tempo", ottenuto con lunghe inquadrature per accrescere la tensione. Smith ottiene un effetto simile attraverso la semplicità grafica: uno sfondo essenziale, una figura isolata. Questo espediente, che ricorre nelle immagini di uomini "sul filo del rasoio", crea una potente metafora visiva della lotta umana. Il pericolo è accennato, suggerito, immaginato, mentre una solitudine palpabile avvolge le figure. Non c'è l'eccitazione o il "trattenere il fiato" dei film di Hitchcock, ma ci si interroga su cosa li abbia portati lì, ci si chiede se alla fine salteranno. Sono riprese che catturano il "prima" dell'azione, sono intrise di anticipazione; e noi guardiamo, in posizione passiva, come James Stewart nella *Finestra sul cortile* (1954).

---

7   Vedi *Rodney Smith's Leap of Faith: An Intimate Chat with Leslie Smolan & Terence Falk* (The B&H Podcast) per informazioni sul dietro le quinte. Terence Falk è stato a lungo assistente e maestro di stampa di Smith, mentre Leslie Smolan è la sua vedova, nonché direttrice esecutiva della Rodney Smith Estate. Cfr. **https://bhphotopodcast.libsyn. com/rodney-smiths-leap-of-faith-an-intimate-chat-with-leslie-smolan-terence-falk** (ultimo accesso 30 settembre 2024).

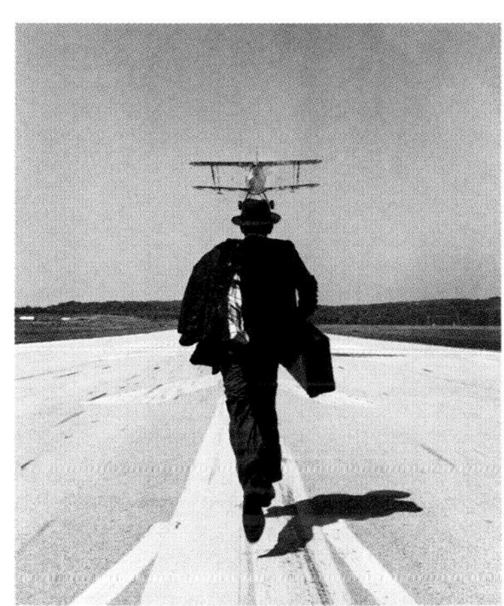

The most obvious nod to Hitchcock is the photograp*h A. J. Chasing Airplane, Orange County Airport, New York*, which is a direct homage to the iconic scene in *North by Northwest* (1959).[7] Shot one frame at a time, it's a brilliant example of Smith's perfectionism and sense of control, as everything lines up so perfectly—even the model's head is in line with the two wheels of the plane. In contrast, however, there is no danger as there is in the film, and the man is running after the plane instead of vice versa. There is futility, certainly, and humor, but not danger. The fantasy and construct of this image are dialed up, for if the man were really chasing the plane, he would take his hat off and probably dump his bag and coat, which is instead artfully slung over his shoulder. Reality here is hardly the point though; it is a picture for the imagination, drawing on all the cinematic devices and iconic images we know and using that knowledge to read the image. It's the same but different. It shows Smith's love and knowledge of iconic scenes and a similar willingness to suspend disbelief for an enjoyable story or narrative. He can portray all this, and reference the narrative of the film with minimal stylistic ornamentation. It's all there—in one shot.

A more oblique reference to Hitchcock can be detected when looking at Smith's photographs of men on the edge of buildings. A vertiginous effect is achieved as single men stand perilously close to the edge, looking down. One is reminded of the director due to the element of suspense and a sense of "stretching time"—a pulling of a scene to increase suspense. For Hitchcock, this was achieved by long shots, but in Smith's photographs, it's reached through graphic simplicity, taking the scene down to its minimum: a simple background with a lone figure. This is used as a device in several photographs of Smith's men "on an edge" to create a striking visual metaphor for man's struggle. The danger is hinted at, suggested, imagined. A feeling of loneliness is evoked by these single figures. There is no rush of excitement and holding of breath that is key to many of Hitchcock's films, but still, one wonders if the men will jump, and what scenario led them to be there. They are shots of "before" the action, loaded with anticipation, and we (the viewers) are there watching passively, just as James Stewart does in *Rear Window* (1954).

In the introduction to the monograph *Rodney Smith: A Leap of Faith*, Graydon Parker makes the following equation in relation to Smith's work: Wes Anderson + René Magritte ÷ Federico Fellini – Irving Penn = Rodney Smith.[8]

To see a Wes Anderson film is to know immediately its director. His name has become a verb (like Hitchcock) to describe all manner of cultural events or things that hold a certain colorful, offbeat "zany" appearance. His work is quintessentially American. Like Smith, there is a retro harking back to a time which is a little hard to place; similarly, there is an overall feeling of

7   See "Rodney Smith's Leap of Faith: An Intimate Chat with Leslie Smolan & Terence Falk," The B&H Podcast for behind-the-scenes information. Terence Falk was Smith's long-time assistant and master printer; Leslie Smolan is Smith's widow and executive director of his estate. See https://bhphotopodcast.libsyn.com/rodney-smiths-leap-of-faith-an-intimate-chat-with-leslie-smolan-terence-falk (last accessed September 30, 2024).

8   P. Martineau, *Rodney Smith: A Leap of Faith* (Los Angeles: Getty Publications, 2023), p. 13.

Nell'introduzione alla monografia *Rodney Smith: A Leap of Faith*, Graydon Parker riassume il lavoro di Smith con una formula: Wes Anderson + René Magritte ÷ Federico Fellini – Irving Penn = Rodney Smith[8].

La firma autoriale di Wes Anderson è immediatamente riconoscibile; come nel caso di Hitchcock, il suo nome è diventato un aggettivo per descrivere ogni sorta di cosa che abbia un aspetto particolare, colorato, anticonformista. Il suo lavoro rappresenta la quintessenza dell'America. Anderson, come Smith, richiama un'epoca rétro difficile da collocare, trasmettendo una sensazione di calore e un desiderio di evasione e avventura[9]. Il regista è noto per l'uso della simmetria e per la tendenza a collocare i personaggi al centro dell'inquadratura. A ciò si affianca un metodo registico che può essere visto come pittoresco e confortevole, se si vuole essere critici, oppure, se si è più inclini alla gentilezza, come un esercizio di armonia e bilanciamento. A ben guardare, la magia di Anderson risiede nella combinazione di tutti questi elementi, che rendono i suoi film affascinanti, personali e accessibili. Lo stesso uso della simmetria è ricorrente nelle fotografie di Smith, così come l'impiego di oggetti di scena, centrali in molte delle sue opere. Come Anderson, Smith costruisce un proprio mondo che è riconoscibile e unico. Queste le parole di Janet Froelich – la storica direttrice creativa del "New York Times" – sul lavoro di Smith: "Penso che abbia creato un mondo. Ciò che amo delle sue foto è che popolano quel mondo e ti rendono consapevole della sua esistenza, ci vivi dentro per il tempo in cui le guardi – che poi è un po' un tempo senza tempo. Non si può dire se siano ambientate nel presente o, per dire, nel 1926. Semplicemente, è il mondo di Rodney"[10].

Questo senso di benessere, così presente nei film di Wes Anderson, si ritrova anche nell'opera di Frank Capra, che si affermò come uno dei registi più influenti degli anni trenta e quaranta. L'America che offriva al pubblico era una visione idealizzata e ottimistica, lontana dagli orrori della guerra. I suoi film, come molti di quel periodo d'oro del cinema, trasmettevano un senso di assoluta innocenza, senza tracce di cinismo: era l'America delle piccole città sicure, e rappresentava tutto ciò di cui si può avere bisogno. Come *Il mago di Oz* (1939), i film di Capra promuovono l'idea che "there's no place like home", un sentimento che si ritrova anche nelle fotografie di Smith, in cui c'è poco spazio per l'esotismo, l'estraneità e "l'altro". L'estetica fotografica di Smith è intrinsecamente americana, pur aspirando a una raffinatezza di matrice europea[11].

È affascinante osservare i lavori personali di Smith realizzati, verso la fine della carriera, in gran parte nel giardino di casa sua: un luogo governato da regole implicite e decoro, un'utopia

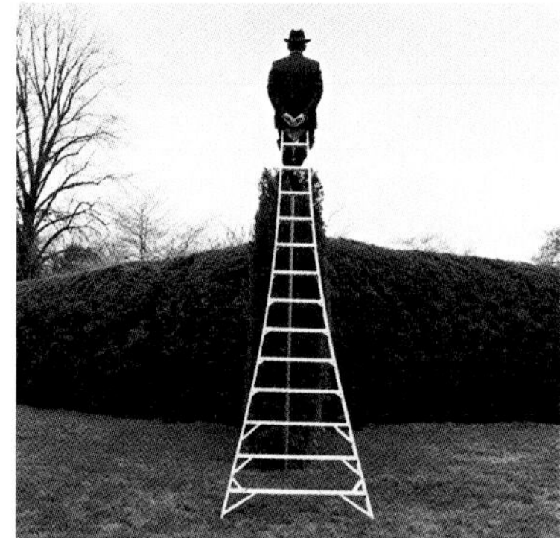

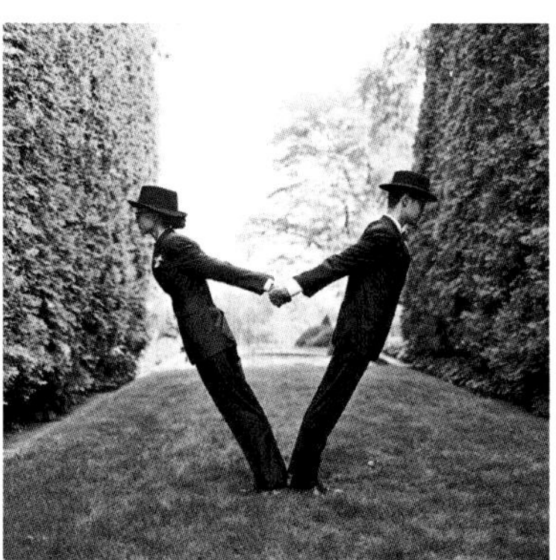

---

8   P. Martineau, *Rodney Smith: A Leap of Faith*, Getty Publications, Los Angeles 2023, p. 13.

9   Per una buona panoramica delle particolarità cinematografiche di Wes Anderson cfr. https://www.curzon.com/journal/unpacking-wes-andersons-cinematic-style/ (ultimo accesso 1 ottobre 2024).

10   Da una conversazione fra Janet Froelich e Katherine Steinberg, 28 settembre 2023. Courtesy Rodney Smith Estate.

11   Come molti fotografi, agli inizi della sua carriera Smith ha adottato uno stile più documentaristico, ritraendo persone molto diverse da lui: inizialmente in Israele e in seguito fra le comunità più povere degli Stati Uniti.

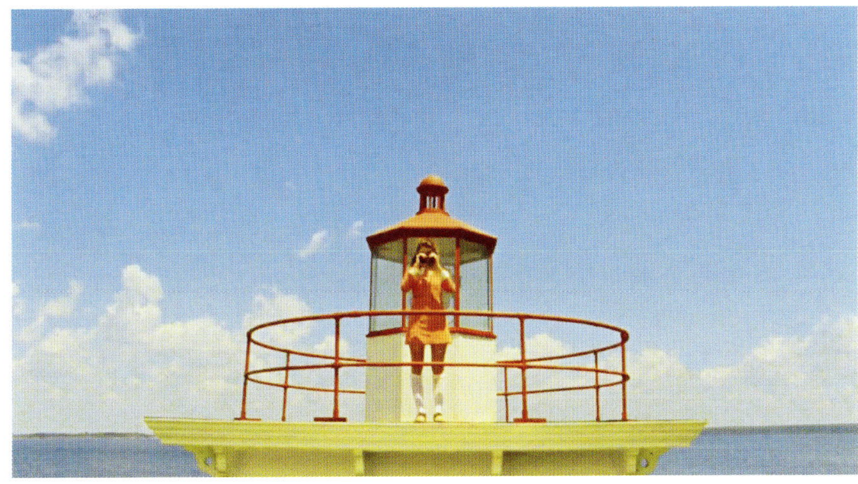

Fotogramma da *Una fuga d'amore* / Film still from *Moonrise Kingdom*, prodotto da / produced by Wes Anderson, Jeremy Dawson, Steven Rales, Scott Rudin (distribuzione / distributed by Focus Features, 2012), colore / color, 94 min.

warmth with a spirit of escapism and adventure.[9] Anderson is well known for his use of symmetry and placing his characters in the middle of the frame. Alongside this, there is a method to his filmmaking that relies heavily on quaintness and coziness, if one is being critical, or harmony and balance if inclined to be kinder. The magic is the combination of all four elements working together, making his films beguiling, individual, and ultimately accessible. A similar use of symmetry can be seen repeatedly in Smith's photographs, as can the use of props that play a central role in much of his work. Like Anderson, Smith creates his own world that is recognizable at once, as long-time creative director at *The New York Times* Janet Froelich said of his work: "I think he created a world. And what I love about these pictures is that they populate that world and they make you aware of that world, and you live in it, for the time when you're looking at the pictures, and it's a little bit timeless. It doesn't say now and it doesn't say, you know, 1926 or whatever. It's just Rodney's world."[10]

This sense of comfort one gets from a Wes Anderson film is also present in the work of Frank Capra, who established himself as one of the most powerful filmmakers of the 1930s and 1940s. The America he offered the world was a nostalgic, sunny view far from the horror of the war. Capra's films, like many during this "Golden Age" of cinema, have an innocence and uncynical element where America, and most importantly, small-town safe America has everything one needs. Similarly to the messaging of *The Wizard of Oz* (1939), Capra pushes the idea in his films that "there's no place like home"—a feeling also echoed in Smith's photographs. There is little place for exoticism, foreignness, and "the other." A Smith photograph is quintessentially American, albeit with aspirations of European sophistication.[11]

It's fascinating to look at Smith's personal work done toward the end of his career, and how many photos were taken in his garden at home. A place where there are rules and decency—a utopia for those who fit and play by the invisible and unwritten rules. The grass is manicured, and the hedges gently show off French-style topiary. The models are often dressed in suits. This fantasy and idealism of America is so often accurately seen from the eyes of an immigrant in films and photography of the 1930s to the 1950s: nobody can make America more American than somebody who is not from there.[12]

---

9   For a good overview of Anderson's cinematic particularities, see https://www.curzon.com/journal/unpacking-wes-andersons-cinematic-style/ (last accessed October 1, 2024).

10   Janet Froelich in conversation with Katherine Steinberg, September 28, 2023. Transcript courtesy of the Rodney Smith Estate.

11   Like many of his colleagues, when Smith first started to photograph he worked in a more documentary style, photographing those very different from himself—firstly in Israel and amongst poorer communities in America.

12   Nickolas Murray's (1892–1965) color photographs from the 1930s and 1940s are peerless. His European vision was carefully honed to represent a fantasy of American living, echoing the color advancements in Hollywood at the time and their version of ideal living. They represent a land of plenty—a bountiful and idealized America after the food restrictions and hardships of the New Deal. As a fantasy of in-house entertaining and idealized suburban living, his photographs are statements about America's status and taste and an establishing of a national identity. They suggest generosity, plenty, wholesomeness.

per chiunque si adatti e rispetti norme invisibili ma imprescindibili. Sull'erba ben curata e fra le siepi potate alla francese, i modelli sono spesso vestiti con abiti eleganti e cravatte. Nei film e nelle fotografie dagli anni trenta ai cinquanta questa ideale fantasia americana è spesso inquadrata dallo sguardo di un immigrato: nessuno può rappresentare l'America in modo più autentico di qualcuno che non ne è originario[12].

Anche Smith ha combattuto con il suo status di outsider: "Mia madre, nel suo incessante tentativo di espellere l'ebraismo da casa nostra, imitava alla perfezione la cultura WASP. Avrebbe potuto far vergognare Ralph (Lipschitz) Lauren… Ho imparato a vestirmi meglio dei preppy e a emulare i WASP: mi rifacevo continuamente a loro"[13]. Questo desiderio di perfezione è restituito nelle fotografie, dove, proprio come nei film di Capra, emergono ottimismo, finzione e idealismo, a celebrare una visione gloriosa e ottimistica dell'America.

Tutto ciò mette in luce alcune delle contraddizioni del lavoro di Smith: se da un lato traspirano malinconia e tristezza, che evocano Hitchcock e gli attori del cinema muto, dall'altro c'è una ricerca, uno sforzo per raggiungere qualcosa di completamente diverso. Smith era consapevole di questo dualismo, come scrisse nel 2010: "Le mie foto sono un mondo di ottimismo e felicità, spesso ci sono estro e gioia… Sono un impulso a credere che il bene sia possibile, sono un grande sì alla vita e alla meraviglia. Sono come i film degli anni quaranta, cinquanta e sessanta, dove i buoni vincono e felicità e bellezza prevalgono, dove la vita, nonostante le difficoltà, può offrire momenti di grande gioia. Non credo si tratti di fantasia, ingenuità o innocenza. È una possibilità realizzabile, se si ha fiducia"[14]. Per godere appieno delle fotografie di Smith, bisogna lasciare il cinismo fuori dalla porta, insieme alla realtà.

STELLE DEL CINEMA MUTO

Il cinema muto nacque quando i registi compresero che il pubblico era capace di una connessione emotiva con gli attori, e dunque di sviluppare un legame empatico con il protagonista di un film. Questo approccio psicologico divenne rapidamente il cuore pulsante del cinema, soprattutto negli Stati Uniti. Il successo di Charlie Chaplin si fondava sulla singolarità delle sue interpretazioni, che lo resero una delle star più amate dell'epoca[15]. La popolarità di Chaplin

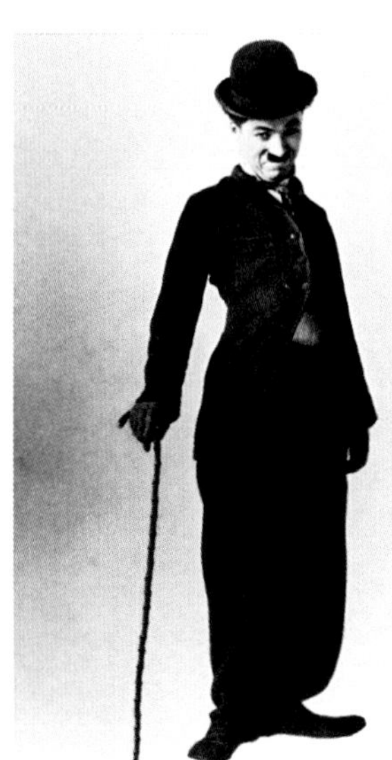

---

12   Le fotografie a colori di Nickolas Muray (1892-1965) degli anni trenta e quaranta restano senza eguali. La sua impronta europea è stata sapientemente raffinata per rappresentare una visione fantasticata della vita americana, in sintonia con i progressi cromatici di Hollywood dell'epoca e l'interpretazione di un'esistenza ideale. Queste immagini evocano una terra di abbondanza, un'America generosa e idealizzata, contrapposta alle restrizioni alimentari e alle difficoltà del New Deal. Come rappresentazioni mitizzate della vita suburbana, le sue fotografie sono dichiarazioni sullo status e sul gusto dell'America, nonché sulla costruzione di un'identità nazionale. Esse trasmettono un senso di generosità, prosperità e abbondanza.

13   https://rodneysmith.com/blog/my-father-who-art-in-heaven/ (ultimo accesso 30 settembre 2024).

14   https://rodneysmith.com/blog/why-i-believe-in-mr-claus/ (ultimo accesso 30 settembre 2024).

15   Questa popolarità si riflette nel suo stipendio che, nel 1916, lo rese l'attore più pagato del momento, con 520.000 dollari più i bonus.

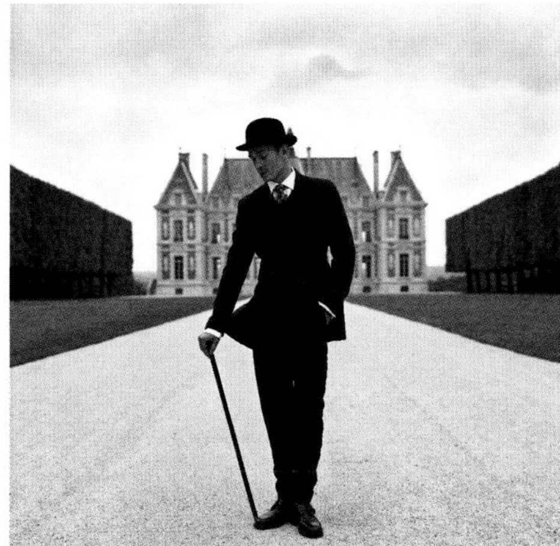

Charlie Chaplin nel film
Il vagabondo / Charlie Chaplin
in the film *The Tramp*, 1915

Gary with Cane
Parc de Sceaux, France
1995

Smith also struggled with his "outsider" status. As he states, "My mother in her never-ending attempt to expunge Judaism from our home, mimicked the WASP culture to a tee. She could have put Ralph (Lipschitz) Lauren to shame… I learned how to out-prep the preppies in my dress and learned how to emulate the WASP culture and continually put myself up for comparison."[13]
This desire for "perfection" is abundant in Smith's photographs, and like Capra, there is also optimism, fiction, and idealism. He shares the same sentiment, and the halcyon Americana in both Capra's films and Smith's photographs is glorious and optimistic.

This shows some of the contradictions and contrasts within Smith's work. Through comparing his work with Hitchcock and the silent male actors, there is a melancholy and sadness at play, but there is also a searching and striving, achieving something completely different. He is aware of this, as he wrote in 2010: "My photographs are a world of optimism and happiness. There is often whimsy and joy in the pictures… My photographs begin the process of believing that goodness is possible. It is a big yes to life and wonder. My pictures, like in the movies of the '40s, '50s, and '60s where the good guys usually win, where happiness and beauty prevail, where life despite the hardness can have moments of great joy, exist. I do not think this is fantasy or naivety or even innocence. I think this is possibility that can be achieved, if we believe."[14] To truly enjoy a Smith photograph is to leave one's cynicism and reality at the door.

SILENT MOVIE STARS

The silent film era emerged as filmmakers realized audiences connected with actors' emotions, allowing viewers to empathize alongside the main character. This psychological approach quickly became the driving force in moviemaking, particularly in America. Charlie Chaplin's success relied on his very particular performances, making him one of the most popular stars of the era.[15] This popularity, along with other innovative examples such as Harold Lloyd and Buster Keaton, is not only due to technical advances in film at the time (making it one of the most exciting in its history) but also to a certain kind of psychological male character played out in their comedy. A character that has at its heart a loneliness and melancholy that Smith can tap into with his photographic work.

What Charlie Chaplin brought to Hollywood at the time was emotional storytelling and subtlety. The trademark bowler and walking stick became an "everyman" semiotic symbol—be that of a tramp or a gentleman, while simultaneously being a loner or outsider. It's this careful juggle of ambiguity

13   https://rodneysmith.com/blog/my-father-who-art-in-heaven/ (last accessed September 30, 2024).
14   https://rodneysmith.com/blog/why-i-believe-in-mr-claus/ (last accessed September 30, 2024).
15   This popularity was mirrored in his salary, which in 1916 made him the highest grossing actor to that date at $520,000 plus bonuses.

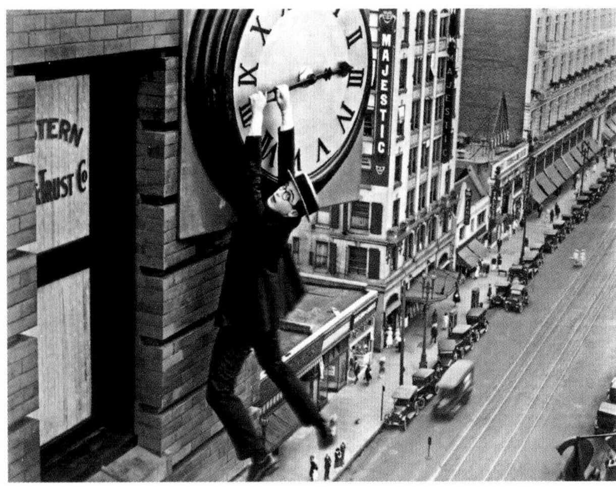

e di altri attori innovativi come Harold Lloyd e Buster Keaton non era solo dovuta ai progressi tecnici del cinema di quel periodo (uno dei più entusiasmanti della sua storia), ma anche a una specifica caratterizzazione maschile che emergeva dalle loro commedie: si trattava infatti di personaggi che incarnavano una profonda malinconia e un'intensa solitudine, aspetti che Rodney Smith riesce a catturare nelle sue fotografie.

Charlie Chaplin portò a Hollywood un'arte narrativa intrisa di emozione e raffinatezza. La bombetta e il bastone divennero simboli universali dell'uomo comune, vagabondo o gentiluomo, ma sempre sospeso tra solitudine ed emarginazione. Questo sapiente equilibrio tra comicità e malinconia, questo non essere mai del tutto né l'una né l'altra cosa, lo rese leggendario. L'uso della bombetta e del bastone nelle fotografie di Smith produce un effetto simile, richiamando immediatamente l'archetipo del "clown triste". Tuttavia, a differenza di Chaplin, nelle opere di Smith non c'è ambiguità tra vagabondo e gentiluomo: i suoi personaggi sono sempre e solo gentiluomini. La profondità e il pathos che legano Smith a Chaplin si manifestano nella fisicità dei modelli e nei gesti improbabili che richiamano la *slapstick comedy* del cinema muto. Questo è evidente, ad esempio, nella foto con l'uomo appeso a un albero, o in quella dei due uomini in riva al lago, con le braccia in una posizione che ricorda il *plié* del balletto classico: entrambe comunicano una solitaria futilità. Ciò che è accaduto prima resta insondabile, ma, come una pausa densa di significato, le scene lasciano allo spettatore il tempo per elaborare mentalmente una risposta.

L'influenza di Chaplin fu importante per un'altra figura iconica del cinema muto, Harold Lloyd. Il cappello di paglia e gli occhiali di Lloyd divennero ciò che la bombetta e il bastone rappresentavano per Chaplin: un segno distintivo. Come Chaplin, anche Lloyd lavorava sull'ambiguità, dando vita a un personaggio che combinava prestanza fisica e intellettualismo nerd. L'atletismo dell'attore e l'orologio gigante definiscono il suo momento cinematografico più celebre, *Preferisco l'ascensore!* (1923). Gli orologi nelle fotografie di Smith possono essere visti come parte integrante della sua visione artistica: la loro presenza ha molteplici scopi e l'artista li utilizza frequentemente come elementi compositivi, fondendo la figura umana con quella meccanica per creare composizioni geometriche e punti focali.

Sebbene Smith non faccia riferimento diretto a *Preferisco l'ascensore!*, il film è cruciale per alcuni dei momenti cinematografici più iconici del XX secolo, che risuonano nell'opera di Smith come una sorta di rubrica visiva. Il suo lavoro incorpora spesso simili giustapposizioni, ponendo le figure in interazioni inaspettate con l'ambiente o con oggetti di grandi dimensioni. In una serie fotografica del 2005, Smith dirige il modello Colin dall'interno verso l'esterno; a differenza del film, qui c'è calma anziché caos. Il marchio di fabbrica dei motivi surrealisti si ritrova negli occhiali a forma di orologio che il modello indossa con le lancette fisse sulle 10:10. L'effetto prodotto è uno stato di solitudine e curiosità, piuttosto che di pericolo o comicità.

Nonostante siano molto diversi nello stile, uno tecnicamente stupefacente e l'altro misterioso, entrambi sono momenti meticolosamente orchestrati, strani e belli, incarnati dall'orologio. La solitudine riecheggia nell'espressione priva di sorriso di Buster Keaton: infatti, gli attori del cinema muto dovevano esagerare la fisicità per comunicare in modo chiaro, un'abilità che Smith

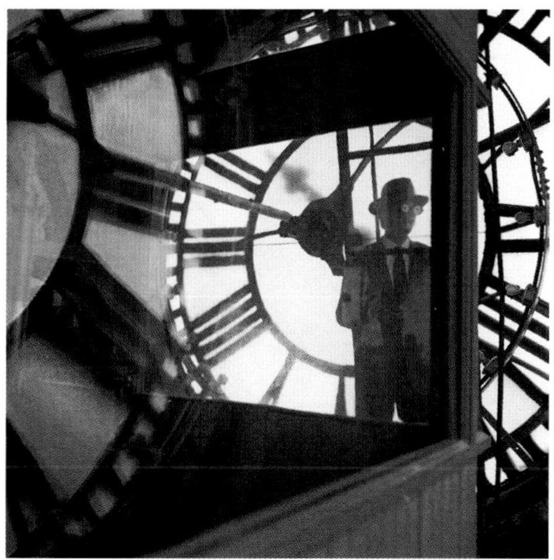

Fotogramma da *Preferisco l'ascensore!* / Film still from *Safety Last!*, prodotto da / produced by Hal Roach Studios, Culver City (distribuzione / distributed by Pathé Exchange, 1923), 35mm, bianco e nero, muto / black and white, silent, 73 min.

Colin inside Clock
New York, New York
2005

between sadness and comedy—being not one thing or another—that makes him resonate. The use of the bowler hat and cane in Smith's work therefore has the same effect, and the associations with the "sad clown" persona of Chaplin cannot be ignored. Unlike Chaplin, the ambiguity does not slide between the tramp and the gentleman with the use of props—it's always the latter with Smith. Instead, the poignancy and pathos that link him so closely to Chaplin are played out in the physicality of his models and the direction of the absurd gestures that hint at the slapstick of this silent era. This can be seen clearly in the man hanging from the tree and the two men at the lake's edge, one of them holding the hat, reminiscent of arms in a balletic plié. Both hold a lonely futility and farcicality. What went on before is unfathomable, but like a pregnant pause, they are giving time to the viewer to form a response mentally.

Chaplin's influence on another great silent movie star, Harold Lloyd, was direct, especially in terms of the use of props to cement a persona. The trademark boater hat and glasses were to Lloyd what the bowler and cane were to Chaplin. Ambiguity was also key to his performances—a deft mix of jock and nerd. His athleticism and the giant clock in his most enduring film *Safety Last!* (1923) mark his most iconic cinematic moment. Clocks in Smith's photographs can be seen as part of his broader artistic vision. Their inclusion serves several artistic purposes, and Smith consistently uses them as compositional elements, often melding the human figure to the mechanical. This provides geometric shapes and focal points in his compositions.

Although Smith does not reference *Safety Last!* directly, it's crucial in the swirl of twentieth-century iconic filmic moments, which resonate throughout Smith's work like a visual rolodex. His photographs often incorporate similar juxtapositions, placing human figures in unexpected interactions with their environment or large-scale objects. In a 2005 shoot, Smith directs the model, Colin, on the inside looking out. In comparison to the film, here there is calm instead of chaos. The trademark tick of surrealist motifs is found in the clock glasses that the model wears with their graphic 10:10 setting. The effect is loneliness and oddness, questions and curiosity rather than danger and comedy.

Although very different in style, one technically dazzling and the other mysterious, both are meticulously orchestrated, strange, and beautiful moments made incarnate with the clock. The loneliness that is suggested here resonates also with the unsmiling Buster Keaton. Actors of that time had to extravagantly exaggerate their physicality to convey meaning clearly. This is something Smith understood intuitively and demanded of his models. He worked extensively with the dancer, acrobat, and model Reed Kelly throughout his career. Their collaborations produced wild, exciting shoots where Smith pushed Kelly to his elastic limits. The resulting body language was exaggerated, often verging on slapstick—the messaging, obvious and above all, fun. Their Lake Placid shoot perfectly exemplifies this as Kelly flips, squats, and stretches.

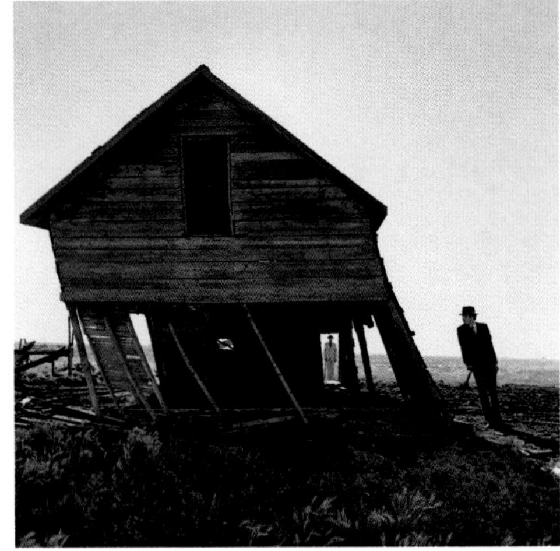

Fotogrammi da *Io... e il ciclone* /
Film stills from *Steamboat Bill, Jr*,
prodotto da / produced by
Buster Keaton Productions,
Hollywood (distribuzione /
distributed by United Artists,
1928), 35mm, bianco e nero,
muto / black and white,
silent, 73 min.

comprendeva intuitivamente e che richiedeva ai soggetti che fotografava. Smith ha lavorato spesso con il ballerino, acrobata e modello Reed Kelly e le loro collaborazioni hanno prodotto serie di immagini sfrenate ed emozionanti, in cui Smith spingeva Kelly al massimo delle sue possibilità fisiche. Il risultato è un linguaggio del corpo che sfiora la comicità *slapstick*, ma che resta sempre chiaro e, soprattutto, divertente. Un esempio perfetto sono le foto scattate a Lake Placid, dove Kelly si accovaccia, si allunga, esegue capriole.

Questa collaborazione è stata reciprocamente vantaggiosa: Kelly ha consentito a Smith di spingerlo al limite della sua fisicità mentre si sforzava di eccellere, come fanno tutti i grandi interpreti. A proposito del lavoro con Smith, Kelly ha dichiarato: "Volevo dargli tutto. E poiché ho un grande rispetto per la sua arte, per il suo genio e per tutte le persone che hanno dedicato tempo, sforzi ed energie alla creazione di questi momenti e di questi ambienti, volevo dare il massimo"[16]. Il suo perfetto controllo fisico è fondamentale per la gioia evidente di molte fotografie che lo ritraggono.

Lo stupefacente linguaggio del corpo di Buster Keaton, in particolare in *Io... e il ciclone* (1928), dove si inclina con un angolo estremo verso il vento, è importante per comprendere il lavoro di Smith. Questa scena, così semplice ed efficace, ha creato un'immagine memorabile, ispirando omaggi e parodie in diversi media[17]. La sua forza risiede nell'equilibrio sottile fra tensione e risate: un momento di fiato sospeso in cui tutto sembra appeso a un filo.

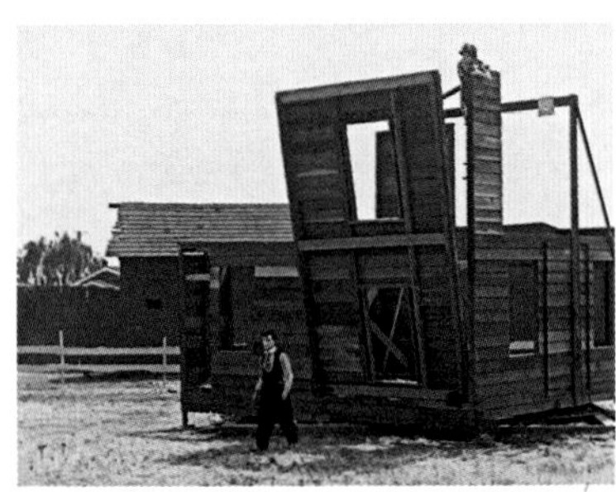

Il corpo inclinato è diventato un segno distintivo dello stile fotografico di Smith, che evidenzia la sua disciplina inventiva. La "via di mezzo" è fondamentale: come l'acrobazia di Keaton, questo gesto, che mette in risalto la maestria del fotografo e del soggetto, richiede un equilibrio e un controllo perfetti. Il progetto personale di Smith del 2013, *Reed with Double Binoculars, Amenia, New York*, ne è un esempio: qui Smith impiega l'atletismo e la flessibilità di Kelly per creare contrasti sorprendenti tra mondi ordinati e soggetti che sembrano sfidare la gravità. Se si osservano insieme ad altre immagini che utilizzano lo stesso espediente, ci si rende conto che Smith ha giocato con le angolazioni per creare diversi stati d'animo. Sono fotografie che richeggiano la centralità di Wes Anderson nel contesto fotografico.

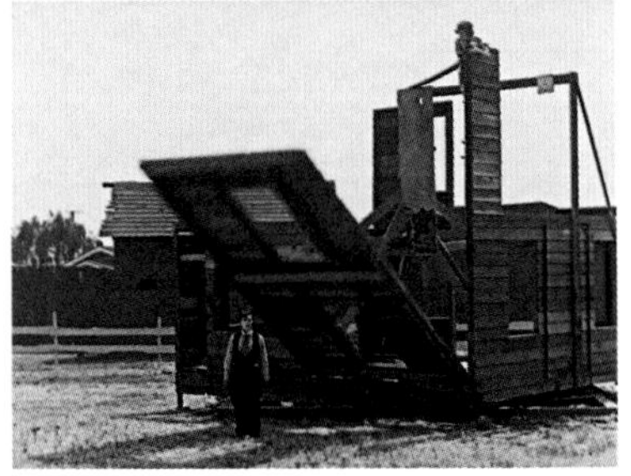

Un'altra scena di Keaton in *Io... e il ciclone*, la casa che crolla, è diventata un'immagine iconica. In questa famosa sequenza, Keaton si trova di fronte alla facciata di una casa di legno durante un ciclone; quando l'intera facciata cade, egli è collocato in modo così preciso in corrispondenza di una finestra aperta che resta totalmente illeso. Una fotografia di Smith del 2004 evoca questa scena, con l'uomo e la casa inclinati nella stessa direzione. Combinando rimandi iconici

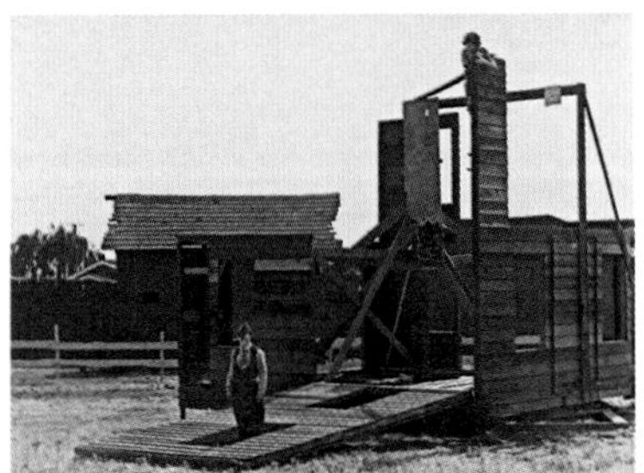

16 Reed Kelly in conversazione con Katherine Steinberg, 27 novembre 2023. Courtesy Rodney Smith Estate.
17 Alcuni esempi: in *Cantando sotto la pioggia* (1952), Gene Kelly si inclina in modo simile durante la leggendaria sequenza della canzone che dà il titolo al film. In *Mary Poppins* (1964), nella "Jolly Holiday", Bert (Dick Van Dyke) si inclina con un angolo simile a quello di Keaton, mentre in *Ritorno al futuro – Parte II* (1989), Marty McFly si piega contro il vento mentre cavalca il suo hoverboard. Più recentemente, in un episodio della serie Netflix *Una serie di sfortunati eventi* (2017-2019), il Conte Olaf esegue una gag inclinandosi al vento.

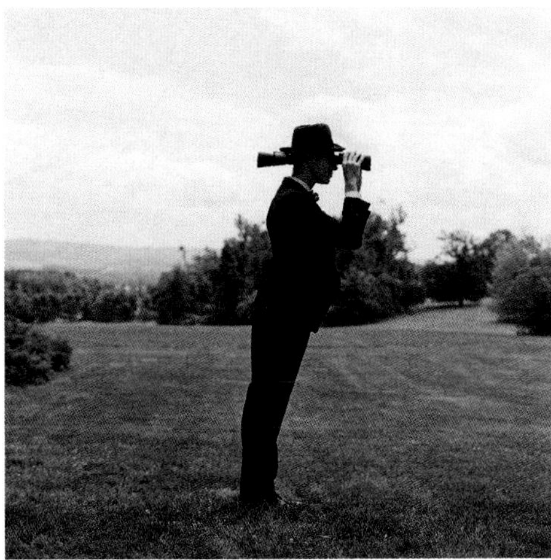

This collaboration was mutually beneficial—Kelly allowed Smith to direct him while striving to excel, as all great performers do. Kelly said of working with Smith, "I wanted to give that to him. And because I have so much respect for his art form and his genius and all the people who have put all the time, effort, and energy into creating these moments and these environments, obviously I want to do the best job possible."[16] Kelly's precise physical control is central to the joy evident in many photographs featuring him.

Buster Keaton's dazzling, experimental body language, particularly in *Steamboat Bill, Jr.* (1928) where he leans at an extreme angle into the wind, is crucial to understanding Smith's work. This simple yet effective visual gag created a memorable image, inspiring homages and parodies across various media.[17] Its power lies in the subtle balance between tension and laughter—an edge-of-your-seat moment where everything hangs by a thread.

The lean became a signature element of Smith's photographic style, showcasing his inventive discipline. The "in-betweenness" is key. Like Keaton's stunt, it demonstrates perfect balance and control, highlighting both the photographer's and the subject's skill. Smith's 2013 personal project, *Reed with Double Binoculars, Amenia, New York*, exemplifies this well. He used Kelly's athletic prowess and lean physique, often placing him in formal, structured environments to create striking contrasts between orderly worlds and the seemingly gravity-defying subject. When seen alongside others employing the same device, one realizes how Smith played with angles to create different moods. These photographs echo Wes Anderson's centrality in a photographic context.

Another iconic Keaton scene from *Steamboat Bill, Jr.*, the collapsing house, has become a cinematic classic. In this famous stunt, Keaton stands in front of a wooden house facade during a cyclone. As the entire front falls forward, he is so precisely positioned that he passes safely through an open window. Smith's 2004 picture evokes this scene, with both man and house leaning. By combining iconic references with his personal touch, Smith creates something familiar yet surprising. This technique makes viewers think they recognize the reference, then he surprises them. Like Keaton's scene, there's a palpable sense of anticipation, leaving viewers holding their breath.

---

16 Reed Kelly in conversation with Katherine Steinberg, November 27, 2023. Transcript courtesy of the Rodney Smith Estate.

17 Examples include: *Singin' in the Rain* (1952), where Gene Kelly performs a similar leaning motion during the iconic title song sequence; in *Mary Poppins* (1964), during the "Jolly Holiday" sequence, Bert (Dick Van Dyke) leans at an angle like Keaton, and Marty McFly in *Back to the Future Part II* (1989) leans into the wind while riding his hoverboard. More recently, in *A Series of Unfortunate Events* (Netflix series, 2017–19), Count Olaf performs a wind-leaning gag in one episode.

e il suo tocco personale, l'artista crea qualcosa di familiare ma sorprendente: prima fa credere
allo spettatore di riconoscere il riferimento, poi lo spiazza. Come nella scena di Keaton, c'è un senso
di attesa palpabile, che tiene il pubblico col fiato sospeso.

La malinconia e l'alienazione incarnate dai modelli di Smith, insieme agli oggetti di scena
e alla fisicità delle pose, sono fondamentali per il suo approccio narrativo. A differenza delle star del
cinema muto, i suoi modelli non sono celebrità ma uomini comuni: non si tratta di studi di carattere
ma di esplorazioni di archetipi maschili. L'ambiguità, la solitudine e lo status di outsider di questi
soggetti consentono a Smith di evocare contemplazione e isolamento mantenendo al contempo
un elemento di leggerezza. Comprendere queste connessioni con il cinema muto è essenziale
per cogliere appieno le sfumature più profonde e le intenzioni metafisiche del fotografo[18].

In conclusione, al cuore dell'opera di Rodney Smith si trova un affascinante paradosso:
la coesistenza di malinconia e gioia. Egli stesso ha riconosciuto questa contraddizione, osservando
che le sue fotografie rappresentano "un mondo di ottimismo e felicità" pur riflettendo le sue lotte
personali e il suo status di outsider. Questa tensione tra perfezione superficiale e correnti emotive
profonde genera un'esperienza visiva più ricca, invitando il pubblico a cogliere nello stesso scatto
sia il sorriso sia l'intensità emotiva. Smith dimostra una raffinata comprensione di una particolare
psiche maschile e del modo in cui viene rappresentata nelle immagini, attraverso riferimenti a
scene, attori e registi celebri. Questi rimandi si riverberano nell'esperienza visiva dello spettatore,
radicando le fotografie in una specifica estetica e sensibilità americana.

---

18   Gli uomini ritratti da Smith, spesso al limite dell'acrobazia, richiamano non solo le sequenze del cinema muto ma
anche il comico canadese-marocchino Gad Elmaleh, che esplora sapientemente questa malinconia nella serie
Huge in France (2019). Trasferitosi a Los Angeles, Gad, la cui fama e il cui stile di comicità fisica erano molto ap-
prezzati in Francia, si ritrova sconosciuto e anonimo negli Stati Uniti, dove la sua arte non ottiene lo stesso ricono-
scimento. Le due facce del personaggio non sono contrapposte, ma quando la performance viene meno, emerge
una dimensione completamente diversa.

The melancholy and alienation embodied by Smith's models, their props, and physicality are vital to the comedy. Unlike the silent movie stars, Smith's models aren't celebrities but "everyman." They're not character studies but investigations into archetypal men. Their ambiguity, sadness, outsider status, and loneliness allow Smith to evoke isolation and contemplation while maintaining an element of fun. Understanding these connections to silent actors is key to grasping Smith's deeper nuances and metaphysical intentions.[18]

In conclusion, a fascinating paradox exists at the heart of Rodney Smith's photography: the simultaneous presence of melancholy and joy. He acknowledged this contradiction, stating that his photographs depict "a world of optimism and happiness" while also reflecting personal struggles and outsider status. This tension between surface perfection and deeper emotional currents creates a richer viewing experience, inviting audiences to find both laughter and poignancy in a single frame. He demonstrates a sophisticated understanding of a particular male psyche and how it's often represented in images by referencing famous scenes, actors, and directors. These reverberate in the viewing experience of those looking at the images and anchor the photographs to a specific American aesthetic context and sensibility.

18 The men, although often very acrobatic, are not only reminiscent of the silent starts but also of the contemporary Moroccan Canadian comedian Gad Elmaleh, who expertly plays into this melancholy in his series *Huge in France* (2019). In France, his fame and his very certain type of physical comedy were highly appreciated, but in the United States they hold no currency. The two sides of the character are not oppositional, but when the performance is dropped, something else is allowed to seep in.

L'ARCHITETTURA DELL'ARIA

Anne Morin

Nel suo libro *Finzioni* (1944), Jorge Luis Borges descrive lo spazio della biblioteca come "una sfera il cui centro perfetto è qualunque esagono e la cui circonferenza è inaccessibile". Inaccessibile, forse, perché quando nel 1955 fu nominato direttore della Biblioteca Nazionale di Buenos Aires la cecità che lo affliggeva, e che in passato aveva colpito suo padre, si aggravò notevolmente. Borges, scrittore e non vedente, rende omaggio dalle pagine di *Finzioni* all'ironia di Dio, che gli aveva consentito l'accesso al paradiso – una biblioteca che contava circa 800.000 libri – e al tempo stesso lo aveva privato della possibilità di leggerli.

I libri collocati sugli scaffali di una biblioteca non racchiudono soltanto il tempo invisibile della scrittura, ma anche quello infinito della lettura. In tal senso, il libro è un luogo di passaggio che ci lega non solo a chi l'ha scritto, ma anche a chi l'ha tenuto fra le mani, l'ha letto e l'ha riposto lì per un motivo che solo lui conosce.

La biblioteca di Rodney Smith si trova in una stanza di passaggio, sul retro della casa, affacciata sul giardino e sul bosco circostante. È silenziosa e luminosa, vi regna una calma speciale, come se quei grandi alberi che svettano e la abbracciano tenessero i libri nel riposo del mondo. Borges aveva senz'altro ragione: una biblioteca è un luogo che deve rimanere inaccessibile o almeno preservato, un luogo in cui la lettura richiede solitudine per raggiungere l'essenza di ciascun testo che vi è custodito. Nella biblioteca di Rodney Smith le opere sono disposte con cura e metodo, in ordine alfabetico e per genere. Alla fotografia è riservato naturalmente un posto importante: Abbott, Adams, Arbus, Atget, e poi, più avanti, Evans, Erwitt, Horst, Lartigue (che fu uno dei suoi principali riferimenti), e ancora Steichen e quel meraviglioso libro di Alfred Stieglitz curato da Sarah Greenough. Dall'altro lato vi sono alcuni libri di formato più piccolo; da quanto sono stati manipolati, sembrano ora simili a quaderni. Letteratura e filosofia si nutrono a vicenda, incuranti del loro aspetto: copertine danneggiate e spiegazzate, pagine ingiallite e raggrinzite, come se il pensiero e la narrazione fossero una materia prima da lavorare a forza di braccia, da modellare come argilla.

Man's Search for Meaning di Viktor E. Frankl, *The Death of God, The Culture of Our Post-Christian Era* di Gabriel Vahanian, e poi Freud, *The Interpretation of Dreams*. Se sfogliamo questo libro troviamo, a pagina 54, sottolineata in rosso con un segno continuo e probabilmente di mano di Rodney Smith, una frase di Friedrich Scholz risalente al 1893: "nulla di ciò che abbiamo posseduto mentalmente una volta può essere perso del tutto"[1]. Ugualmente, un po' più avanti nello stesso scaffale, nel romanzo di Hemingway *A Movable Feast: Sketches of the Author's Life in Paris in the Twenties*, a pagina 12, nel punto in cui l'autore parla della difficoltà di cominciare a scrivere un nuovo libro, troviamo un passaggio evidenziato nel margine con un tratto di matita: "Non preoccuparti. Hai sempre scritto prima e scriverai anche adesso. Tutto ciò che devi fare è scrivere una frase vera. Scrivi la frase più vera che conosci"[2].

---

1   Nell'originale: "nothing which we have once mentally possessed can be entirely lost".

2   "Do not worry. You have always written before and you will write now. All you have to do is to write one true sentence. Write the truest sentence that you know."

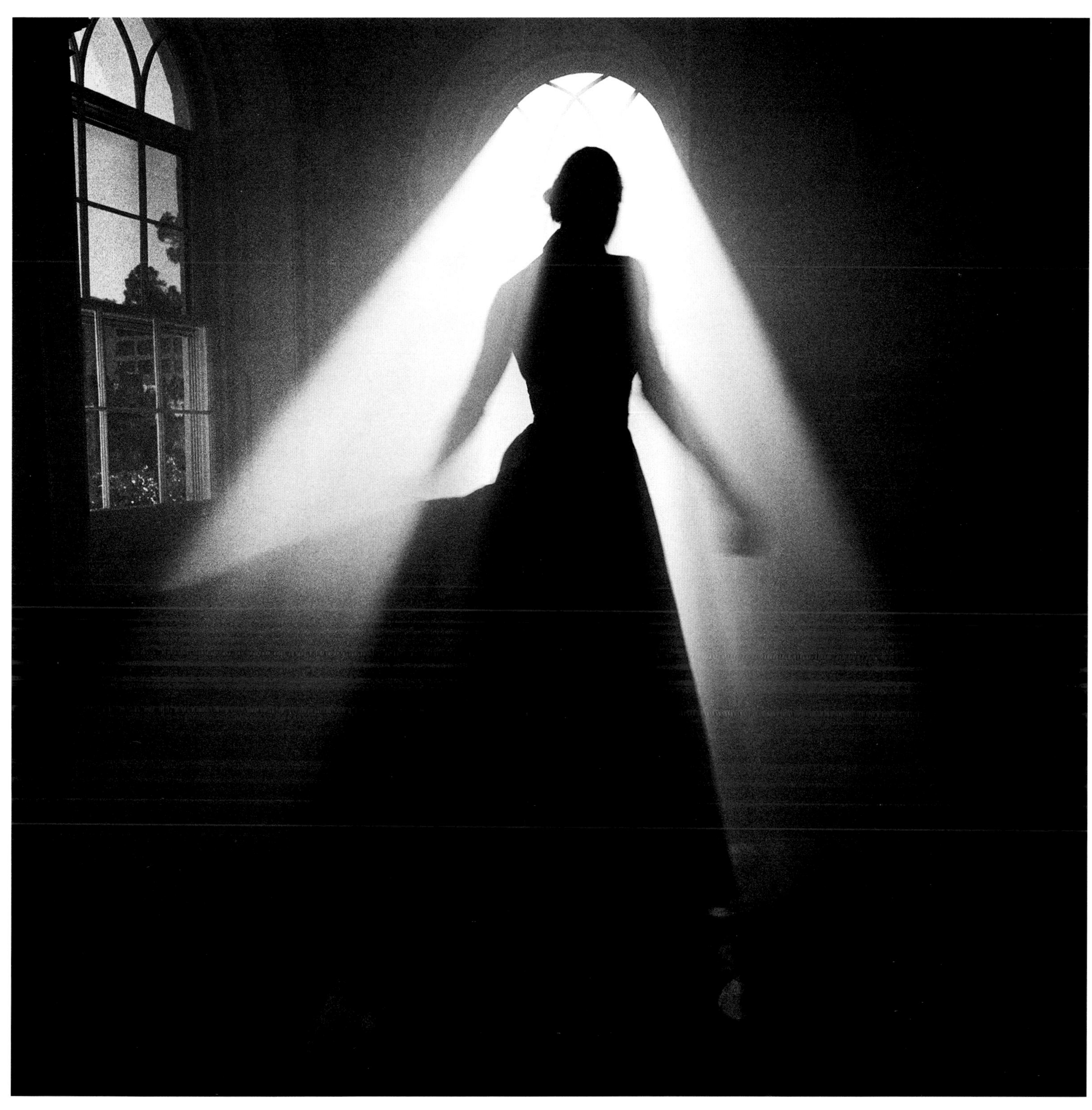

Caroline Silhouette No. 1
Ashley Hall, South Carolina
2000

Fortress Ruins, Chateau Disy
ARCHIVAL PRESERVER
DATE 0/85
FILE NO. 64
STYLE NO. 45-4B

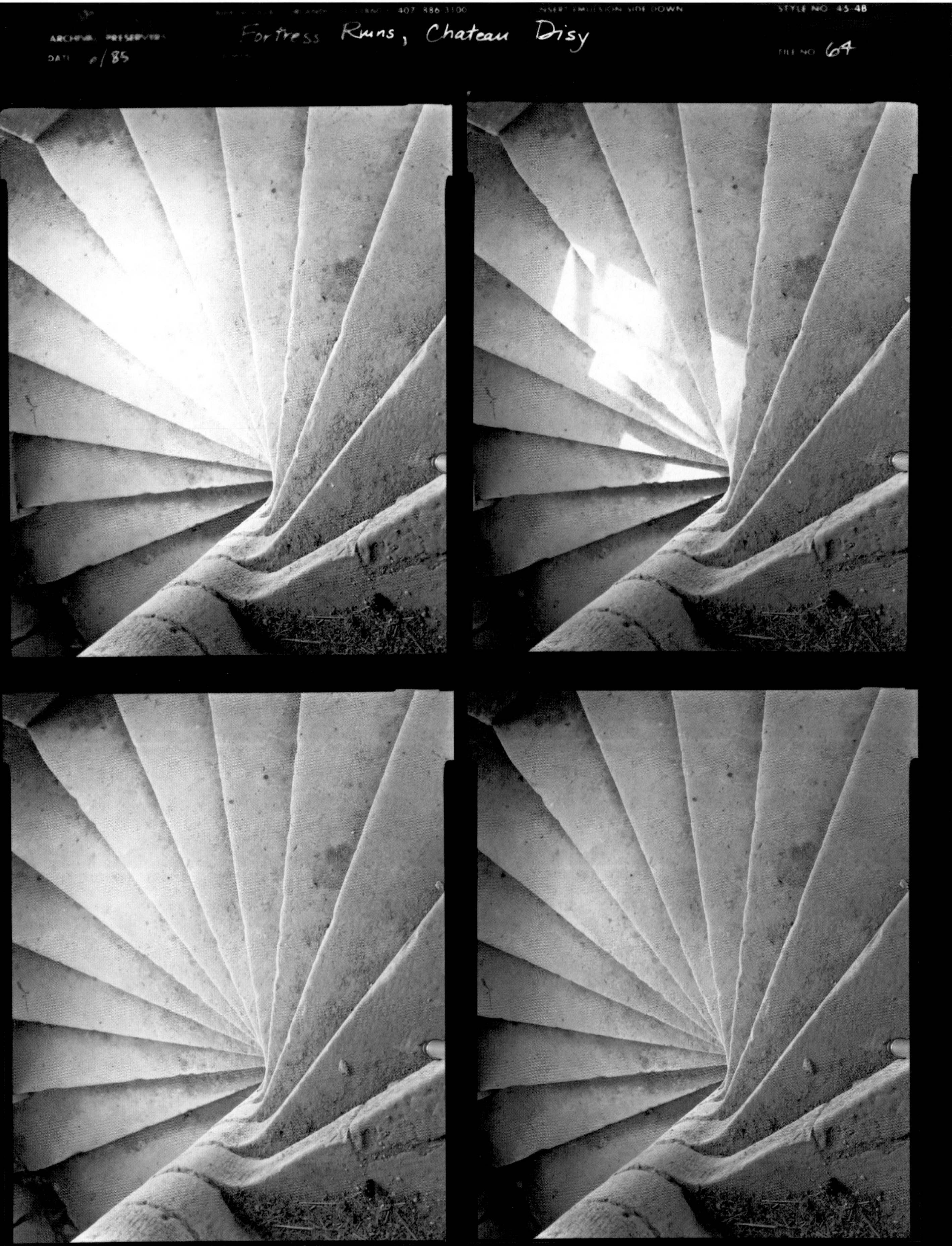

Anne Morin

THE ARCHITECTURE OF AIR

In his book *Fictions* (1944), Jorge Luis Borges describes the space of the library as "a sphere whose exact center is any hexagon and whose circumference is inaccessible." Inaccessible, no doubt, because when he was appointed director of the National Library in Buenos Aires in 1955, the blindness that threatened him, and that had afflicted his father, grew considerably worse. In the pages of *Fictions*, Borges, a writer and a blind man, salutes the irony of God, who had granted him access to paradise—a library containing nearly 800,000 books—and at the same time taken away the possibility of reading them.

Every book on the shelves of a library not only encapsulates the hidden time of writing, but also contains the infinite time of reading. In this sense, a book is a place of passage that connects us not only to the person who wrote it, but also to those who held it in their hands, read it, and left it there for reasons that only they know.

In an open-plan room at the back of Rodney Smith's house, overlooking the garden and the surrounding forest, is his library. Silent, luminous, it radiates a very special calm, as if the towering trees that encircle it held those books while the world is at rest. So Borges was no doubt right: a library is a place that must remain inaccessible, or at least undisturbed, a place where reading requires solitude in order to reach the essence of each of the texts deposited there. Here, in Rodney Smith's house, the books are delicately and methodically placed one after another in alphabetical order and by genre. Photography, of course, features prominently: Abbott, Adams, Arbus, Atget; further on, Evans, Erwitt, Horst, Lartigue, one of his major influences; and then, Steichen, and that wonderful book by Alfred Stieglitz edited by Sarah Greenough. On the other side of these shelves are smaller books, in a state that makes them look more like notebooks, as they seem to have been handled many times. Literature and philosophy support each other with little regard for their appearance: battered, folded covers, yellowed, stiff pages, as if thought and literature were raw materials worked by hand and shaped like clay.

Man's Search for Meaning by Viktor E. Frankl, *The Death of God: The Culture of Our Post-Christian Era* by Gabriel Vahanian, or Freud's *The Interpretation of Dreams*. Leafing through this book, you come across a phrase by Friedrich Scholz on page 54 dating from 1893, underlined in red with a continuous stroke, probably in Rodney Smith's own hand: "nothing which we have once mentally possessed can be entirely lost." Similarly, a little further along the same shelf, in Hemingway's *A Movable Feast: Sketches of the Author's Life in Paris in the Twenties*, page 12, where the writer addresses the difficulty of writing when starting a new book, a passage is again marked there with a pencil line in the margin: "Do not worry. You have always written before and you will write now. All you have to do is write one true sentence. Write the truest sentence that you know."

From book to book, from page to page, these lines highlighted by Smith begin to weave an intimate portrait of someone who is absent yet very much present. These phrases are clues that shed light on his thought process, on what holds his attention beneath the surface of things, and they probably form part of the invisible foundations on which all his work rests. As we continue reviewing his books, some of which bear his name handwritten in the top right-hand corner of the cover, one particularly attracts our attention. It is a work by Paul Ricœur, *Fallible Man*. Ricœur is

Da un libro all'altro, da una pagina all'altra, le righe evidenziate da Smith iniziano a tessere il ritratto intimo di una persona assente eppure molto presente. Queste frasi sono indizi che fanno luce sui meccanismi del suo pensiero, su ciò che tiene desta la sua attenzione sotto la superficie delle cose, e che probabilmente fa parte delle fondamenta invisibili su cui poggia tutta la sua opera. Proseguendo nella rassegna dei libri, alcuni dei quali mostrano il suo nome scritto a mano nell'angolo superiore destro della copertina, uno in particolare attira la nostra attenzione. Si tratta di un'opera di Paul Ricœur, *Faillible Man*. Uno dei più grandi filosofi francesi del XX secolo, Ricœur si inserisce a pieno titolo nella tradizione della fenomenologia, fondata da Edmund Husserl, e dell'ermeneutica.

Sfogliando questo libro, quasi tutto sottolineato da Rodney Smith, un passaggio sembra spiccare su tutti, e potrebbe essere una delle chiavi di volta dell'architettura del suo lavoro. Ricœur cita un passo di Cartesio, tratto dalla quarta delle sue *Meditazioni metafisiche* (1641):

Comprendo che si trova in me non soltanto l'idea reale e positiva di Dio, e cioè di un ente sommamente perfetto, ma anche un'idea negativa, per così dire, l'idea del nulla, o meglio di ciò che è il più lontano possibile da ogni perfezione. Comprendo dunque che io sono come qualcosa di mezzo tra Dio e il niente, o che sono così collocato tra il sommo essere e il non essere che, in quanto sono creato dal sommo ente, non c'è niente in me per cui io sia ingannato o indotto in errore; ma in quanto partecipo in qualche modo anche del nulla, oppure del non-ente, e cioè in quanto io stesso non sono il sommo ente, e mi mancano quindi moltissime cose, non c'è da stupirsi che io mi inganni.

Compaiono qui due concetti strettamente legati all'opera di Smith (va ricordato che dopo aver terminato gli studi all'Università della Virginia nel 1970, l'artista conseguì un master in teologia a Yale, specializzandosi al tempo stesso in fotografia sotto la guida di Walker Evans): la prima idea è quella di Dio come perfezione metafisica infinita, l'altra quella del nulla come non-essere. L'essere – l'uomo – si trova dunque al crocevia di questi due mondi, e sotto traccia, secondo Paul Ricœur, si trova la fallibilità, la colpa, l'errore. Questa idea di imperfezione non ha mai smesso di tormentare Smith per tutta la vita, sempre in preda a un ossessivo dualismo: perdersi nell'oscuro labirinto che è l'enigma dell'essere o elevarsi come un superuomo verso Dio.

Secondo Spinoza, riformatore del pensiero di Cartesio, l'ordine vincente di fronte a questo mistero di Dio è quello dell'armonia delle ipotesi: la scienza, l'arte e la fede, il sogno e la lucida ragione, le forze della contemplazione della mente e quelle dell'azione. Quando queste forze si adattano l'una all'altra, è possibile raggiungere la beatitudine, quella che, secondo il filosofo, è la virtù stessa, la virtù che sfugge alla gravità degli esseri umani e ci eleva verso Dio. Ogni immagine creata da Smith, con la cura e la precisione di un orafo, è un tentativo sempre nuovo di ricreare questa armonia divina e di raggiungere uno stato superiore, anche solo per un istante.

Ogni immagine è eterea ed estatica. La composizione è perfetta e la congettura tematica, appena sfalsata, viene rafforzata da un leggero anacronismo, una sorta di realtà sovraesposta, spinta al limite, saturata fino allo sfinimento. Essa riflette nella calma assoluta questo ordine geometrico del pensiero che secondo Cartesio (e Spinoza) consente di raggiungere la verità e Dio. In qualsiasi punto

undoubtedly one of the greatest French philosophers of the twentieth century; he belongs to the tradition of phenomenology, founded by Edmund Husserl, and hermeneutics.

As you leaf through this book, underlined by Rodney Smith practically from beginning to end, one passage nevertheless seems to stand out, and could be one of the keys that reveal part of the architecture of his work. This passage from Descartes, quoted by Ricœur, is taken from the fourth of his *Meditations on First Philosophy* (1641) and reads as follows:

> I note that in addition to the real and positive idea of God, that is, of a Being of sovereign perfection, there is also present to me a certain negative idea so to speak, of nothing, i.e. of what is infinitely far removed from every kind of perfection, and that I am something intermediate between God and nothingness, that is to say, placed between sovereign Being and not-being in such fashion that while there is in truth nothing in me, in so far as I have been created by sovereign Being, which can deceive me or lead me into error, yet nonetheless, insofar as I likewise participate in nothingness, i.e in not-being, in other words, insofar as I am not myself the sovereign Being, I find myself subject to an infinity of imperfections, so that I should not be surprised if I err.

This passage, which is more like a definition, contains two concepts closely linked to Smith's work (let us recall here that after completing his studies at the University of Virginia in 1970, Rodney Smith obtained a master's degree in theology at Yale University, while specializing in photography under the direction of Walker Evans). The first idea is that of God as infinite metaphysical perfection, and the other, that of nothingness as not-being. Being—man—therefore stands at the intersection of these two worlds, with an underlying dimension of fallibility, fault, error, according to Paul Ricœur. It is this idea of imperfection that never ceased to torment Smith all his life, always in the grip of this obsessive duality: that of abandoning oneself in the dark labyrinth that is the enigma of being, or rising like a superman to God.

For Spinoza, a revisionist of Descartes's thought, the order that prevails in the face of this mystery of God is that of consonant hypotheses: science, art and faith, dreams and lucid reason, the forces of spiritual contemplation and action. Once these forces are in harmony, then it is permitted to attain beatitude, the beatitude that is virtue itself, according to Spinoza, that which escapes human gravity and ascends toward God. Every image that Smith produces, with the meticulous precision of a silversmith, is a constantly renewed attempt to recreate that divine harmony and to reach a higher state, if only for a fraction of a second.

Every image is ethereal and ecstatic in its workmanship. Their perfect composition and very slightly off-center thematic intuition are intensified with a touch of anachronism, a kind of overexposed reality, taken to the limit, saturated to the point of exhaustion. It reflects, in absolute calm, the geometric order of thought that according to Descartes—and Spinoza—enables us to reach truth and God. Wherever the eye rests on the image, it is immediately seduced by the grace, the refinement, the exquisite blending of forms and counter-forms, the diversity of materials, and the narrative richness that excels in its restraint, its economy, and its silence.

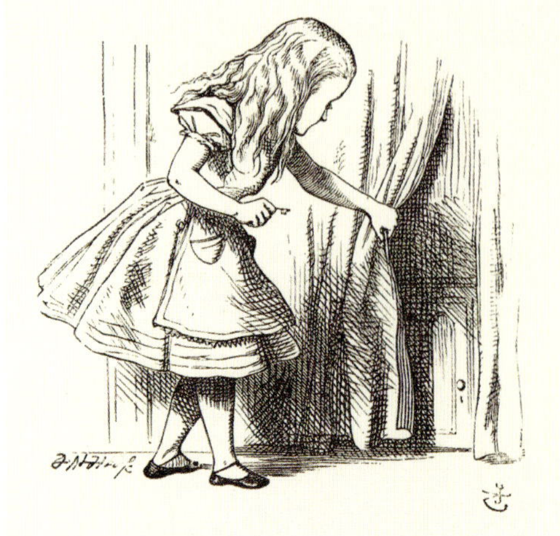

dell'immagine si posi lo sguardo, l'occhio è immediatamente sedotto dalla grazia, dalla raffinatezza, dallo squisito accostamento di forme e controforme, dalla diversità delle materie e dalla ricchezza narrativa che eccelle per sobrietà, parsimonia, silenzio.

Smith è un autentico ingegnere del tempo perduto. Misura, calcola e soppesa per costruire, in un modo che lui solo conosce, quest'ordine geometrico del pensiero. Ciascuna delle sue fotografie è una sorta di dimostrazione matematica, un'equazione a una sola incognita (x) che rimane irrisolta ma traccia un'ellisse perfetta che tiene lontano l'ovvio, proprio come nella biblioteca inaccessibile di Borges.

Nella proposizione 17 dell'*Etica* (1677), Spinoza definisce l'immaginazione come un potere della mente, un luogo di passaggio che conduce a un mondo superiore. Le immagini sono "immagini di cose, anche se in esse non compare la figura delle cose; e diremo che la mente immagina quando considera i corpi in questa maniera". Le immaginazioni della mente, considerate in sé, aspirano al divino, al sublime, alla bellezza.

Lo spazio immaginario di Rodney Smith sarebbe allora un luogo di transizione, una condizione intermedia fra l'essere e il divino, fra razionalità e finzione: un modello trasversale della natura umana che non appartiene più interamente al mondo degli uomini e non ancora interamente al divino.

Le fotografie di Smith sono il risultato di un processo di riadattamento costante e progressivo di questa grande architettura concettuale, che tiene insieme il tutto senza che ciò sia percepibile. Questa architettura, trasparente e invisibile come l'aria, produce una sorta di spinta verticale, continua, vigorosa, che sfocia al termine delle sue metamorfosi in un entusiasmo folgorante (dal greco *enthousiasmós*, trasporto divino) e consente all'immagine di raggiungere il suo climax, il suo parossismo. Si cristallizza nel tempo di un'unità infinitesimale, quella dello spasmo, della "detonazione" dell'immagine, come Walter Benjamin definiva la fotografia, a segnare l'inizio di una narrazione che s'interrompe nello stesso istante in cui si invera.

Sono immagini sublimi e supreme: ciascuna di esse esercita una fortissima fascinazione su chi la contempla perché è un valore assoluto, etereo, epico, che trasporta altrove, ma al tempo stesso contiene in sé, in modo impercettibile, il proprio crollo. Il Bello, osserva Rilke nella *Prima Elegia di Duino*, non è che l'inizio del Tremendo, che possiamo appena sopportare. In questo senso, le immagini di Smith sono la sede della polarità e della dualità, dell'enunciato e della sua contraddizione, del luogo e del suo opposto. Ellittiche e lapidarie, comprimono l'aneddoto a tal punto da annientarlo per affermare invece la famosa incognita x dell'equazione, che racchiude in sé la "polisemia delle moltitudini"[3] e apre a un'infinità di interpretazioni in cui solo l'assurdo regna sovrano.

Se l'Alice di Lewis Carroll passa da un mondo all'altro precipitando "lentamente in un pozzo profondo" che la conduce dall'altra parte del visibile, i personaggi di Smith si addentrano in spazi

---

3   W. Whitman, *Song of Myself*, 1881: "Do I contradict myself? / Very well then I contradict myself, / (I am large, I contain multitudes)". Ed. it. *Whitman: poesie*, a cura di R. Sanesi, Nuova Accademia Editrice, Milano 1965, p. 68: "Mi contraddico, forse? / Ebbene, allora mi contraddico, / (Sono vasto, contengo moltitudini)".

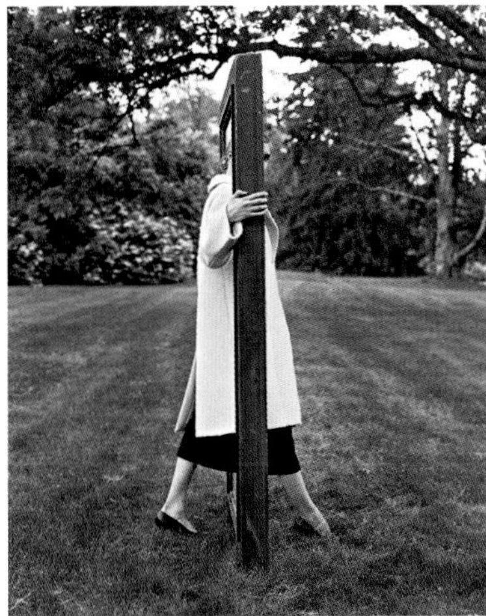

Smith is a veritable engineer of lost time here. He measures, calculates, and weighs in order to set up this geometric order of thought, by a means known only to him. Thus, each of his images is a kind of mathematical demonstration, an equation with a single unknown (x), which remains unsolved and traces a perfect ellipse that keeps the obvious at a distance, as in Borges's inaccessible library.

In proposition 17 of his *Ethics* (1677), Spinoza defines the imagination as a power of the mind, a place of passage that elevates us to a higher world. Images are "images of things, even if they do not reproduce the figures of things, and when the mind regards bodies in this way, we shall say that it imagines." The imaginations of the mind, considered in themselves, aspire to the divine, to the sublime, to beauty.

Rodney Smith's imaginary space is a kind of transitional, intermediate status between being and divinity, between rationality and fiction, a transverse model of human nature that no longer belongs entirely to the human world, nor yet entirely to the divine.

Smith's images, then, are the culmination of a process of constant, gradual readjustment of that great conceptual architecture that holds everything together without this being perceptible. That architecture, as transparent and invisible as air, generates a kind of continuous, burgeoning vertical thrust, which blossoms at the end of its metamorphoses in a sort of dazzling enthusiasm (from the Greek *enthousiasmós*, meaning divine transport) and allows the image to reach its climax, its peak. It crystallizes in the space of an infinitesimal unit, that of the spasm, the "detonation" of the image, as Walter Benjamin defined photography, which marks the beginning of a narrative interrupted at the very moment it occurs.

They are sublime and supreme, and each, for that reason, exerts a real fascination over viewers, for it is an absolute, ethereal, epic value that transports us to another place, but imperceptibly contains its own downfall. The Beautiful, as Rilke notes in the *First Duino Elegy*, is nothing other than the beginning of the Terrible, which we can hardly bear. In this sense, Smith's images are the site of polarity and duality, of the statement and its contradiction, of the place and its other side. Elliptical and lapidary, they compress the anecdote to such a point that they annihilate it and instead register that famous x, the unknown quantity in the equation, which contains within itself "the polysemy of multitudes"[1] and leads to an infinite number of interpretations, in which only the absurd reigns supreme.

Whereas Lewis Carroll's Alice passes from one world to the other by slowly "falling down a very deep well," which leads her into the other side of the visible, Smith's characters move into spaces at the edge of the celestial sphere, leaning over the great cosmic void, or over the human world, and we cannot tell whether they are about to take flight or to fall. In both cases—the triumphant flight of the hero or dramatic suicide—Smith's figures will experience the air, that "substance of freedom,"

---

1   W. Whitman, *Song of Myself*, 1881: "Do I contradict myself? / Very well then I contradict myself, / (I am large, I contain multitudes)."

ai margini della sfera celeste, protesi sul grande vuoto cosmico, o sopra il mondo degli uomini. Non è chiaro se stiano per spiccare il volo o per cadere; ma in entrambi i casi – il volo trionfante dell'eroe o il suicidio drammatico – sperimenteranno l'aria, quella "sostanza di libertà" che Nietzsche chiama infinito per eccellenza[4], come la gioia sovrumana che attraversiamo all'improvviso in una libertà offensiva, come il fulmine, come l'aquila, come il dardo solare, come uno sguardo imperioso e sovrano. In Nietzsche l'aria "si riempie di promesse"[5]: è il regno dell'immaginazione, una materia da trasmutare, il luogo dell'onirismo alato che appare già nel primo paragrafo delle "Tre cose malvagie" (*Zarathustra*, III): "In sogno, nell'ultimo sogno dell'alba, oggi io mi stava sur un promontorio, fuori del mondo, e teneva in mano una bilancia con cui pesava il mondo".

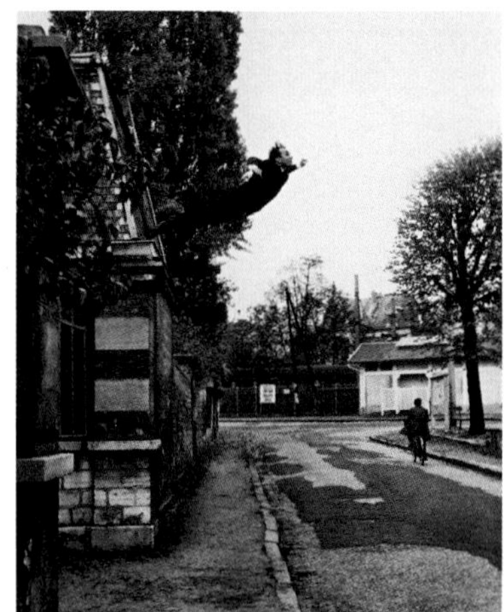

Per Smith la domanda è la stessa: volo o caduta? Tutto dipende da quale lato pende la bilancia, dal risultato di questo suo continuo soppesare il mondo, poi tradotto in immagini. A questa domanda non fornisce ovviamente una risposta, e anche se alcuni dei suoi protagonisti sono sospesi nell'aria, spinti verso il cielo mentre si sollevano o precipitano (come il famoso salto nel vuoto di Yves Klein nel 1960, evidente scollamento fra immagine e realtà), Smith cancella qualsiasi indizio del fatto che quei corpi siano soggetti alla loro stessa gravità. Ecco allora insinuarsi il dubbio: appartengono alla sfera celeste o al mondo degli uomini? I loro volti sono impassibili, non trasmettono alcuna emozione, nessun segno, nessuna tensione dovuta allo sforzo di sottrarsi alla gravità, come invece possiamo ritrovare nelle immagini di Philippe Halsman e nella sua serie *Jumpology*. Parrebbe piuttosto una sorta di *trompe-l'œil* della gravità, un falso montaggio come in un film di Georges Méliès, in cui gli effetti speciali, anche quando sono espliciti, partecipano al gioco e mettono in discussione la nozione stessa di visione.

Smith lascia aleggiare uno stato di latenza e, così facendo, libera la fotografia dalla condizione mimetica, la affranca dal dover essere segnale del reale. Le sue immagini, per usare la formula di Spinoza, non rappresentano le cose, né tantomeno intrattengono un rapporto di filiazione con la realtà, ma rispecchiano e riflettono quelle che Stanley Cavell definisce, in riferimento al cinema, come le vedute della mente[6]. Le foto di Rodney Smith sono sensibili ed estatiche, sono finzioni che nascono in una camera segreta, una cavità posta dietro il suo occhio interiore, alla quale lui solo sa tornare, rimanendo sempre vigile per consentire a tali simulacri di emergere.

"Chiudi gli occhi e vedi"[7], scrive James Joyce in un brano dell'*Ulisse* in cui mette in scena l'"ineluttabile modalità del visibile" allorché Stephen Dedalus, al capezzale di sua madre morente, guarda gli occhi di lei chiudersi per l'ultima volta. Da allora, l'intero corpo della madre gli apparirà in sogno, "consunto [...] e svolazzante"[8], senza mai smettere di fissarlo, e lasciandolo attonito per sempre.

---

4 F. Nietzsche, *Gedichte*, 1871. Ed. it. *Le poesie*, a cura di e trad. A.M. Carpi, Einaudi, Torino 2008.
5 G. Bachelard, *L'air et les songes*, 1943. Ed. it. *Psicanalisi dell'aria*, trad. M. Cohen Hemsi, RED, Milano 2007.
6 S. Cavell, *The World Viewed: Reflections on the Ontology of Film*, 1971. Ed. it. *Il mondo visto. Riflessioni sull'ontologia del cinema*, a cura di P. Donatelli, Cue Press, Imola 2023.
7 J. Joyce, *Ulysses*, 1922.
8 Ivi.

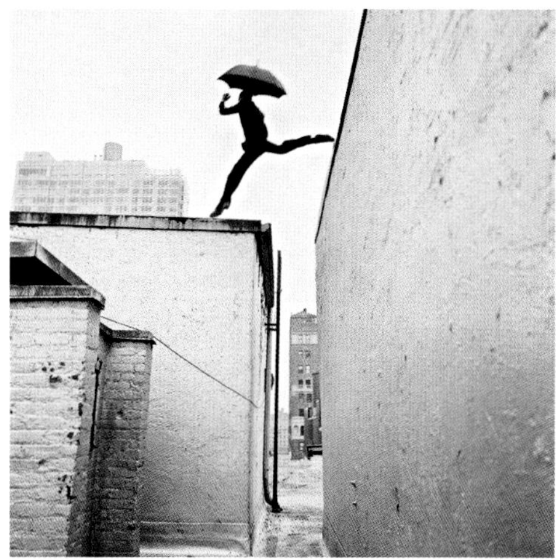

according to Nietzsche, which he defines as the infinite par excellence,[2] as the superhuman joy that we pass through in a single sweep in offensive freedom, like lightning, like the eagle, like the arrow of the sun, like an imperious, majestic gaze. The air, in Nietzsche, "fills with promises."[3] It is the reign of the imagination, matter to be transmuted, the place of winged oneirism that already appears in the first paragraph of "The Three Evil Things" (*Zarathustra*, III): "In my dream, in my last morning-dream, I stood to-day on a promontory—beyond the world; I held a pair of scales, and weighed the world."

With Smith, the question is whether to take flight or fall. Everything depends on which side the scales tip and on the result of that weighing of the world that he is constantly performing and translating into his images. Clearly, he provides no answer to this question, and even though some of his characters are pinned in the air, stretched out toward the sky as they rise or fall (like Yves Klein's famous leap into the void in 1960, creating a discontinuity between image and reality), Smith erases any sign that might suggest that these bodies are subject to their own gravity. Doubt creeps in: do they belong to the celestial sphere or to the human world? Their impassive faces convey no emotion, no hint, no tension from the effort involved in wrenching themselves free of gravity, which we can find for example in Philippe Halsman's images and his *Jumpology* series. They are rather shown in a kind of trompe-l'œil weightlessness, a jump cut, as in a Georges Méliès film where the special effects, even if they are visible, are part of the game and question the very notion of vision.

Smith therefore allows a state of latency to linger, and by doing so frees photography from being a form of mimeticism, of indexing reality. His images, to return to Spinoza's formula, do not represent things, nor do they have any relationship with the real, but reflect what Stanley Cavell, speaking of film, describes as views of the mind.[4] Rodney Smith's images are sensitive and ecstatic. They are fictions that originate in a secret room, a cavity located behind his inner eye, to which he alone knows how to return, remain vigilant, and let these simulacra emerge.

"Close your eyes and see,"[5] writes James Joyce in a passage from *Ulysses*, where he stages "the ineluctable modality of the visible," while the character, Stephen Dedalus, at his dying mother's bedside, watches her eyes close for the last time. From then on, his mother's entire body will appear to him in dreams, "devastated, floating,"[6] never ceasing to stare at him and dumbfounding him forever.

Driven by the same need that newborn babies have to punctuate their day with short periods of sleep—perhaps because, as Borges says in *Fictions*, while we are asleep here, we are awake

---

2   F. Nietzsche, *Gedichte*, 1871. Eng. ed. *The Poetry of Friedrich Nietzsche*, ed. Ph. Grundlehner (Oxford: Oxford University Press, 1987).
3   G. Bachelard, *L'air et les songes*, 1943. Eng. ed. *Air & Dreams: An Essay on the Imagination of Movement*, transl. E. and F. Farrell (Dallas: Dallas Institute of Humanities & Culture, 2011).
4   S. Cavell, *The World Viewed: Reflections on the Ontology of Film* (New York: Viking Press, 1971).
5   J. Joyce, *Ulysses*, 1922.
6   Ibid.

Spinto dallo stesso bisogno dei neonati di scandire la loro giornata con brevi pisolini – forse perché, come dice Borges in *Finzioni*, mentre dormiamo qui siamo svegli altrove, e così ciascuno si sdoppia – Rodney Smith è stato a lungo nella sua stanza segreta, per poter chiudere gli occhi e vedere. In questo luogo appartato ha intessuto le sue immagini e inventato un dispositivo ottico che gli permette di guardare più lontano e accedere così all'altro lato della realtà. La sua immaginazione, amplificata dal meccanismo ottico che è la fotografia, gli consente di spingere la facoltà della visione oltre il suo limite, di farla cedere fino ad aprirla su uno spazio "surreale". La sua è una perfetta illustrazione di quanto affermato da Cartesio nella sua *Diottrica* (1637):

> Tutta la condotta della nostra vita dipende da' nostri sensi, tra i quali quello della vista essendo il più universale e più nobile, non è da dubitare che le invenzioni che servono ad aumentare la sua potenza, non sieno delle più utili che possan essere. Ed è cosa malagevole di trovarne alcuna che l'aumenti di più che l'invenzione di que' meravigliosi cannocchiali che, non essendo in uso che da poco tempo, ci hanno già scoperti nuovi astri nel cielo, ed altri nuovi oggetti sopra la terra, in maggior numero che non sono quelli che avevamo veduti per lo innanzi; di modo che portando la nostra vista più lontano che non era solita d'andare l'immaginazione de' nostri padri, essi sembrano averci aperta la strada, per arrivare ad una cognizione della natura molto più grande e perfetta ch'essi non hanno avuta.

In questo modo le immagini di Smith non si limitano a rispecchiare la sua immaginazione ma amplificano ciò che vedono gli "occhi della mente"[9] attraverso "que' meravigliosi cannocchiali". A questo punto, sorge spontaneo chiedersi se Smith non sia stato prima di tutto un filosofo che ha posto l'ottica al servizio del suo pensiero, così come Spinoza ha costruito l'architettura della sua filosofia – in particolare l'*Etica* – grazie alla geometria ottica. I due sembrano intrattenere un rapporto stretto nella loro simile concezione e visione del mondo.

Spinoza era certamente un filosofo, ma era anche un artigiano, conosciuto per essere fra i migliori molatori di lenti e occhiali del suo tempo. Le lenti venivano usate per realizzare telescopi, lenti di ingrandimento o microscopi. La lucidatura è la fase finale della fabbricazione delle lenti: l'artigiano rimuove ogni impurità dal vetro con una piccola mola, che passa delicatamente e meticolosamente su tutta la superficie fino a rendere il vetro perfettamente trasparente e luminoso.

Il XVII secolo è un'epoca che si apre al mondo e Spinoza è impegnato anima e corpo in questa avventura scientifica, che porterà a una vera e propria rivoluzione nella nostra visione e comprensione del mondo. Secondo il filosofo, l'accesso alla verità passa per la visione; riprendendo un'idea già enunciata in uno dei primi testi dedicati ai meccanismi dell'ottica (la *Magiae naturalis* di Giovanni Battista Della Porta, libro XVII, cap. X, *De crystallinae lentis effectibus*, 1589), scrive: "Con le lenti concave, le cose lontane si vedono piccole ma chiare, con le lenti convesse, si vedono le cose vicine più grandi ma poco definite. Se riusciamo a calibrare nel modo giusto le une con le altre,

---

9   B. Spinoza, *Trattato teologico-politico*, cap. 13; *Etica*, V, proposizione 23, *Scolio*.

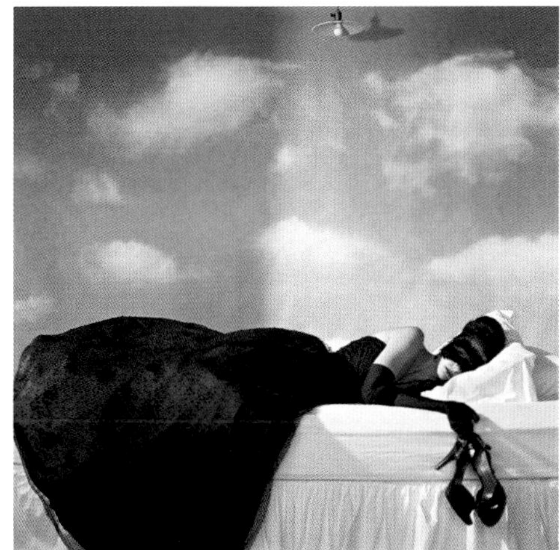

elsewhere, and thus everyone is divided in two—Rodney Smith remained in this secret room for a long time to close his eyes and see. In this secluded place, he wove his images and invented an optical device that would enable him to look further, and thereby access the other side of reality. His imagination, intensified by the optical mechanism of photography, then allowed him to push the power of vision beyond its limit, to make it yield until it opened onto a "surreal" space. It therefore perfectly illustrates a comment that Descartes put forward in his *Dioptrics* (1637):

> All the conduct of our lives depends on our senses, and because sight is the noblest and most comprehensive of these, inventions which serve to increase its power are undoubtedly among the most useful there can be. And it is difficult to find any inventions that increase the power of sight more than those wonderful glasses which, although in use for only a short time, have already revealed new stars in the heavens, and other objects upon Earth, in greater number than those we had seen before: so that extending our view much farther than the imagination of our forefathers had been able to reach, they seem to have opened the way for us to attain a much greater and more perfect knowledge of nature than they possessed.

Thus, Smith's images do not just mirror his imagination, but magnify what is seen by the "eyes of the mind"[7] through those "wonderful glasses." At this point, the question arises of whether Smith was not primarily a philosopher who placed optics in the service of his thought, just as Spinoza built the architecture of his philosophy—particularly the *Ethics*—with the aid of optical geometry. The two of them seem to be closely related and similar in their conception and vision of the world.

Spinoza was a philosopher, certainly, but he was also a craftsman, well known as one of the best polishers of lenses and glasses of his day. These lenses were used to make telescopes, magnifying glasses, and microscopes. Polishing is the final stage of lens manufacture. The craftsman removes all impurities from the glass with a polishing wheel, moving it delicately and meticulously all over the surface until the lens is perfect in its transparency and luminosity.

The seventeenth century was a period of openness to the world and Spinoza was thoroughly committed to this scientific adventure, which facilitated a veritable revolution in how the world was viewed, and beyond this, how it was understood. According to him, access to truth was via sight; one of the first texts devoted to the mechanisms of optics, Giovanni Battista Della Porta's *Magiae naturalis* (Book VII, ch. X, *De crystallinae lentis effectibus*, 1589), sets out the possibility of distinguishing things clearly by means of an optical arrangement, an idea later taken up by Spinoza: "With a Concave [lens] you shall see small things afar off, very clearly; with a Convex, things neerer to be greater, but more obscurely: If you know how to fit them both together, you shall see both things afar off, and things neer hand, both greater and clearly." It is therefore through this skillful fitting together of concave and convex lenses that vision, carried to the extreme, reaches its peak,

---

7   B. Spinoza, *Theologico-Political Treatise*, ch. 13; *Ethics*, V, 23, *Scolio*.

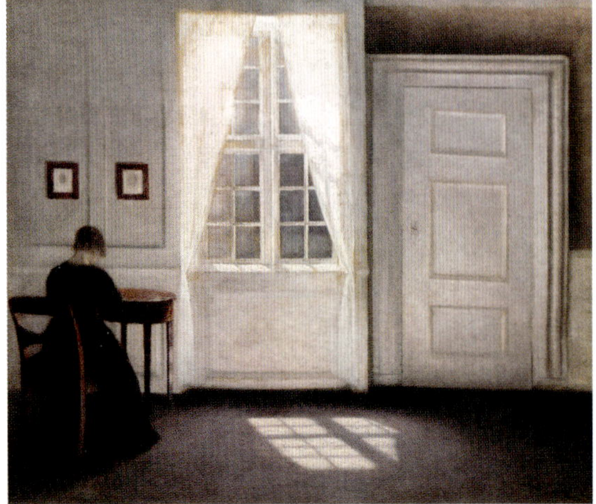

si vedranno, ingrandite e chiare, sia le cose vicine che le cose lontane". È quindi attraverso questa sapiente calibratura tra lenti concave e convesse che la visione, portata all'estremo, raggiunge il suo punto più alto, vale a dire la verità. L'invisibile si allontana e il visibile avanza in tutta la sua estensione, nell'infinitamente grande come nell'infinitamente piccolo. Il mondo circoscritto si fa un universo infinito e la rivoluzione della visione diventa allora la rivoluzione della *visione del mondo*. In questo senso, Spinoza il molatore del vetro e Smith l'inventore di immagini partecipano del desiderio di spingersi oltre i limiti del visibile e del reale.

Se la concezione del mondo di Smith è vicina a quella di Spinoza, la sua trascrizione è radicalmente opposta, poiché è tangibile e incisa nella realtà. Solo la fotografia può trasmettere, come in un lampo, le visioni insolite di Smith, quelle sue pulsioni scopiche, così fulminee, folgoranti e potenti che sembra debbano infrangere il muro del suono.

È quel fulmine scagliato così forte ad abbagliare e accecare i personaggi di Smith? È quel bagliore, non importa quanto intenso, a spingerli a ripararsi gli occhi o a distogliere lo sguardo per paura di rimanere folgorati? Sono rari i personaggi che guardano in faccia colui che li guarda. Può lo sguardo suggerire la nozione di presenza e di presente, dunque di tempo, di identità del soggetto – concetti evanescenti, assenti nel mondo di Smith ma che costituiscono invero tutta la sua universalità?

Questi personaggi con lo sguardo rivolto dentro di sé, spesso soli, se ne stanno piantati in mezzo al vuoto, ricordandoci quelli dei dipinti di Vilhem Hammershøi. Nei suoi quadri d'interni appare spesso una modella vista di spalle; si tratta di sua moglie, di cui conosciamo solo il nome, Ida. E poi, silenzio e solitudine aleggiano in un'atmosfera spettrale. Non succede nulla, solo un enigma e "la consistenza immaginaria del reale"[10] che invade tutto, come nelle immagini di Rodney Smith.

Il fotografo custodiva gelosamente un libro sull'artista danese. Ancora oggi è allo stesso posto, sulla sua scrivania, forse in attesa che da un momento all'altro Smith scenda dalla sua stanza segreta dopo uno dei suoi brevi sonni, per sedersi e continuare a sfogliarlo.

L'opera di Smith ha il raro potere di continuare a diffondersi in modo esponenziale nonostante la sua assenza, come un'eco colta in una successione infinita dopo una detonazione folgorante. È un'equazione, una sequenza matematica che tende verso l'infinito, laddove x, l'incognita, è quella che Smith ha portato con sé per sempre.

Dietro di lui, una figura, di spalle, continua a vegliare.

---

10   M. Merleau-Ponty, *L'Œil et l'Esprit*, Gallimard, Paris 1964, p. 24. Ed. it. *L'occhio e lo spirito*, trad. A. Sordini, SE, Milano 1996.

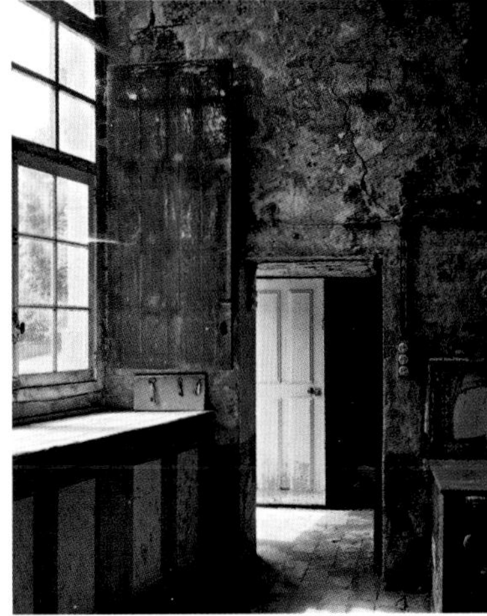

and therefore truth. The invisible recedes and the visible advances in proportion, on both the infinitely large and the infinitely small scale. The closed world is transformed into an infinite universe and the revolution in vision then becomes the revolution in the *vision of the world*. In this sense, Spinoza, the polisher of lenses, and Smith, the inventor of images, are both engaged in this desire to push back the limits of the visible and the real.

Although Smith is close to Spinoza in his conception of the world, his reproduction of it is radically opposed, since it is tangible and hewn from reality, contrary to that of Spinoza.

Thus, only photography can, in a flash, deliver Smith's strange visions, those scopic impulses, as blistering, blazing, and powerful as if they were breaking the sound barrier.

Is it that bolt of lightning, so vividly unleashed, that dazzles and blinds Smith's characters? Is it that flash, however powerful, that makes them cover their eyes or avert their gaze for fear of being stunned? Rare are the characters who view the viewer face to face. Does viewing elicit the notion of presence and the present, and therefore time, as well as that of the identity of the subject—all evanescent notions, absent in Smith's world but constituting its universality?

These inward-looking characters, often alone, stand in the middle of the void, recalling those in Vilhelm Hammershøi's works. In Hammershøi's paintings, which depict interiors, a figure often appears, seen from behind. It is his wife, of whom we know only her name, Ida. And then, silence and solitude float in a spectral atmosphere. Nothing happens, just an enigma and "the imaginary texture of the real,"[8] which pervades everything, as in Rodney Smith's images.

Smith carefully kept a book about this Danish artist on his desk. It is still in the same place today, perhaps waiting for him to come back down from his secret room at any moment, after one of his naps, to sit down and carry on leafing through it.

Smith's work contains that rare power of continuing, despite his absence, to propagate exponentially, like an echo caught in an endless enfilade after a tremendous detonation. It is an equation, a mathematical sequence that tends toward infinity and in which x, the unknown quantity, is the one that Smith has taken with him forever.

Behind him, a silhouette, its back turned, keeps watch.

---

8   M. Merleau-Ponty, *L'Œil et l'esprit* (Paris: Gallimard, 1964), p. 24.

Fotografia
tra reale e surreale

Photography
between real and surreal

22 febbraio 2010
Per tutti voi che vi affannate a fare fotografie, la vostra vita
non può essere solo un insieme di immagini. Le immagini
sono i sintomi, i riflessi della vita. È ciò che avete dentro
che fa di voi dei fotografi, non il semplice gesto di scattare
una foto. È una lotta per la vita. Il talento sta nel trovare
il proprio modo.

February 22, 2010
To all of you who struggle to make photographs, the life you
lead is not just one of imagery. These are the symptoms, the
reflections of your life. It is what's on the inside that makes
you a photographer, rather than simply someone who takes
pictures. This is a life struggle. The talent is to find a way
to do it on your own.

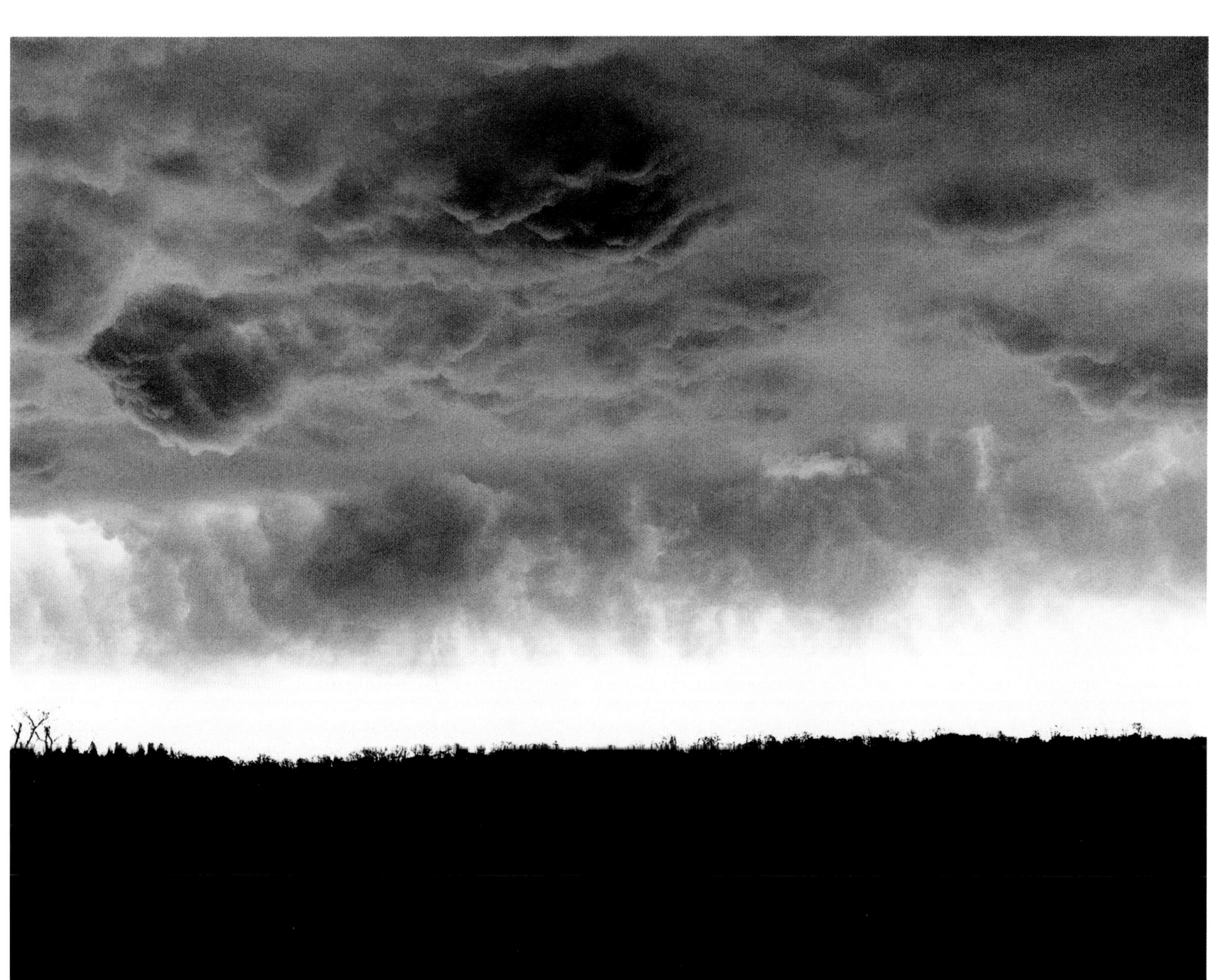

Storm Cloud
Clinton, Connecticut
1973

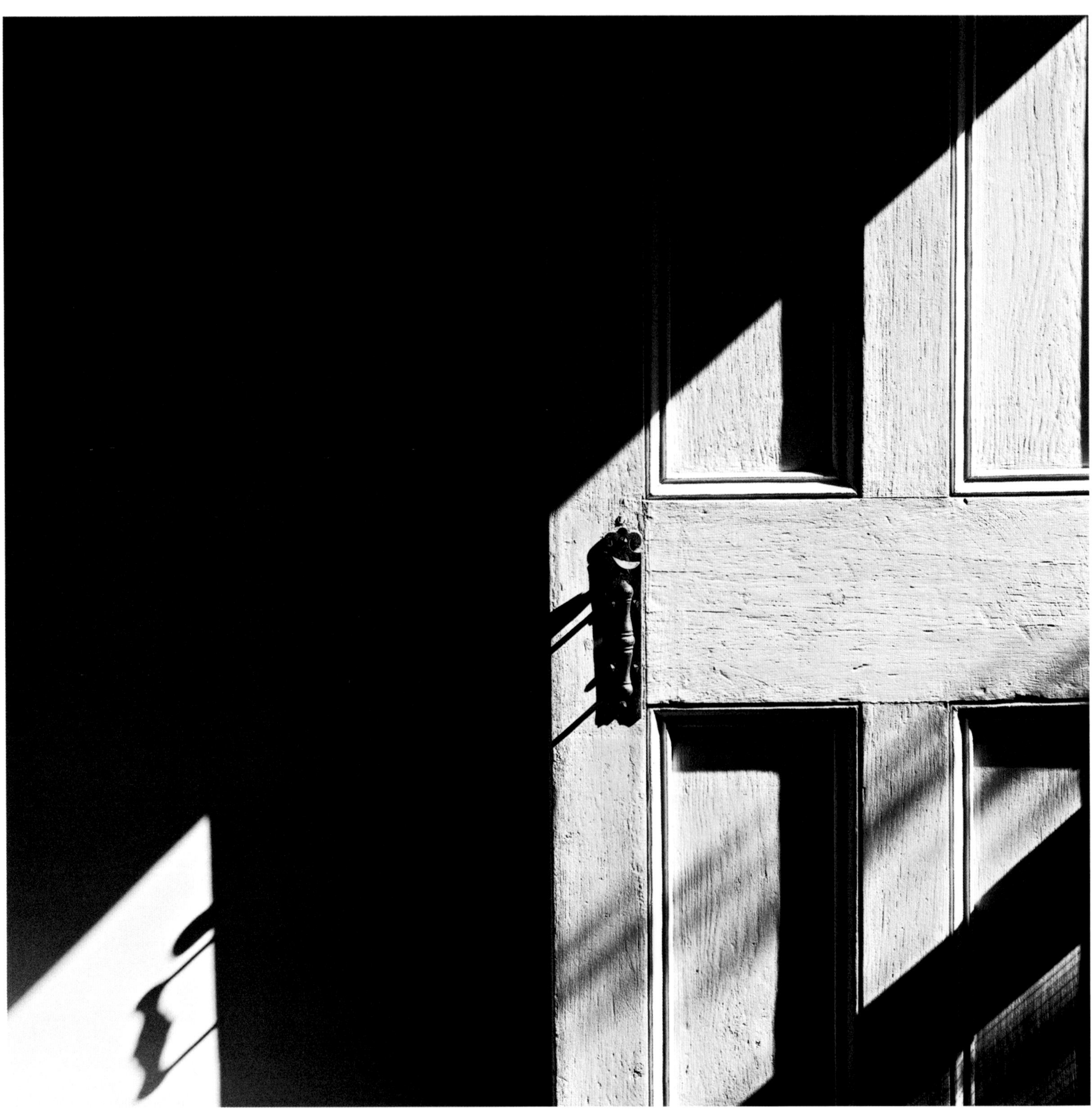

Open Door
Waterside, Connecticut
1975

La divina proporzione   **The Divine Proportion**

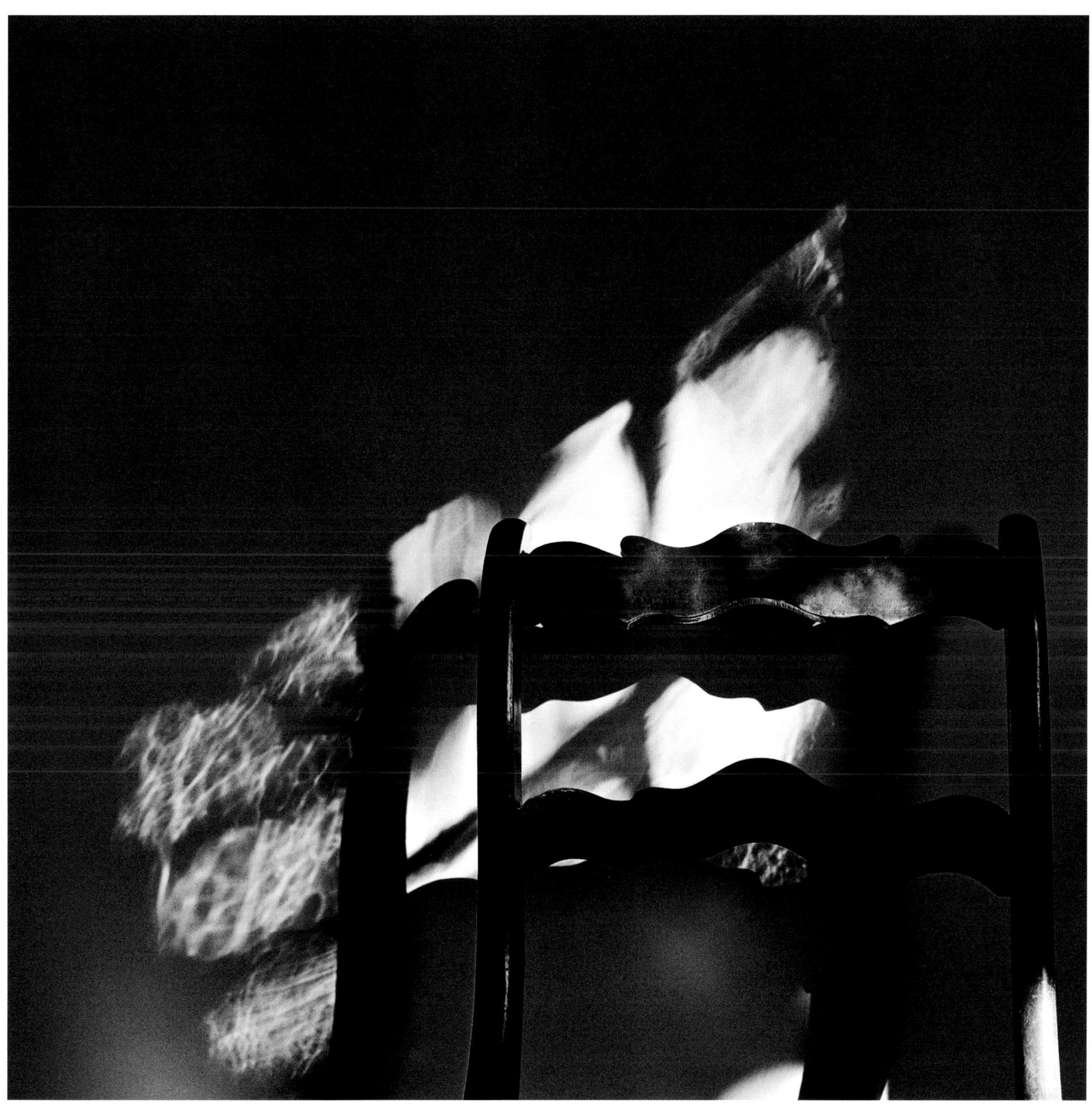

Chair, Dining Room
Waterside, Connecticut
1976

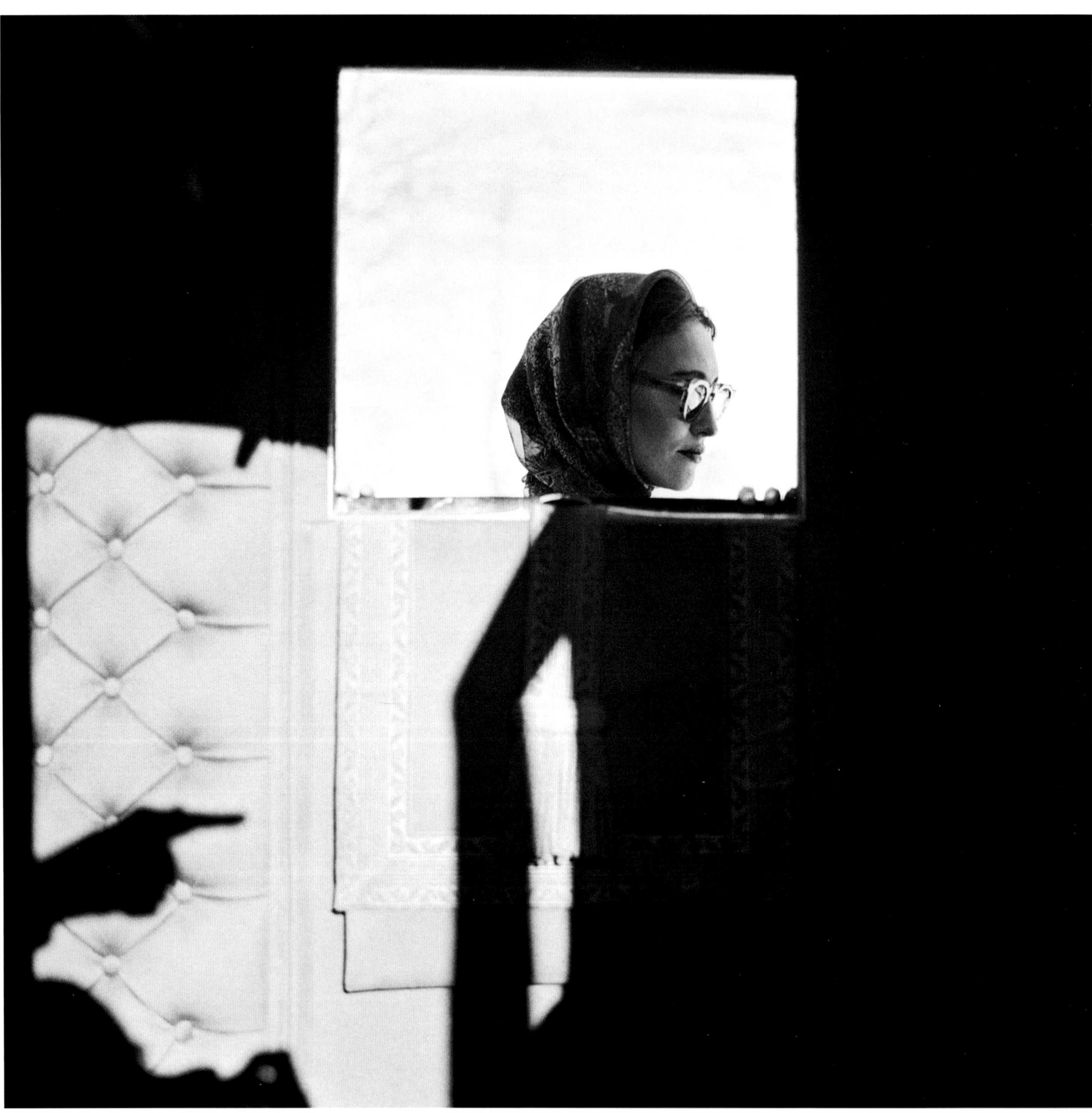

Karen in Profile
Amenia, New York
2011

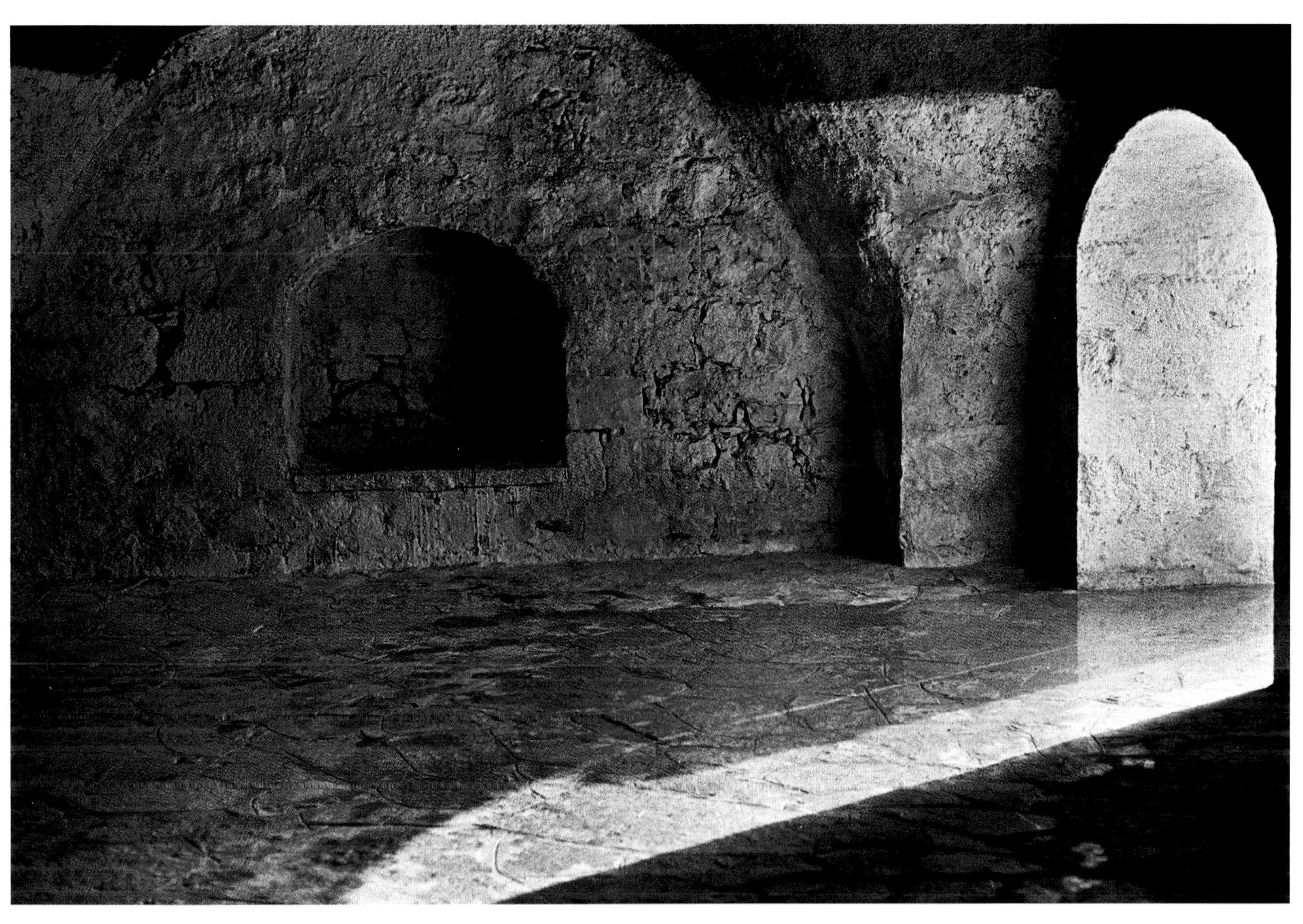

Courtyard
Jewish Quarter, Jerusalem, Israel
1976

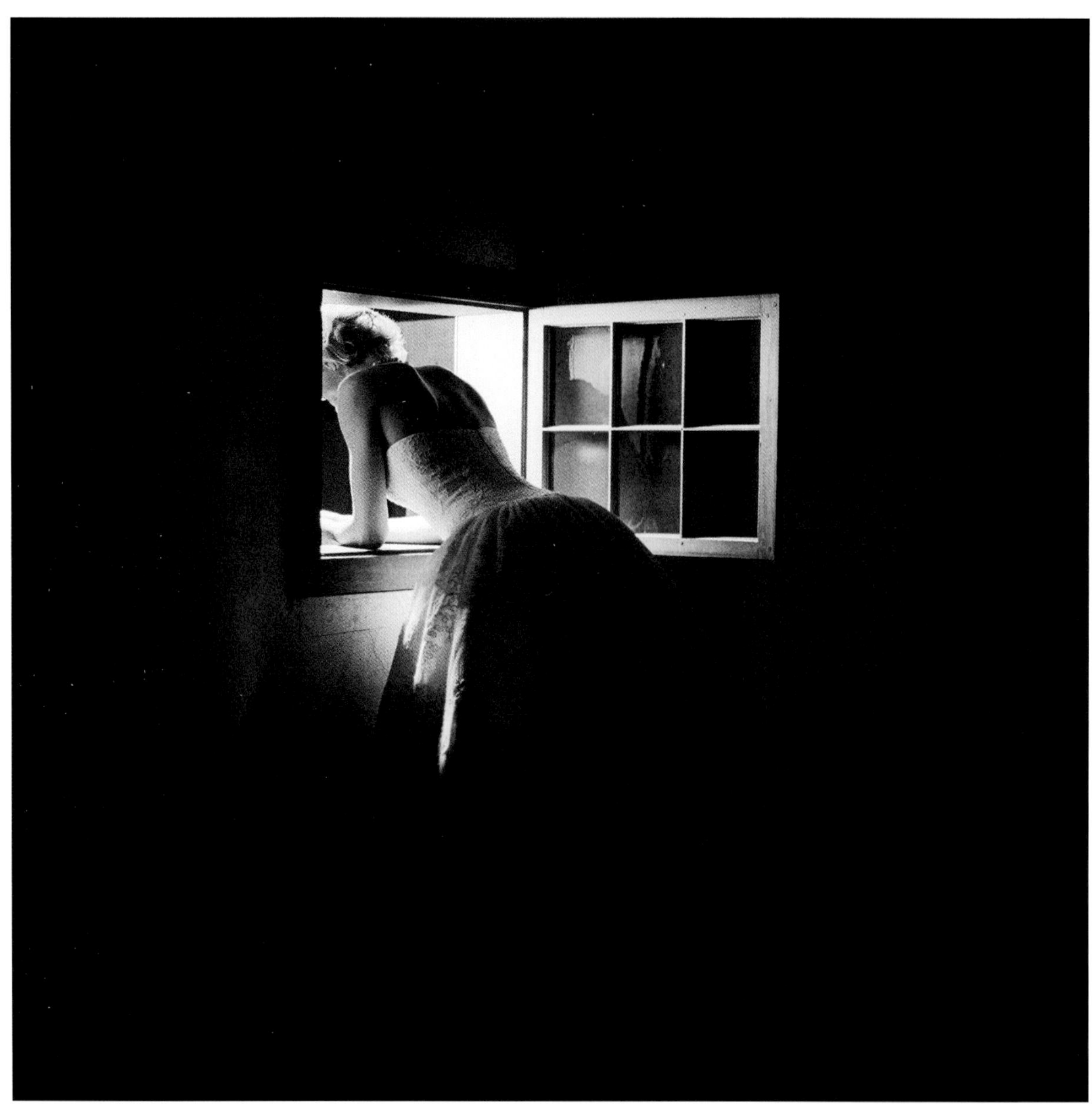

Nelly Leaning out a Window
Hancock Shaker Village, Massachusetts
2005

La divina proporzione   The Divine Proportion

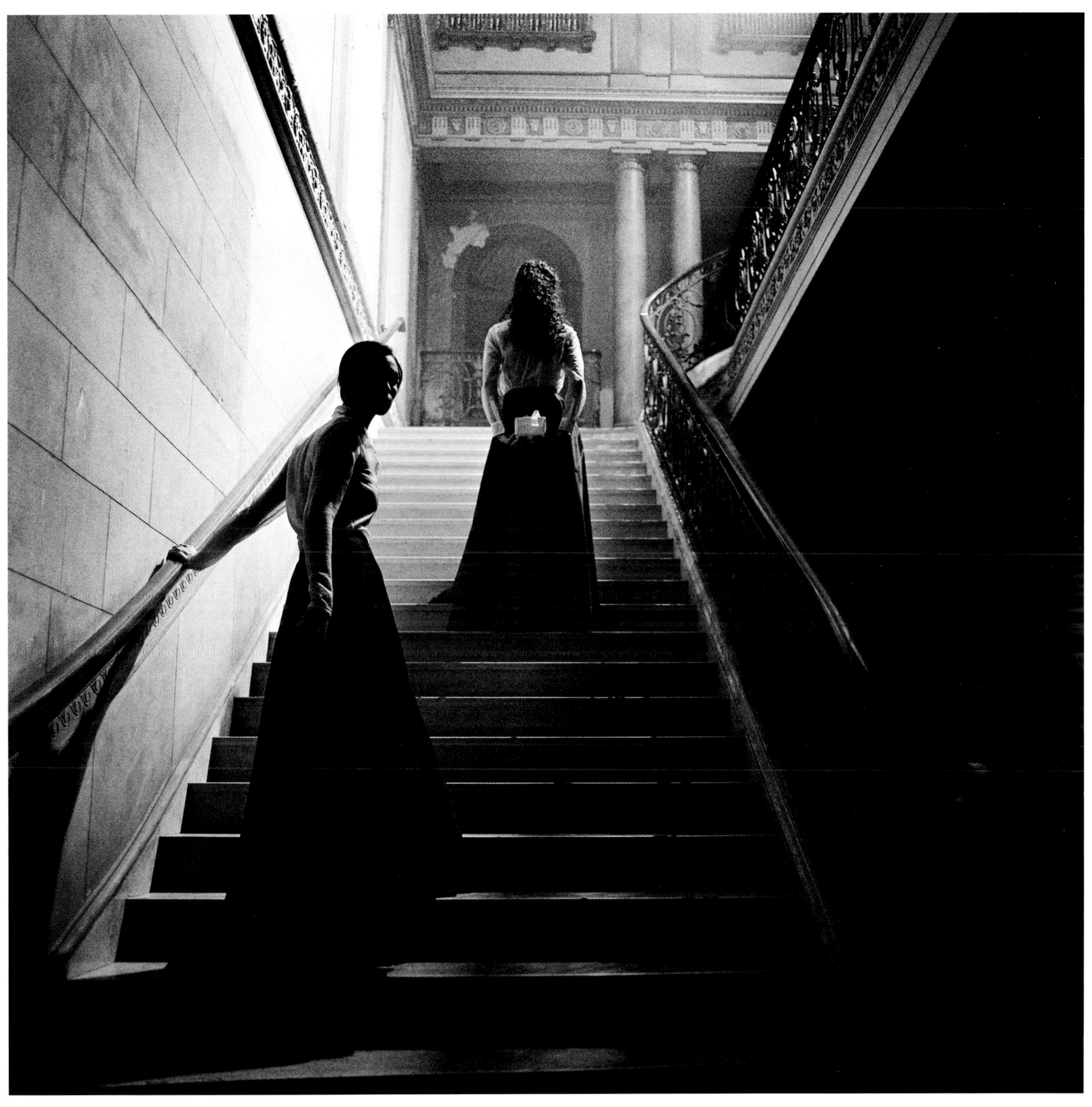

Two Women on Staircase
Yonkers, New York
2000

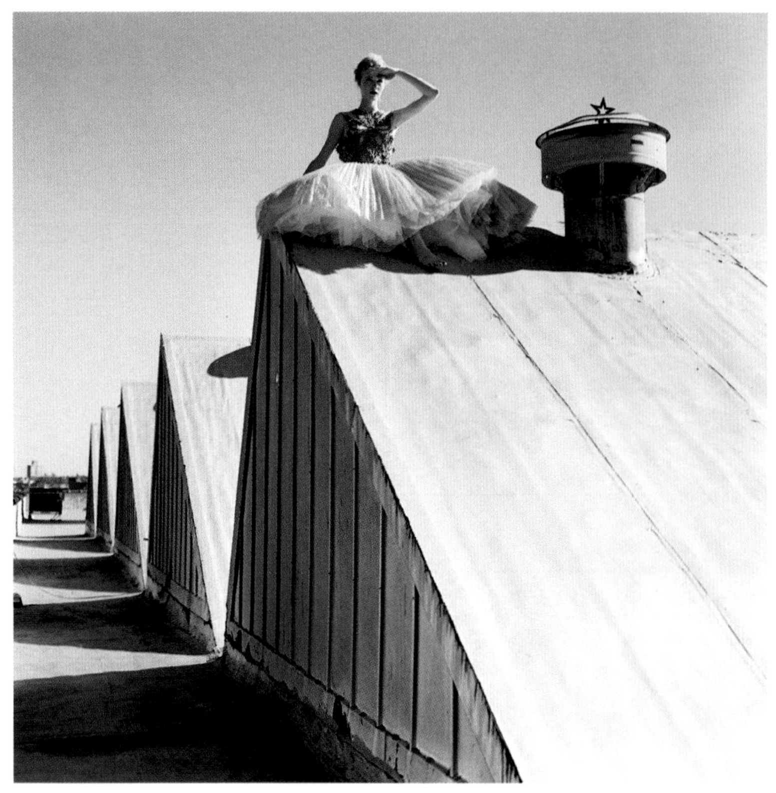

Edythe Seated on Rooftop
New York, New York
2008

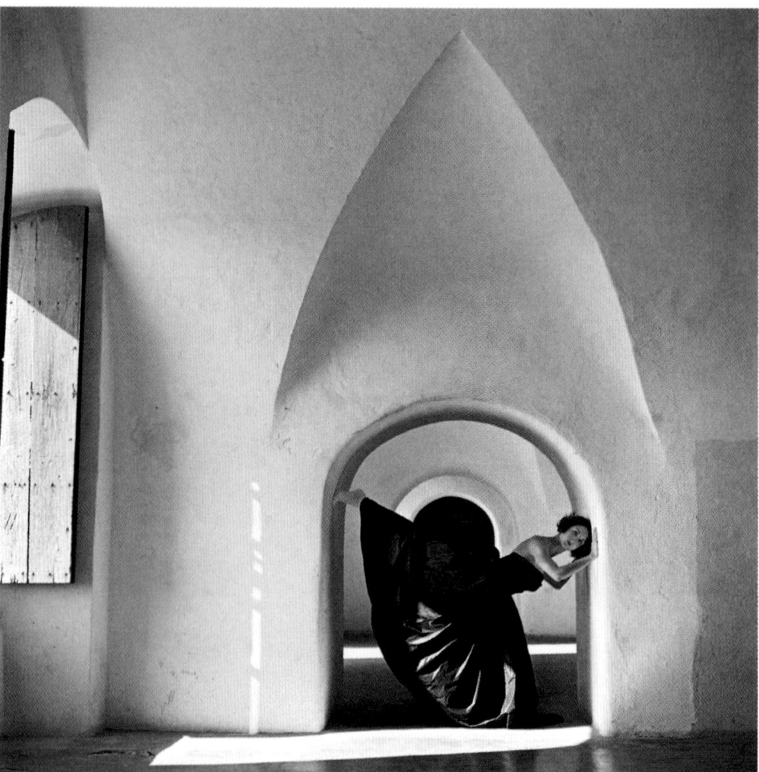

Melissa in Archway
Old San Juan, Puerto Rico
2005

La divina proporzione   The Divine Proportion

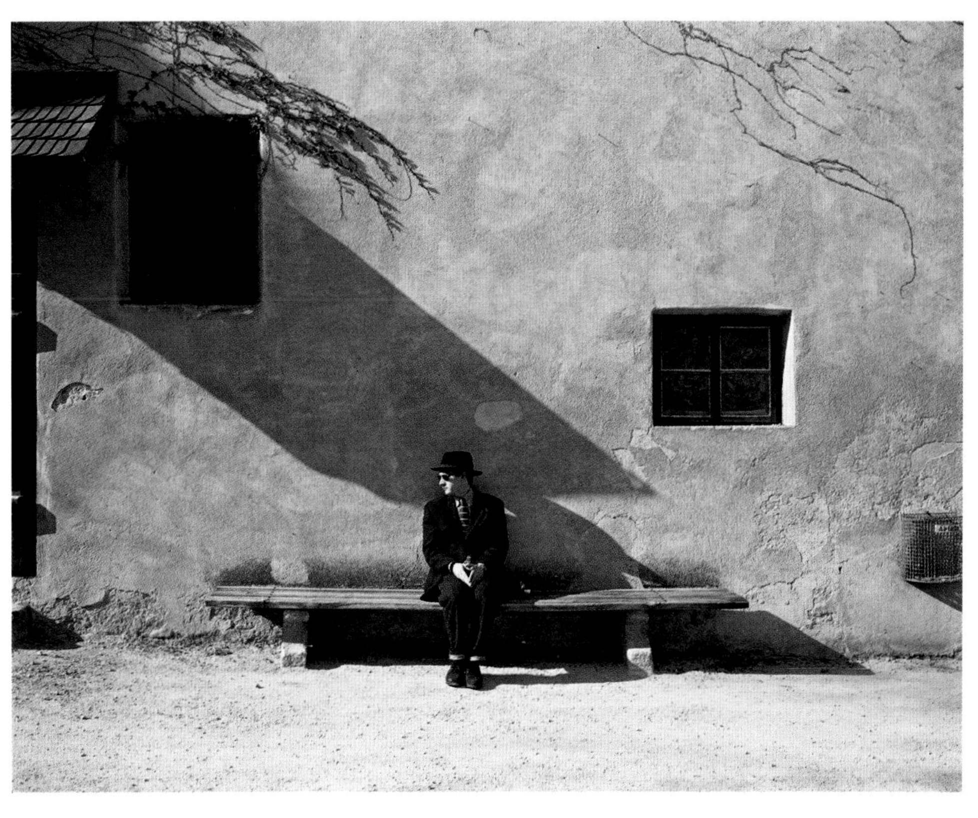

Jonah Seated on Bench
Salzburg, Austria
1998

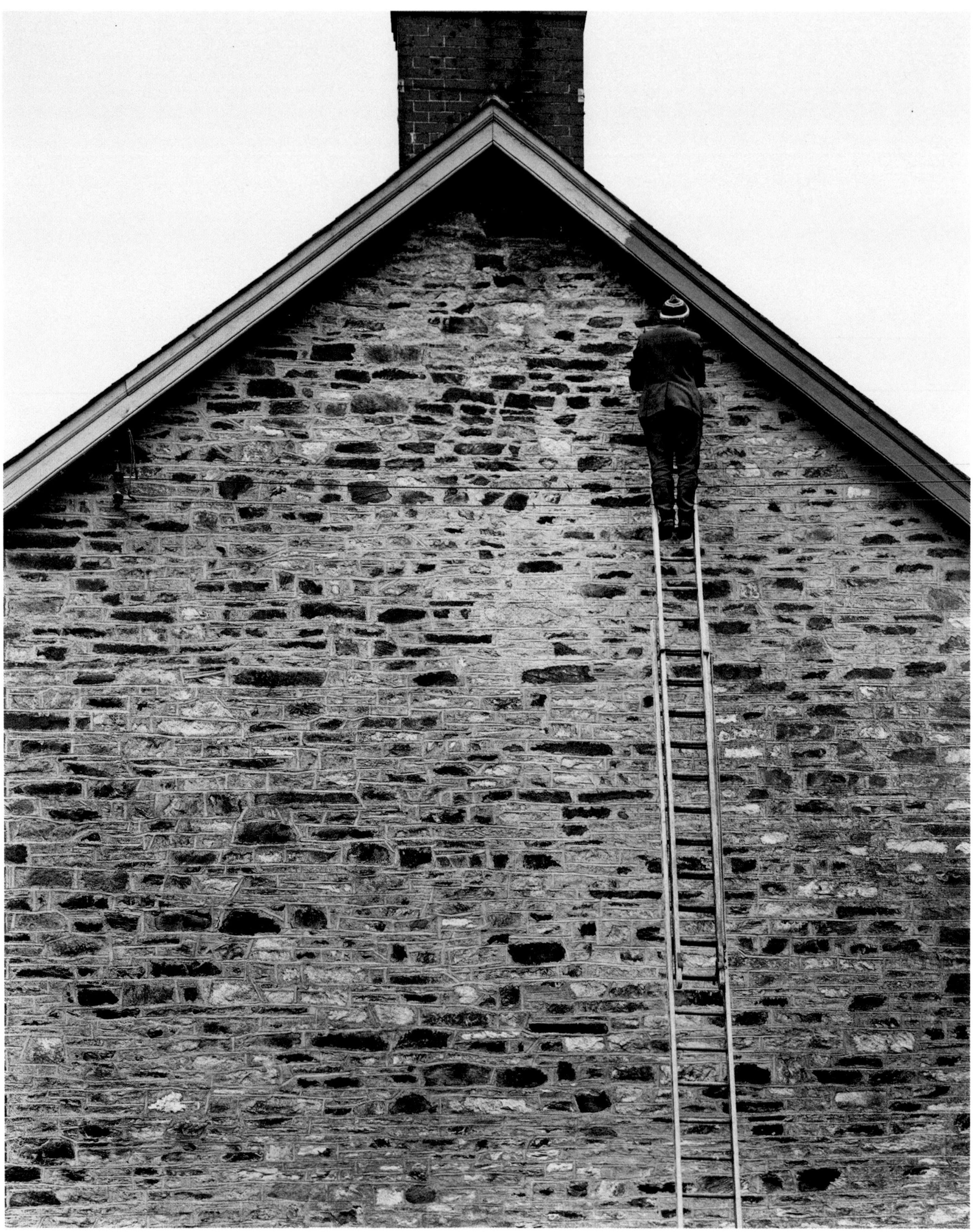

La divina proporzione   The Divine Proportion

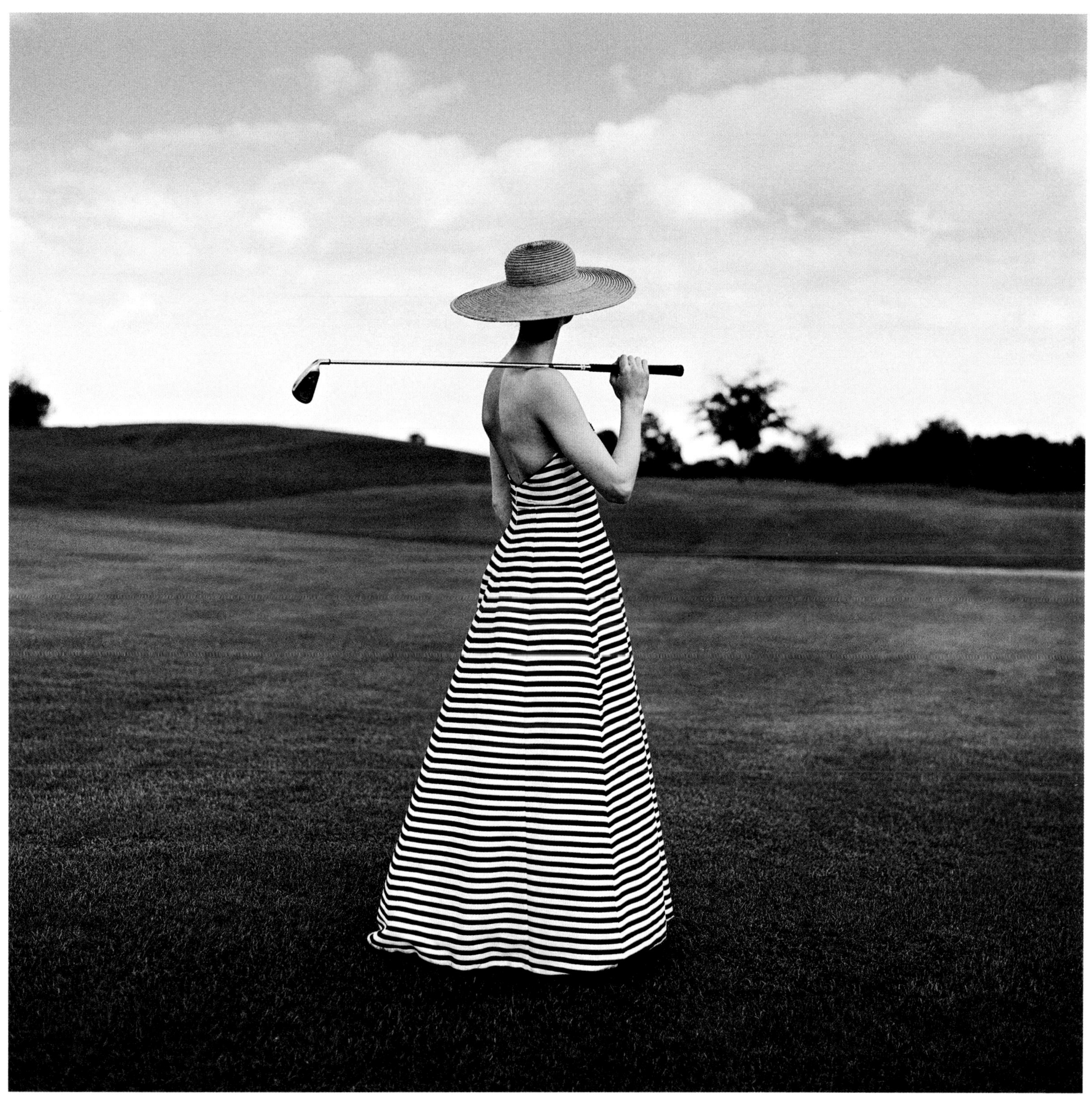

Man on Ladder
near Haverfordwest, South Wales, United Kingdom
1980

Caroline Golfing in Striped Dress
St. Augustine, Florida
2002

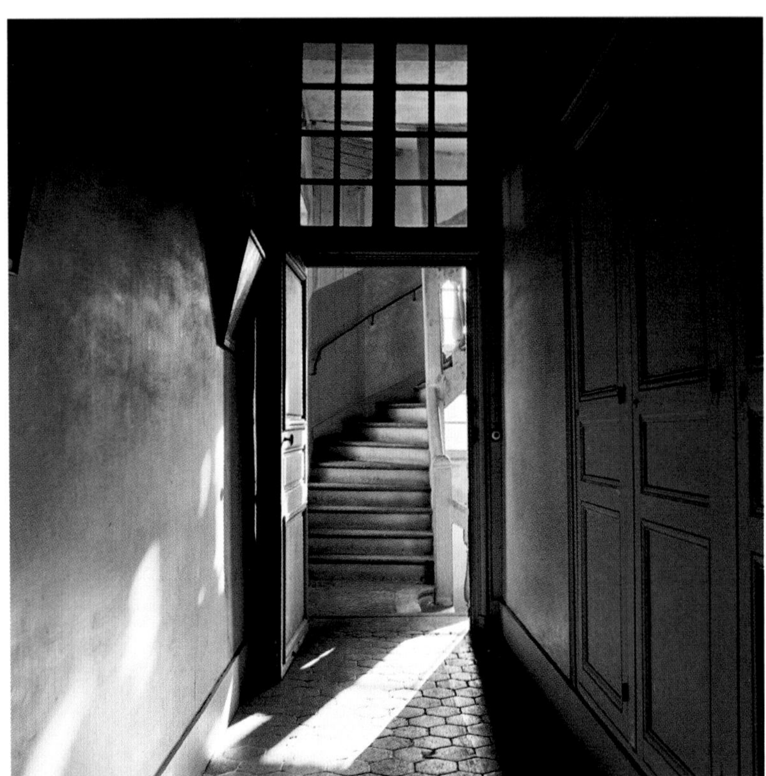

Hallway
Vaux-le-Vicomte, France
2004

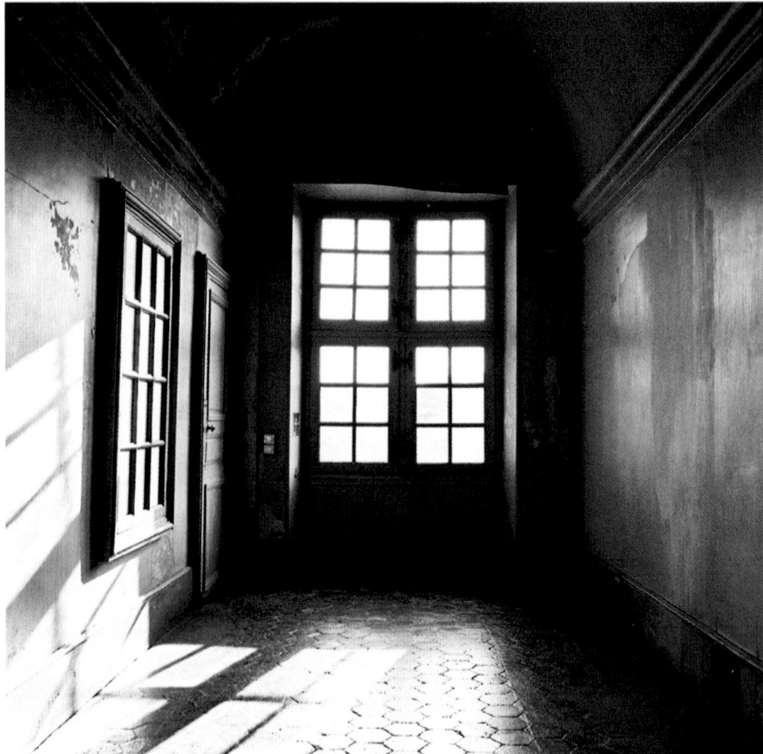

Window
Vaux-le- Vicomte, France
2004

La divina proporzione   The Divine Proportion

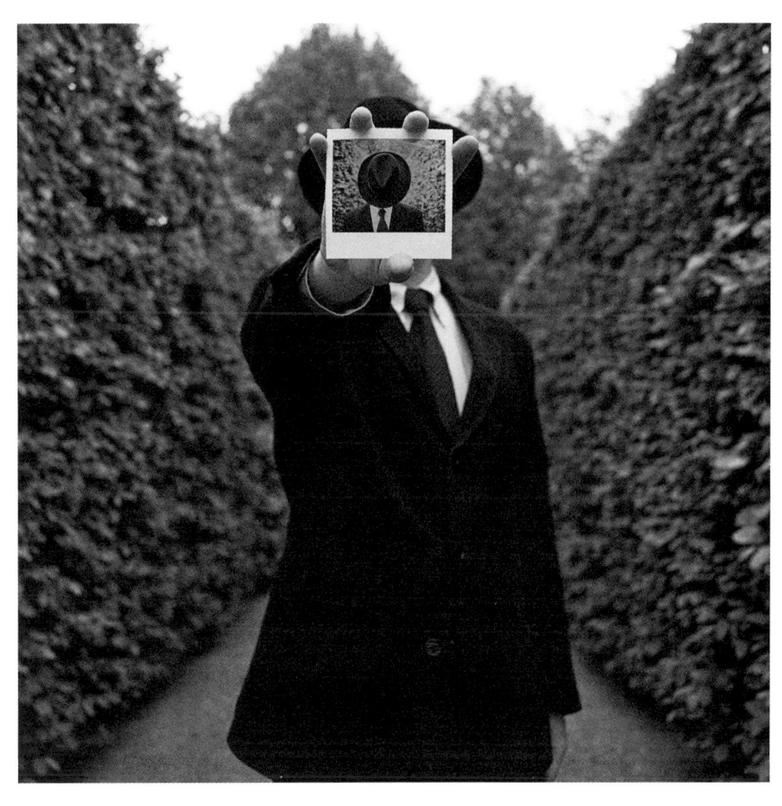

Jonah Holding Polaroid over Face No. 1
Vienna, Austria
1998

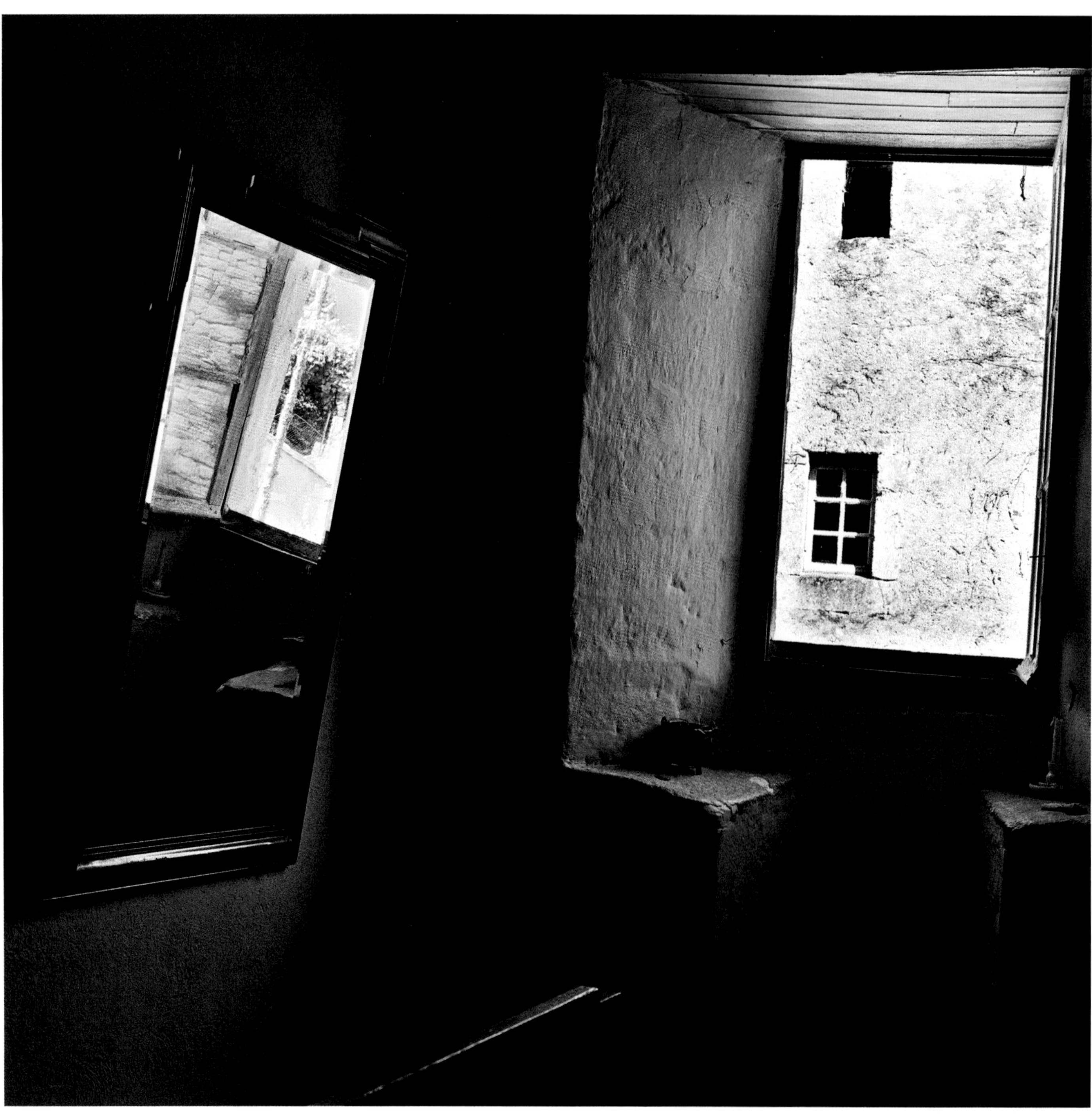

Interior
Limeuil, France
1985

Peter with Hands in Pockets Leaning against Wall
Hancock Shaker Village, Massachusetts
1993

La divina proporzione   The Divine Proportion

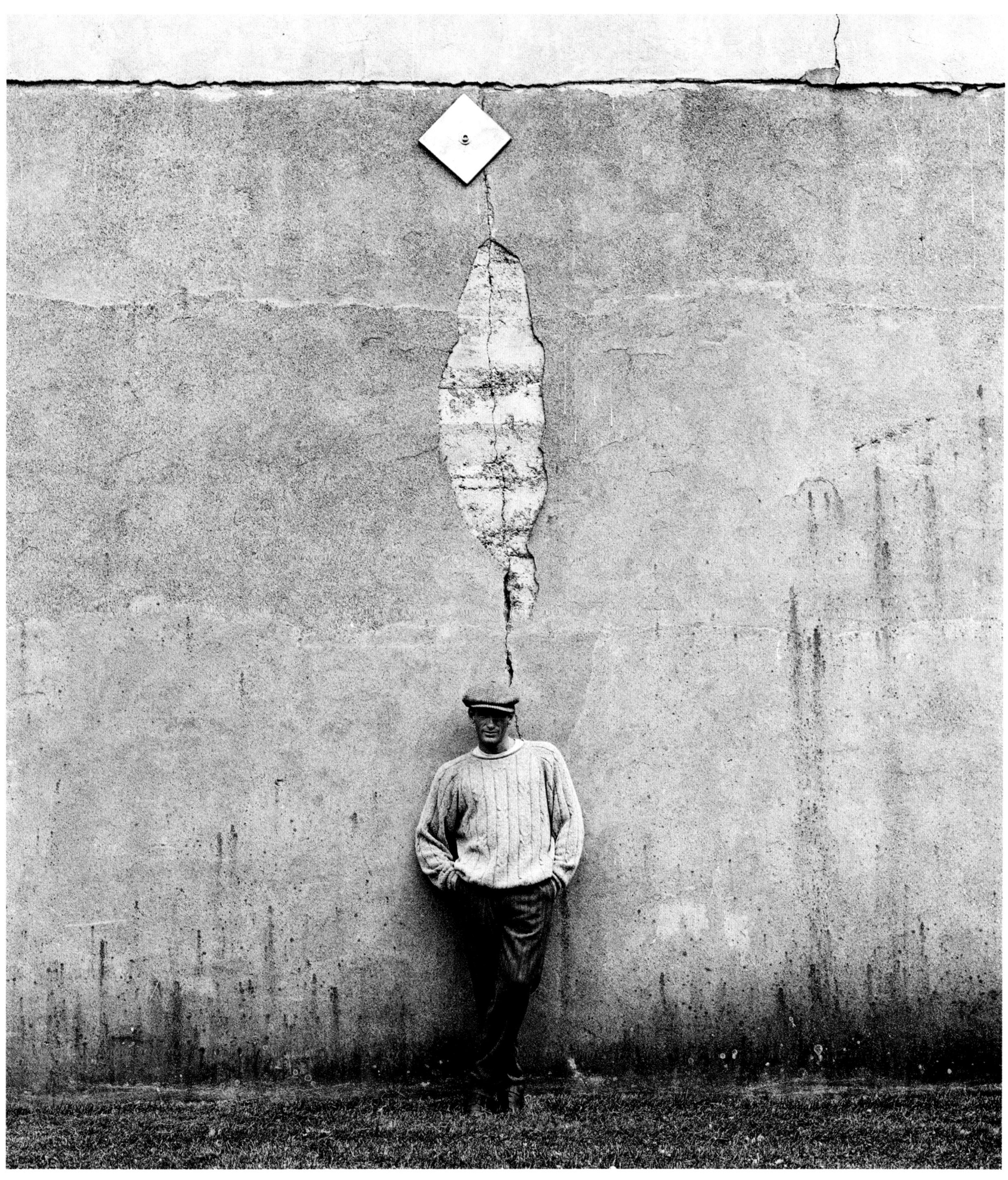

settembre 2009
Le persone hanno un'idea precisa della realtà: la gravità
fa cadere le cose, il fuoco brucia, la corsa ha certe sue
caratteristiche. La macchina fotografica può giocare con
questa percezione della realtà. Ed è ciò che mi ha sempre
affascinato, dato che non sono mai sicuro di cosa sia
reale e cosa non lo sia.

September 2009
People have a certain concept of reality: gravity makes
objects fall, fire burns, running encompasses certain qualities.
The camera can slightly play with this perception of reality.
As I've never been sure of what is real or not real, this
has always been appealing to me.

Chicken
La Vallée, Haiti
1982

Gravità   Gravity

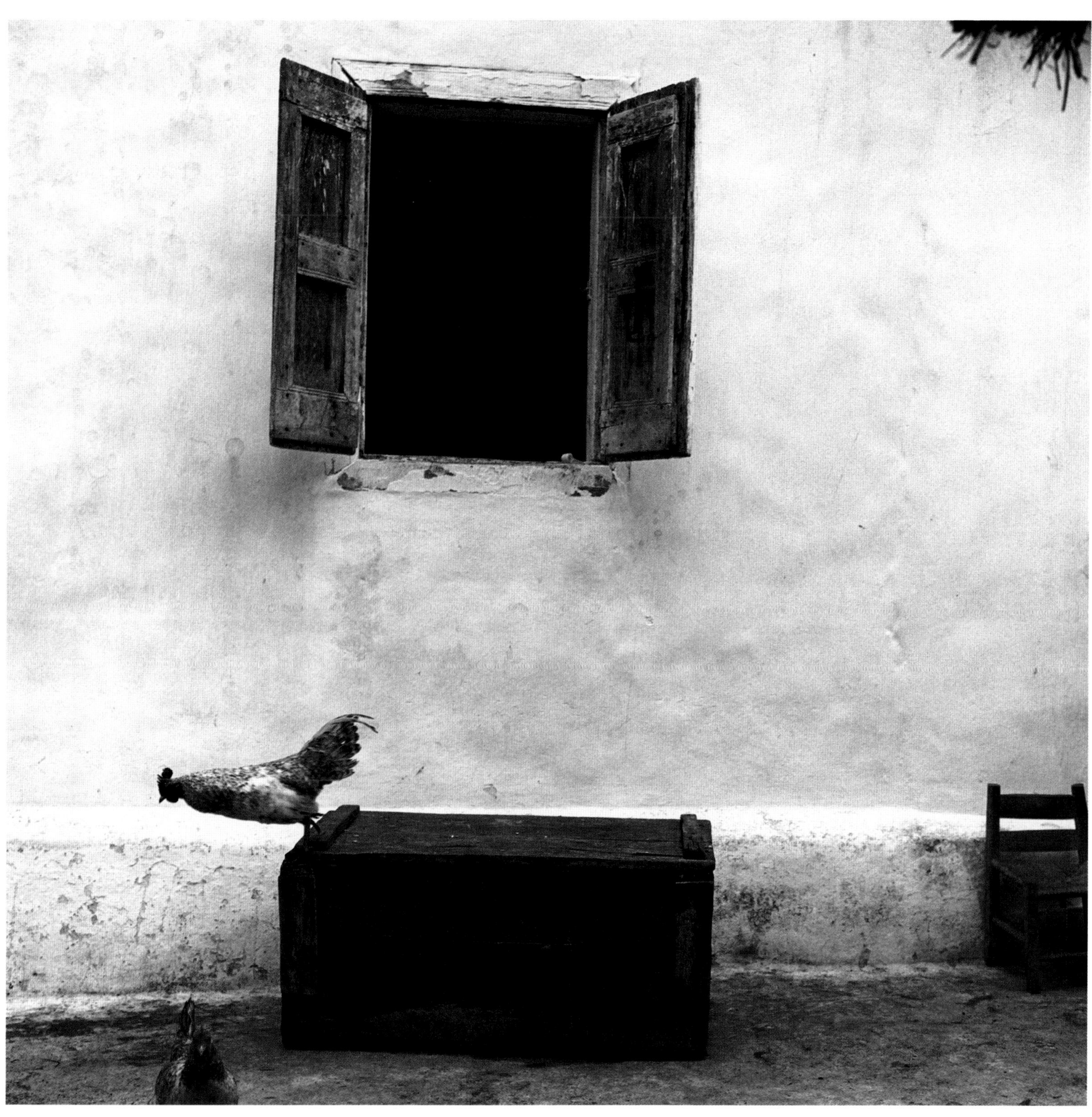

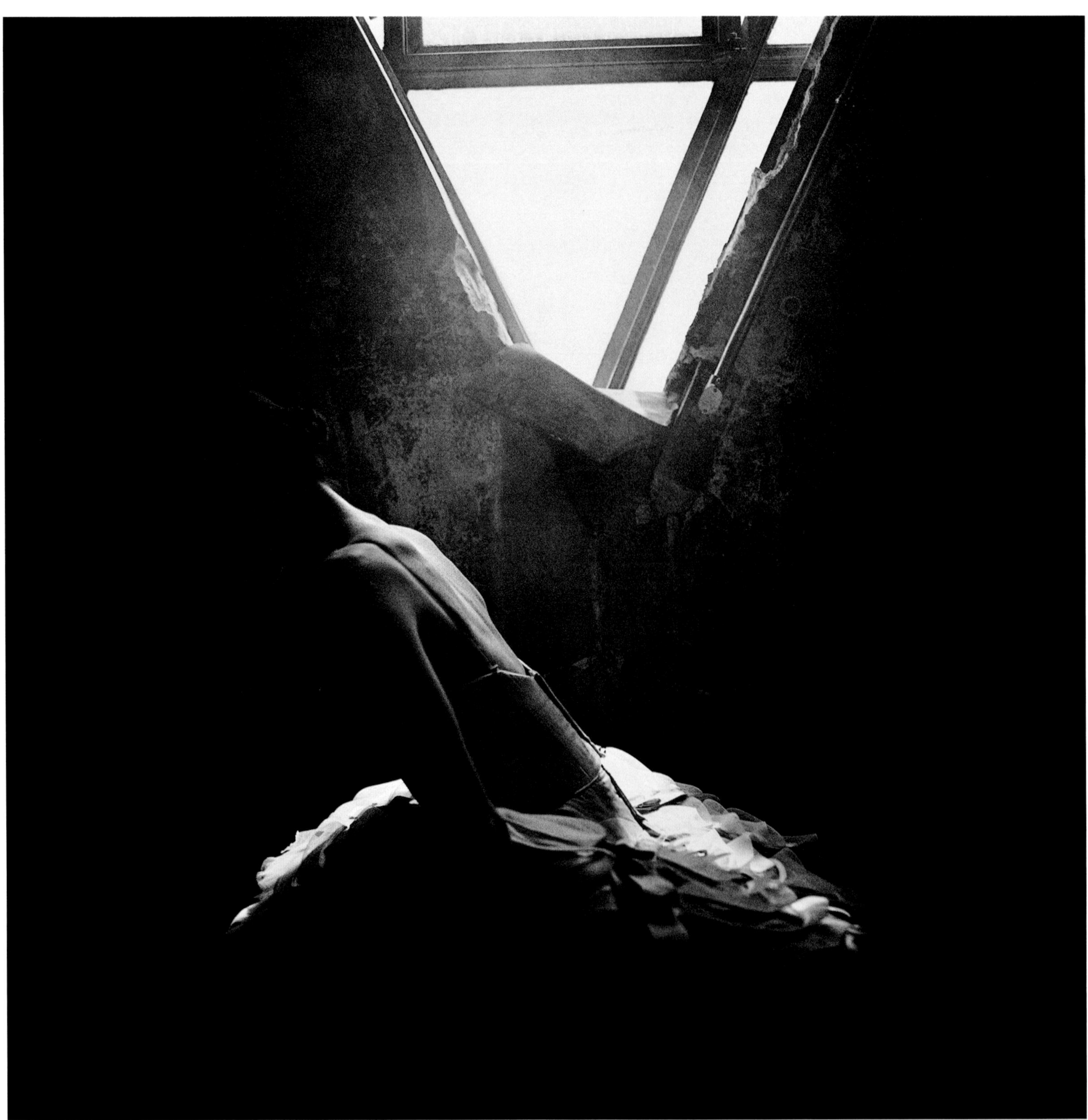

Deanna Leaning beneath Window
The Cloudroom, New York, New York
1999

Gravità   Gravity

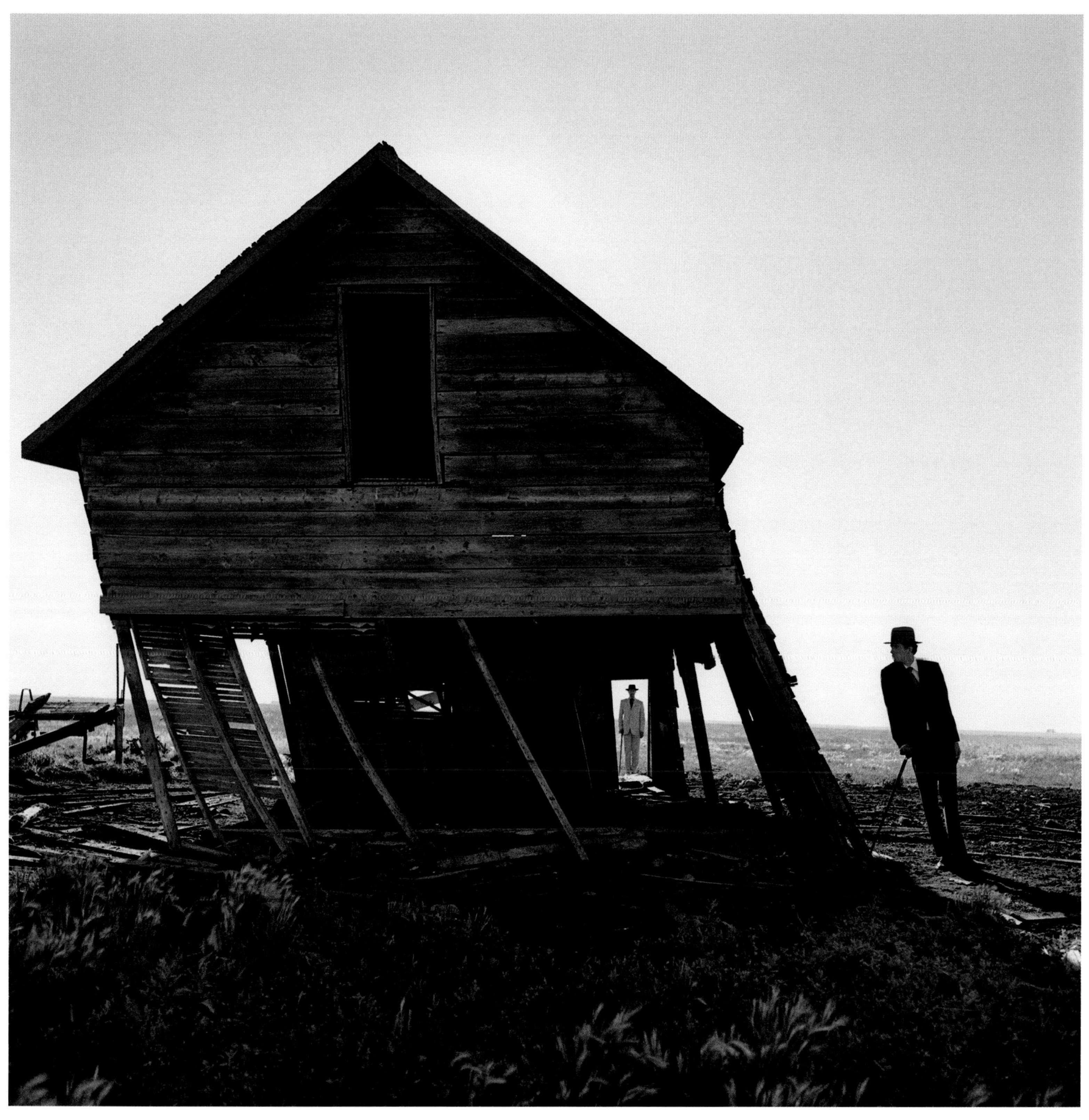

Leaning House
Alberta, Canada
2004

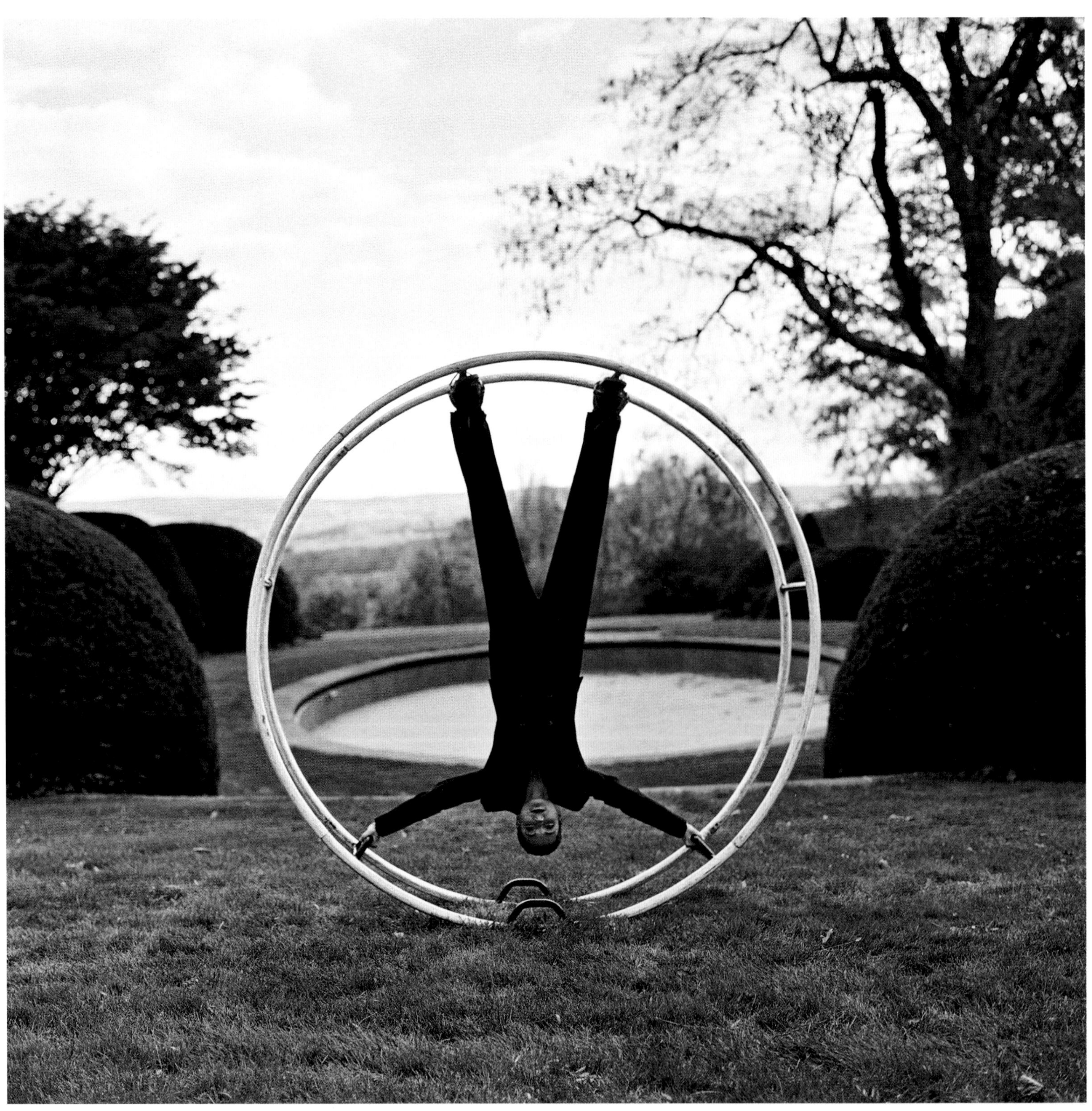

Kelsey Upside-down
Amenia, New York
2013

Gravità   Gravity

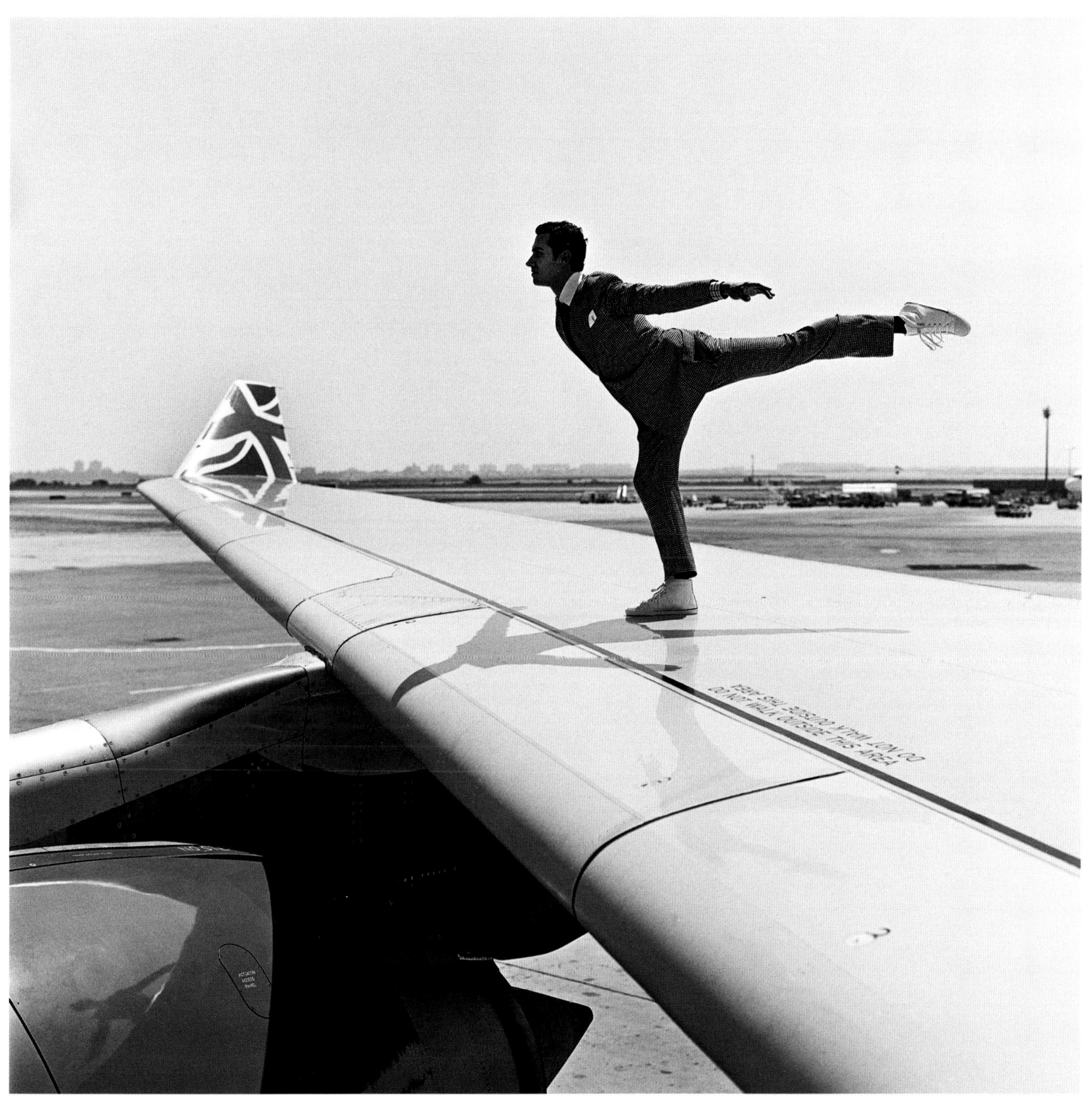

Reed Balancing on Airplane Wing
JFK, New York
2007

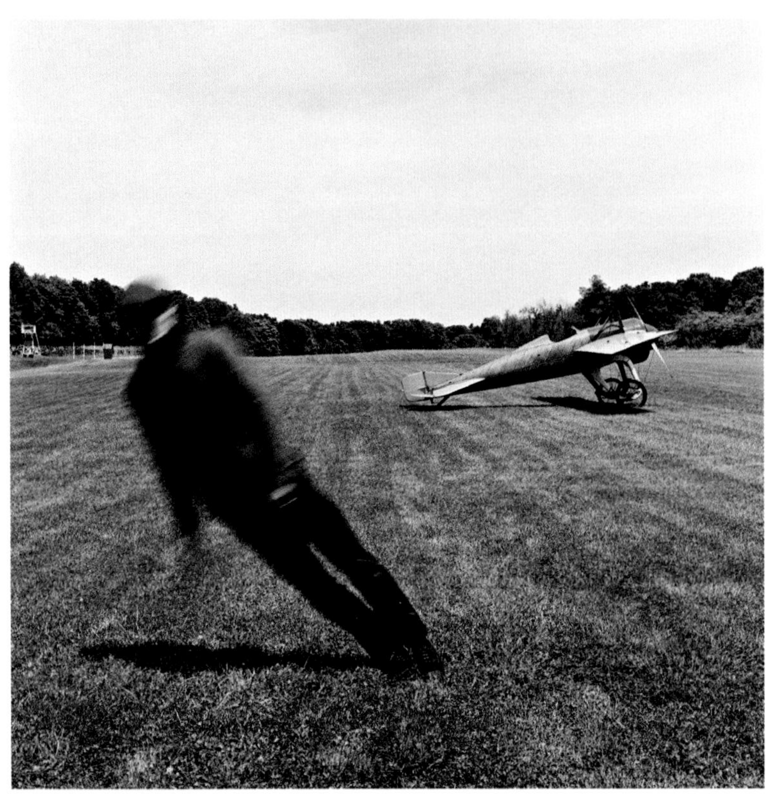 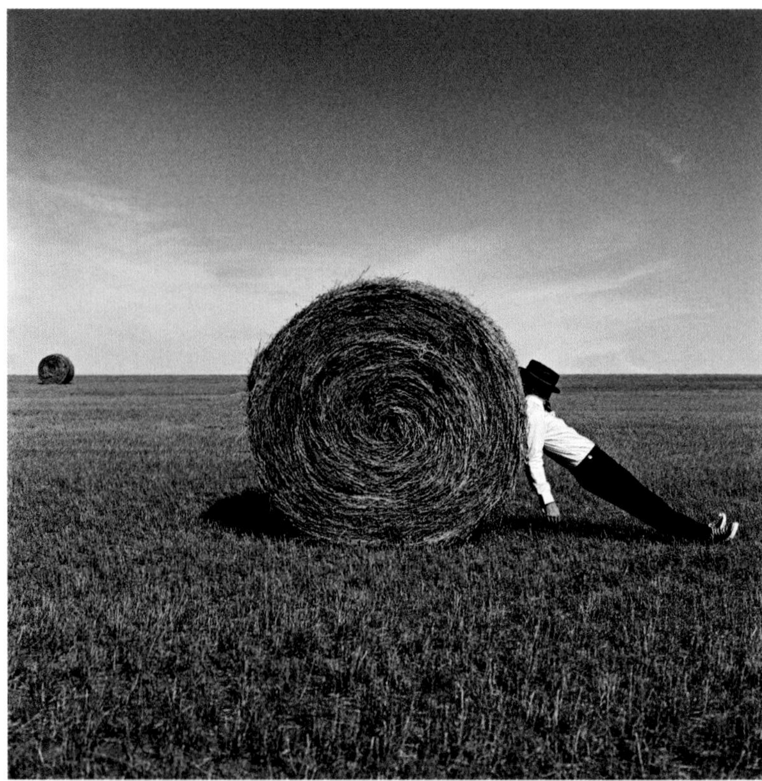

Gravità   Gravity

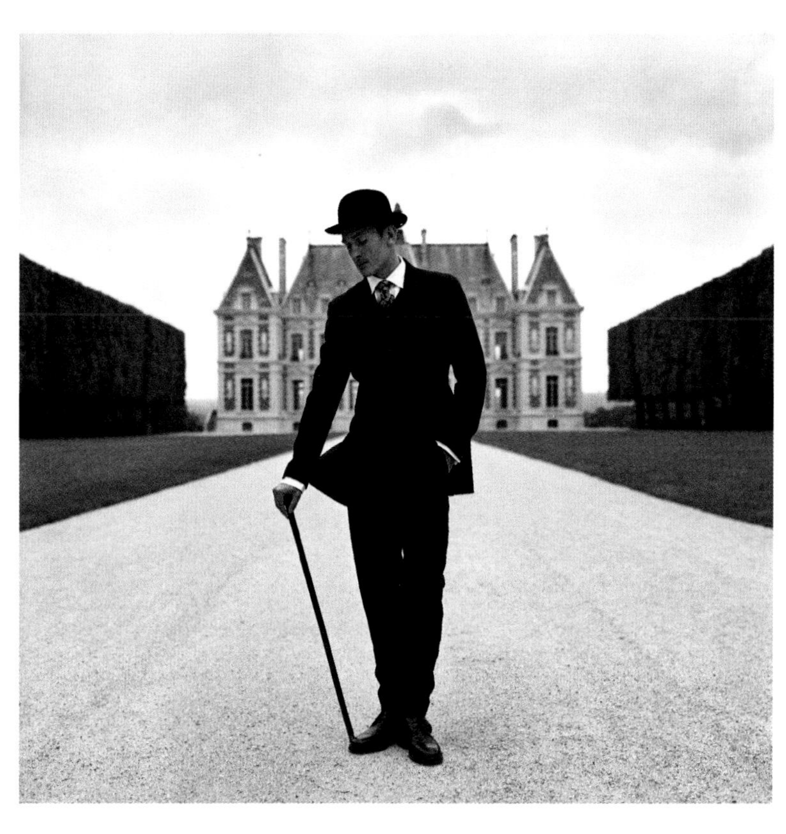

Gary with Cane
Parc de Sceaux, France
1995

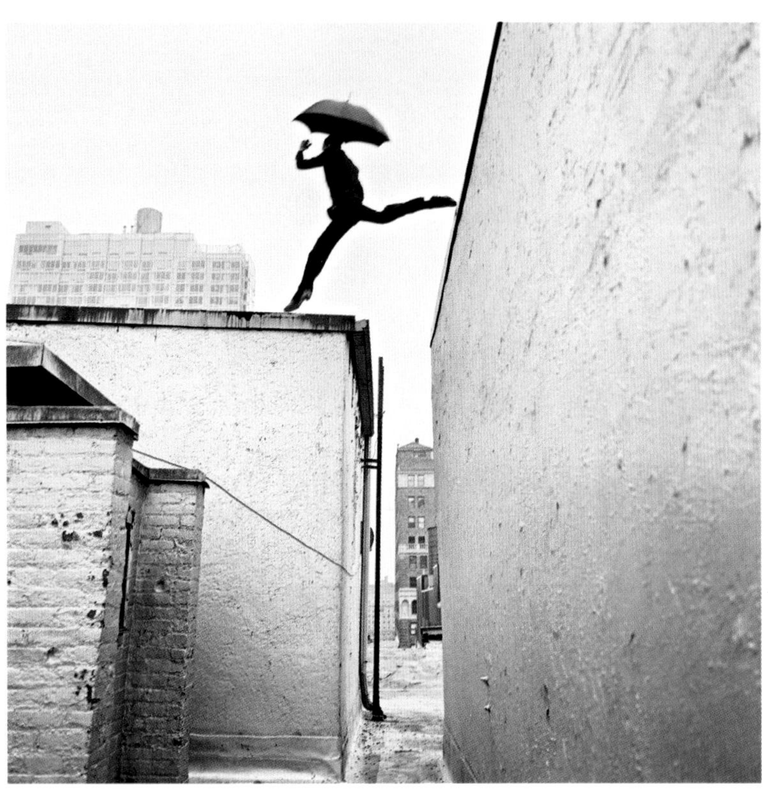
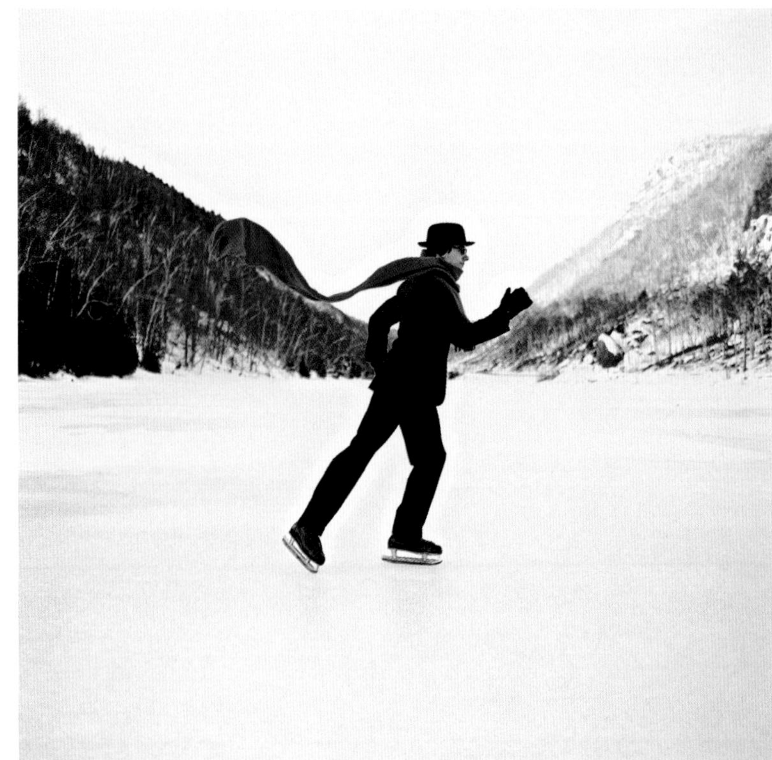

Reed Leaping over Rooftop
New York, New York
2007

Reed Ice Skating No. 2
Lake Placid, New York
2008

Gravità   Gravity

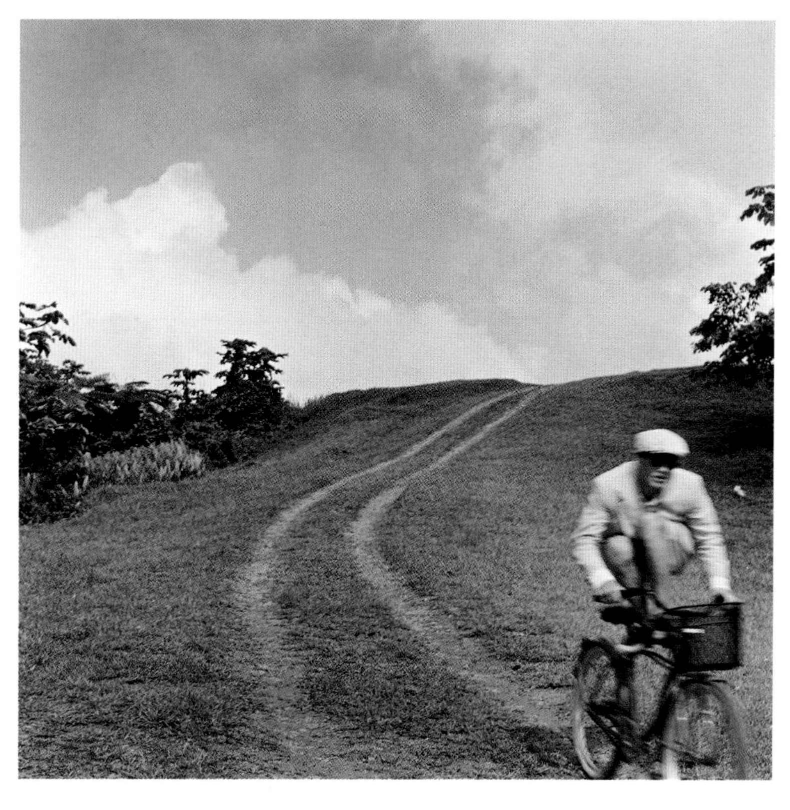

Jimmy Riding Bicycle Down Hill
Dominican Republic
2010

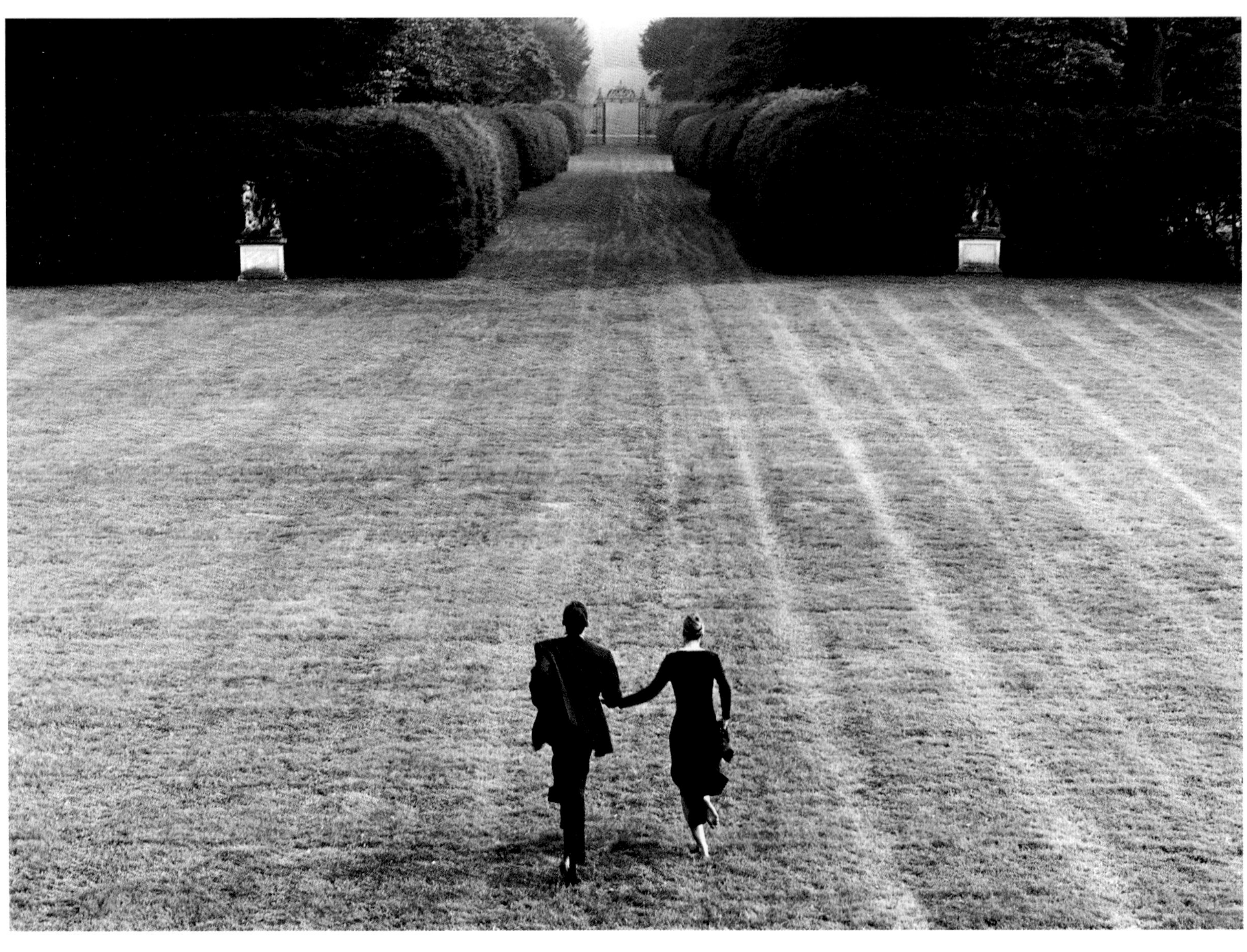

Couple Running from Behind
Westbury Gardens, New York
1992

Gravità   Gravity

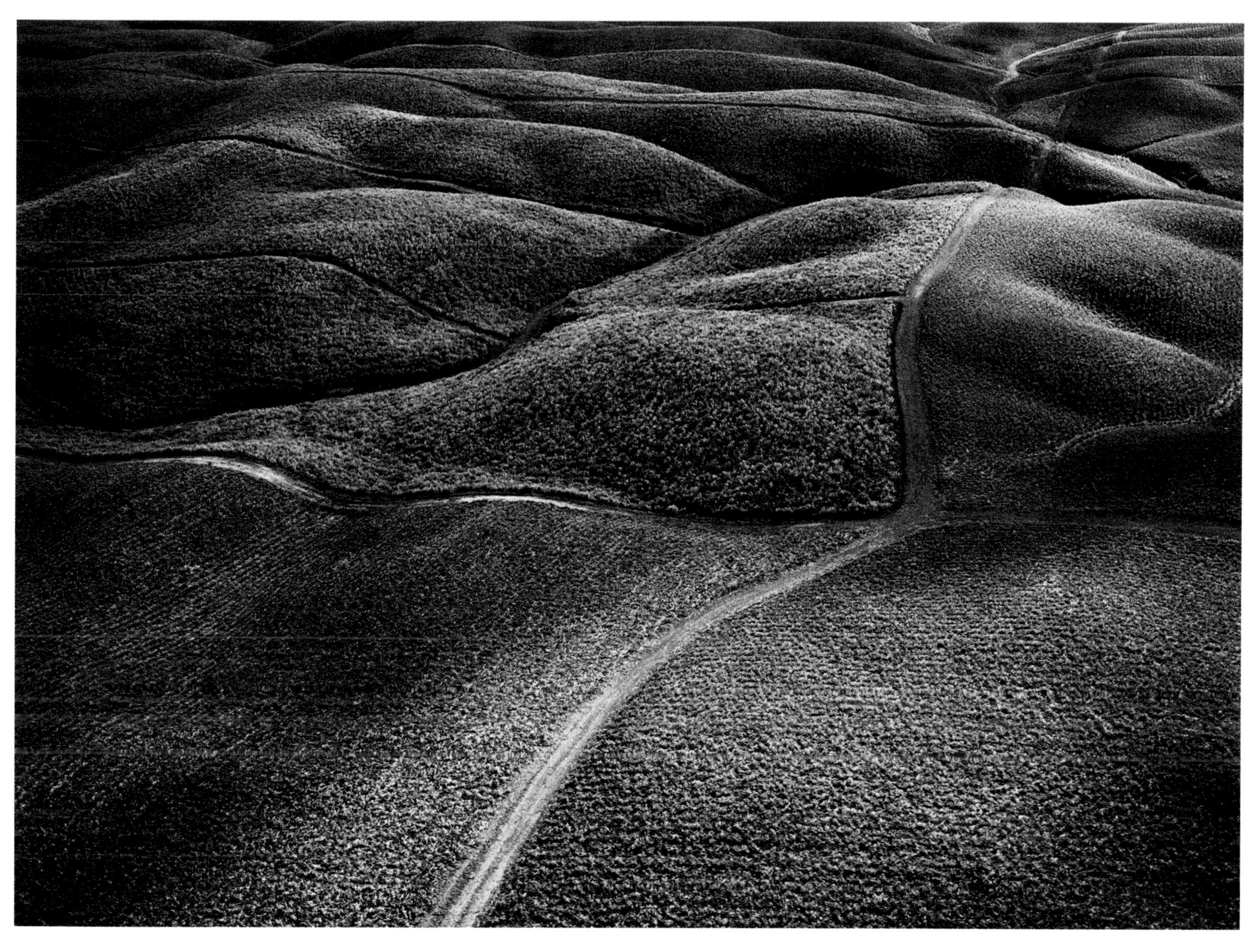

Hills from Above
Dominican Republic
2010

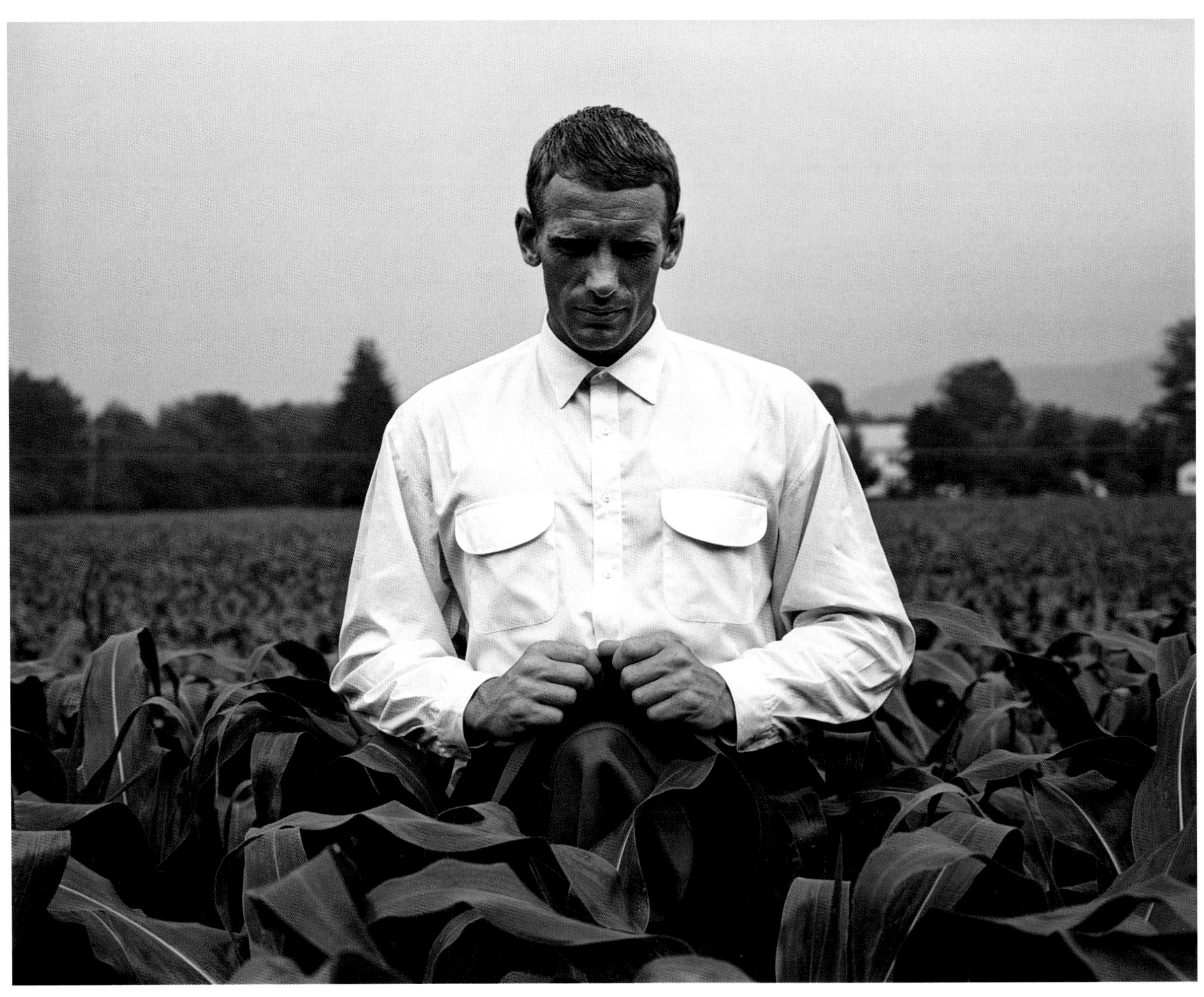

Peter in Cornfield
Hancock Shaker Village, Massachusetts
1993

Gravità   Gravity

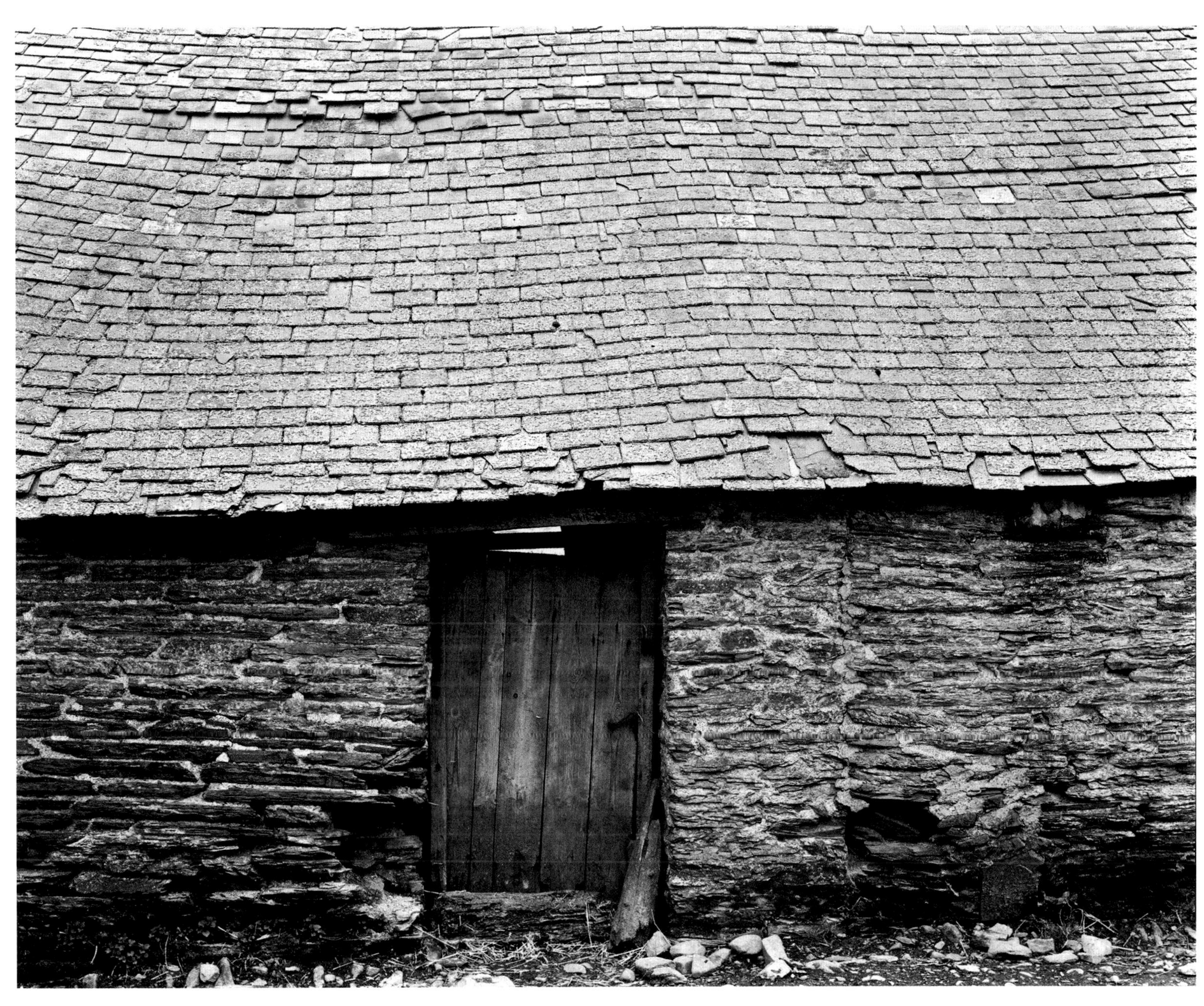

Penlwn Farm
Llaithddu, Wales, United Kingdom
1980

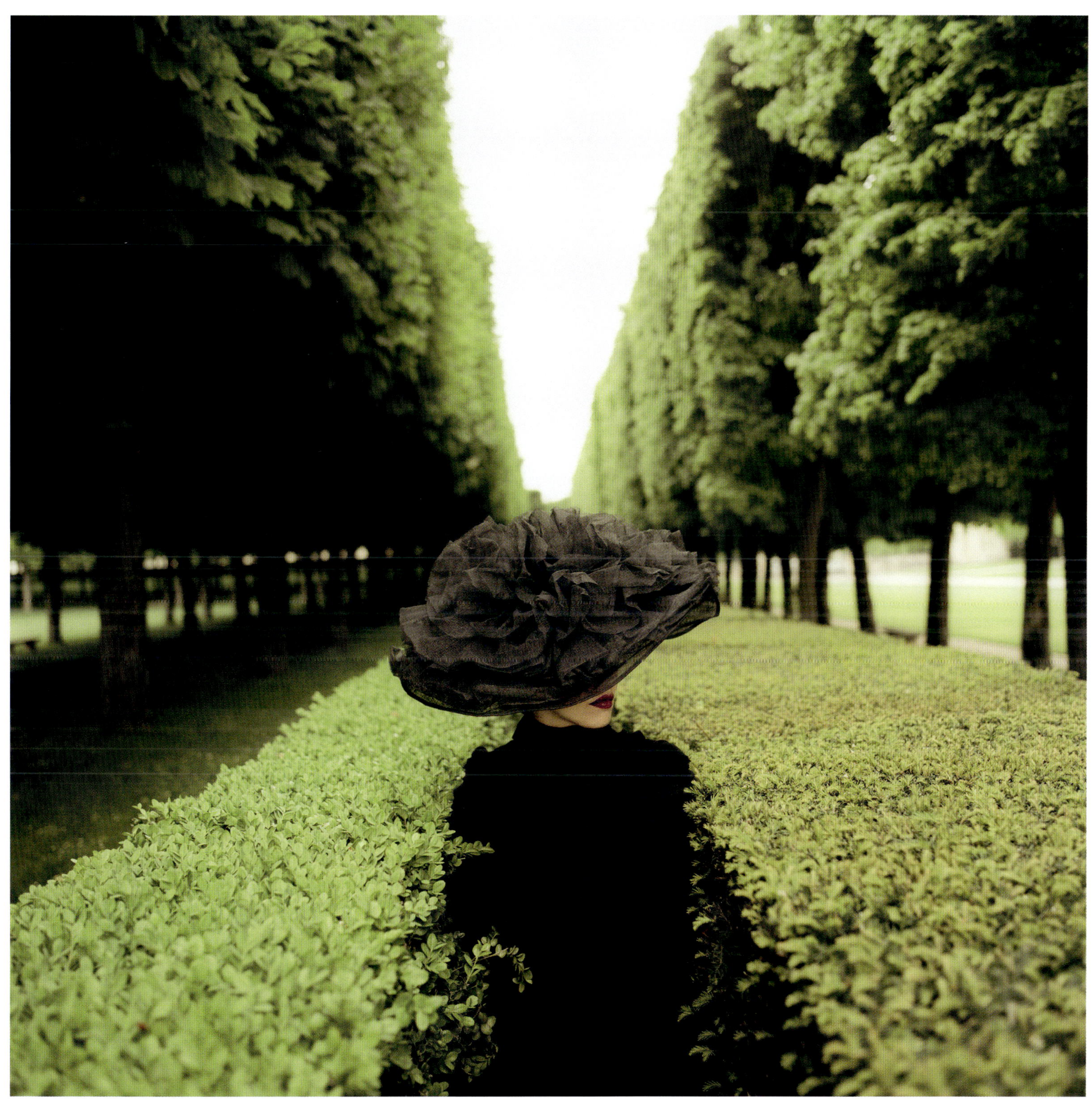

Woman with Hat between Hedges
Parc de Sceaux, France
2004

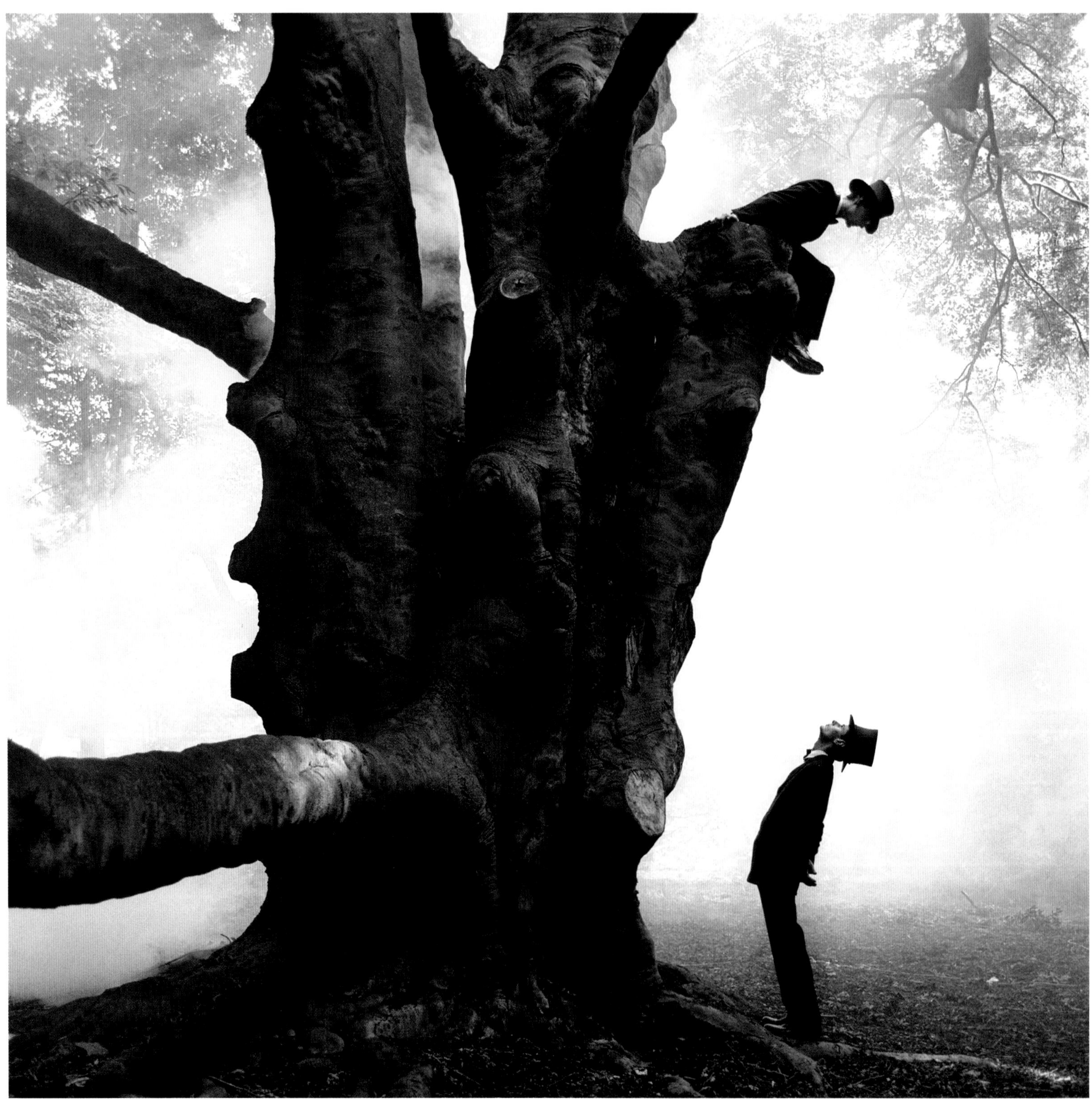

Twins in Tree
Snedens Landing, New York
1999

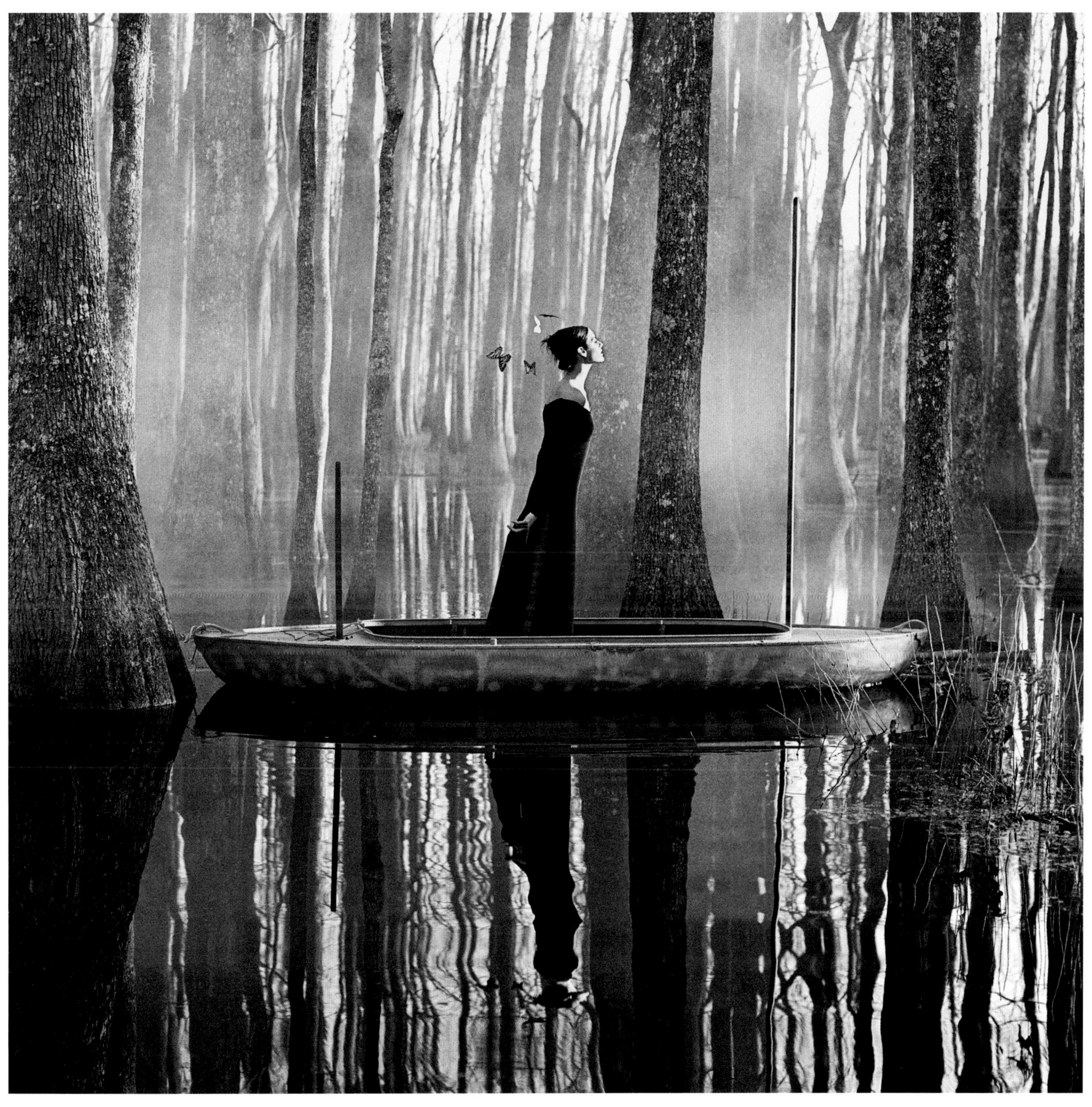

Danielle in Boat
Beaufort, South Carolina
1996

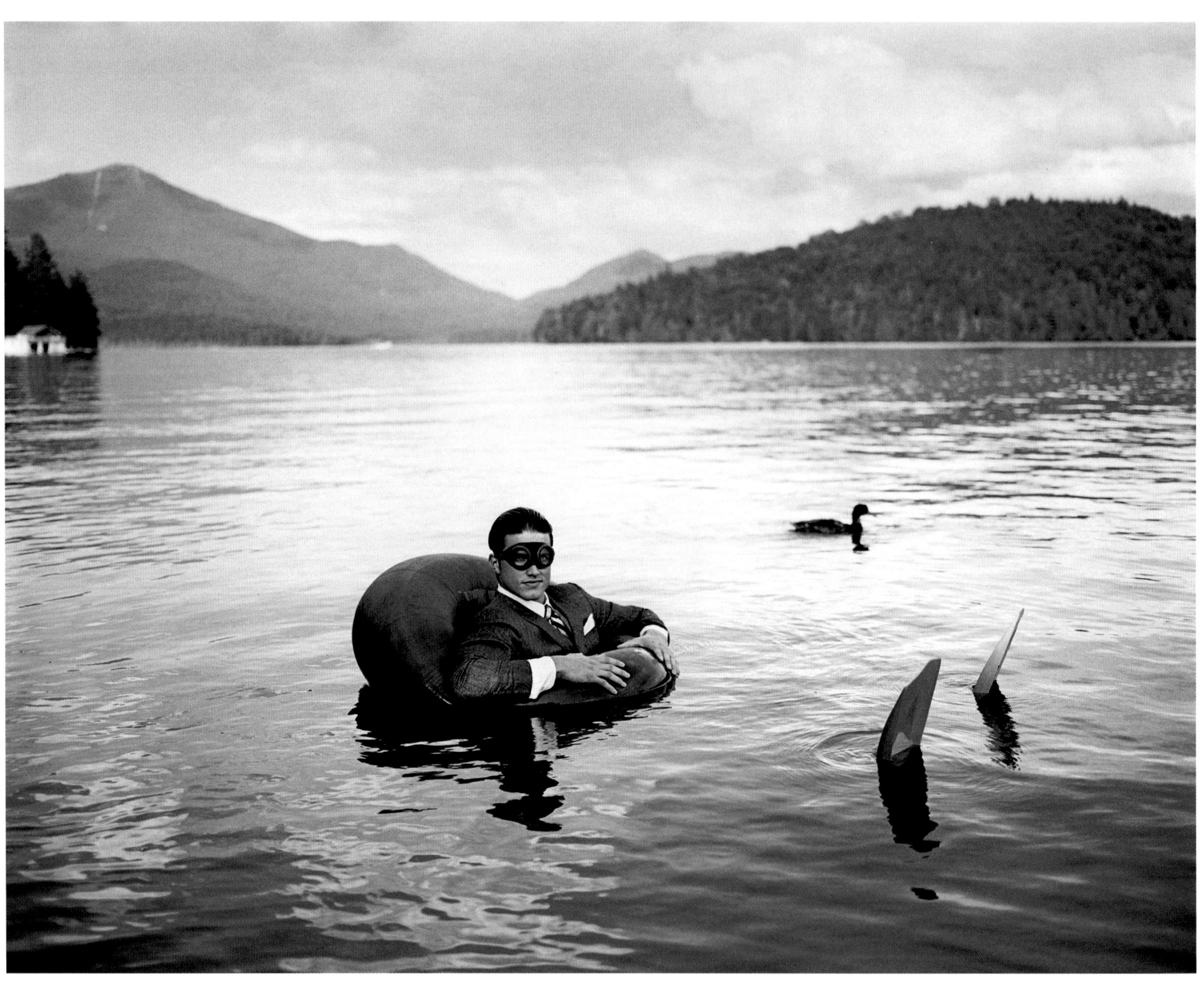

James in Innertube with Duck
Lake Placid, New York
2006

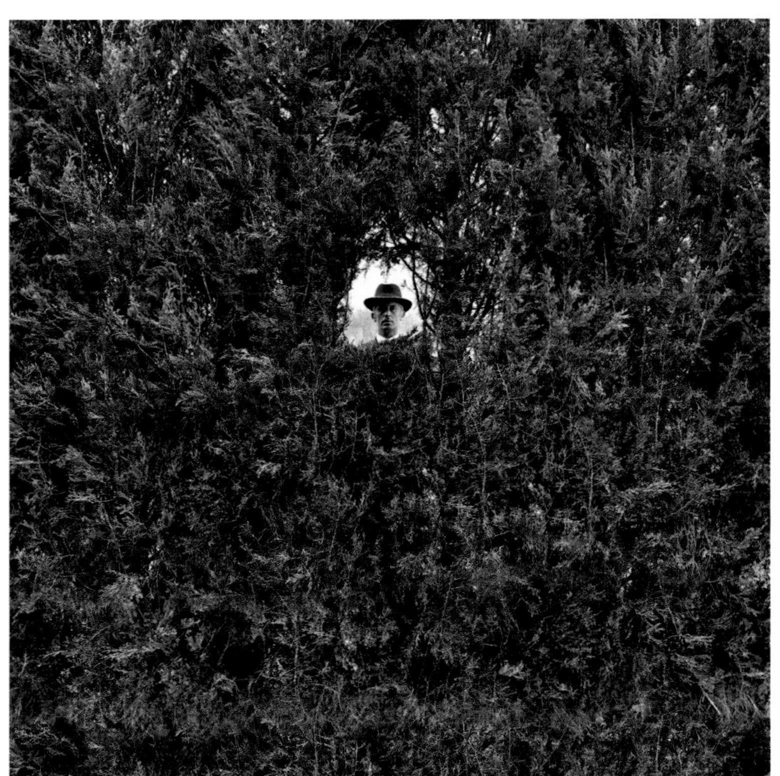

A. J. through Hedge
Westbury Gardens, New York
2000

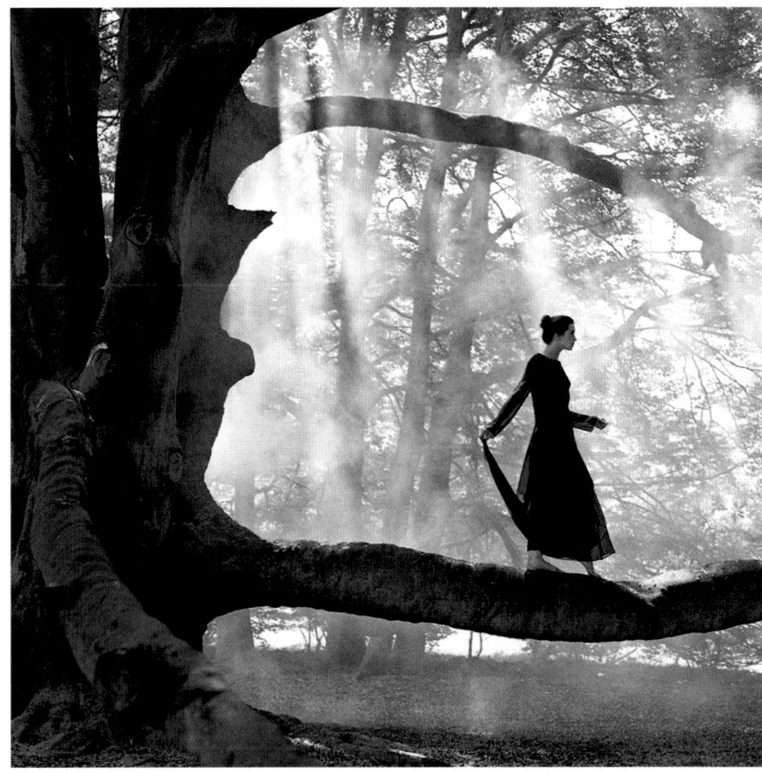

Woman Balancing on Tree Limb
Snedens Landing, New York
1998

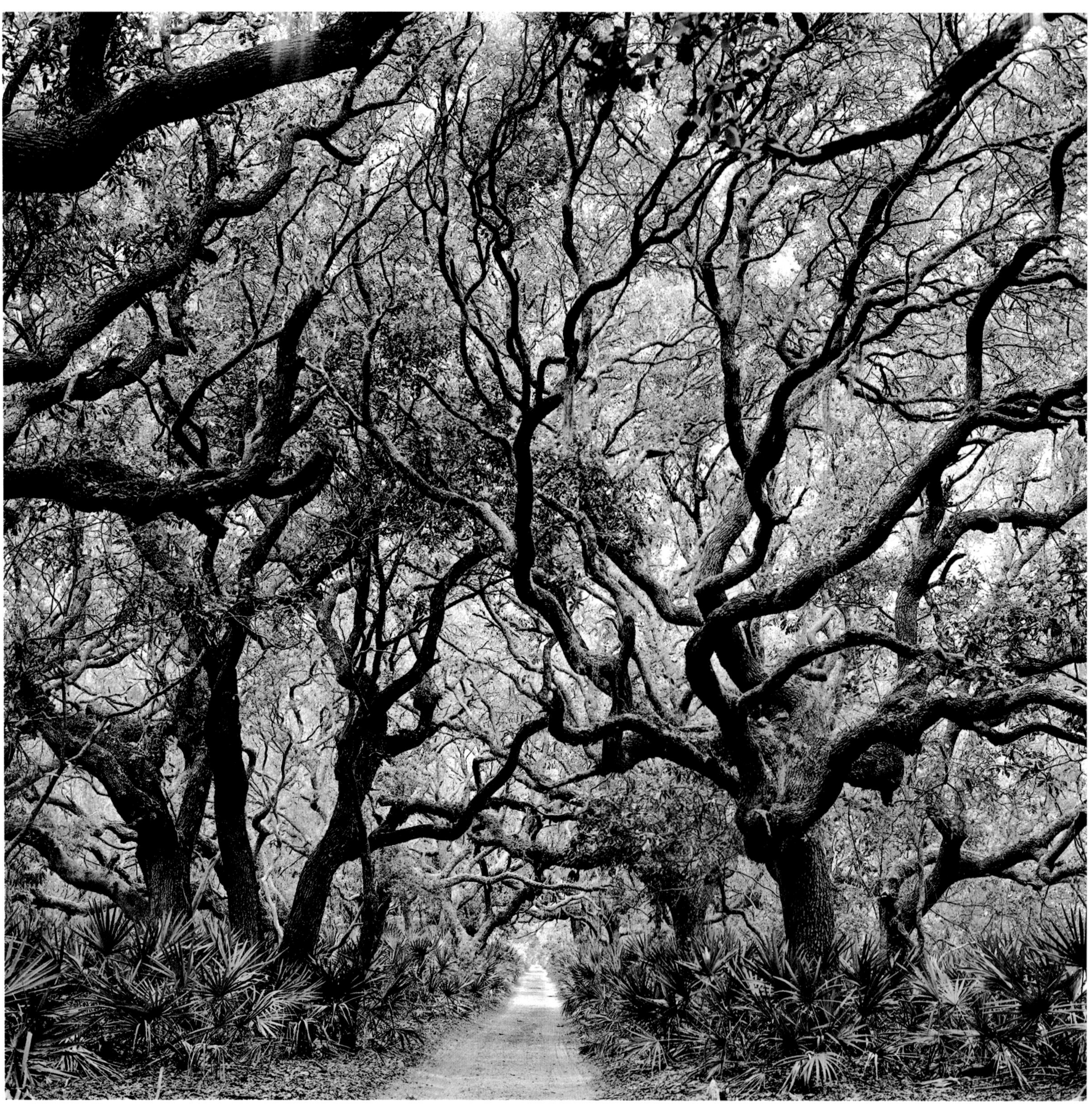

Trees
Cumberland Island, Georgia
1991

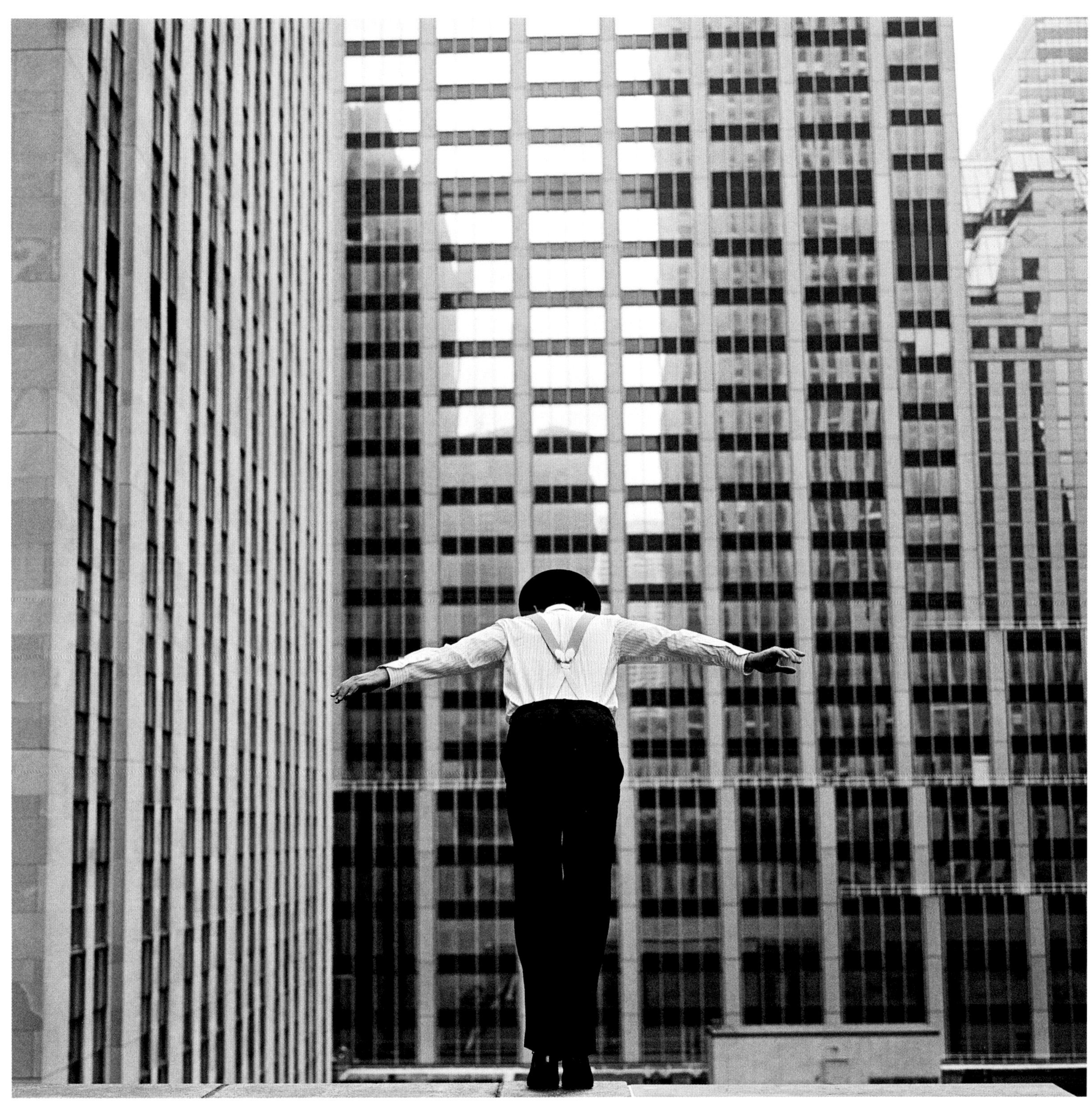

Reed on Ledge
New York, New York
2007

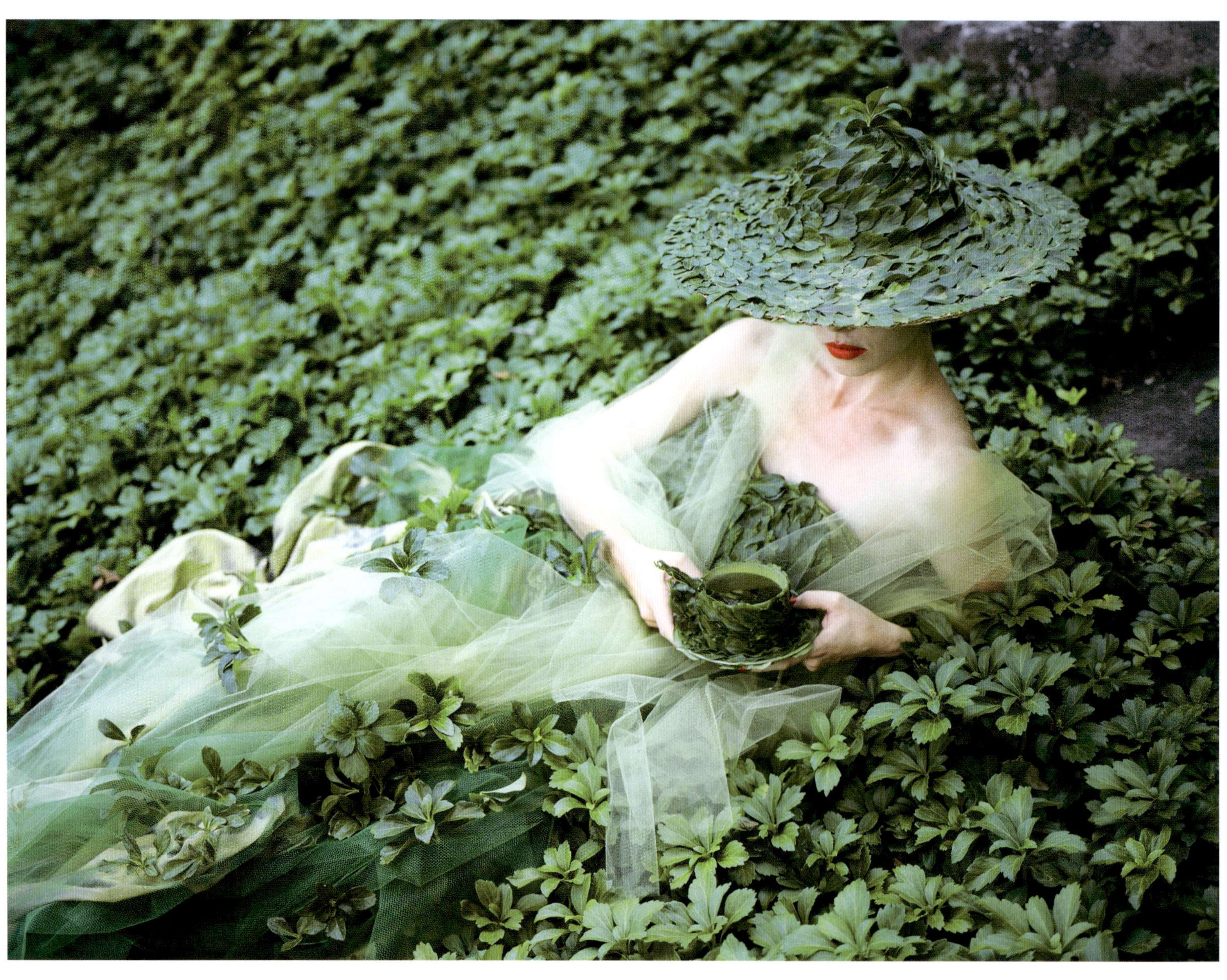

Erin in Green
Snedens Landing, New York
2014

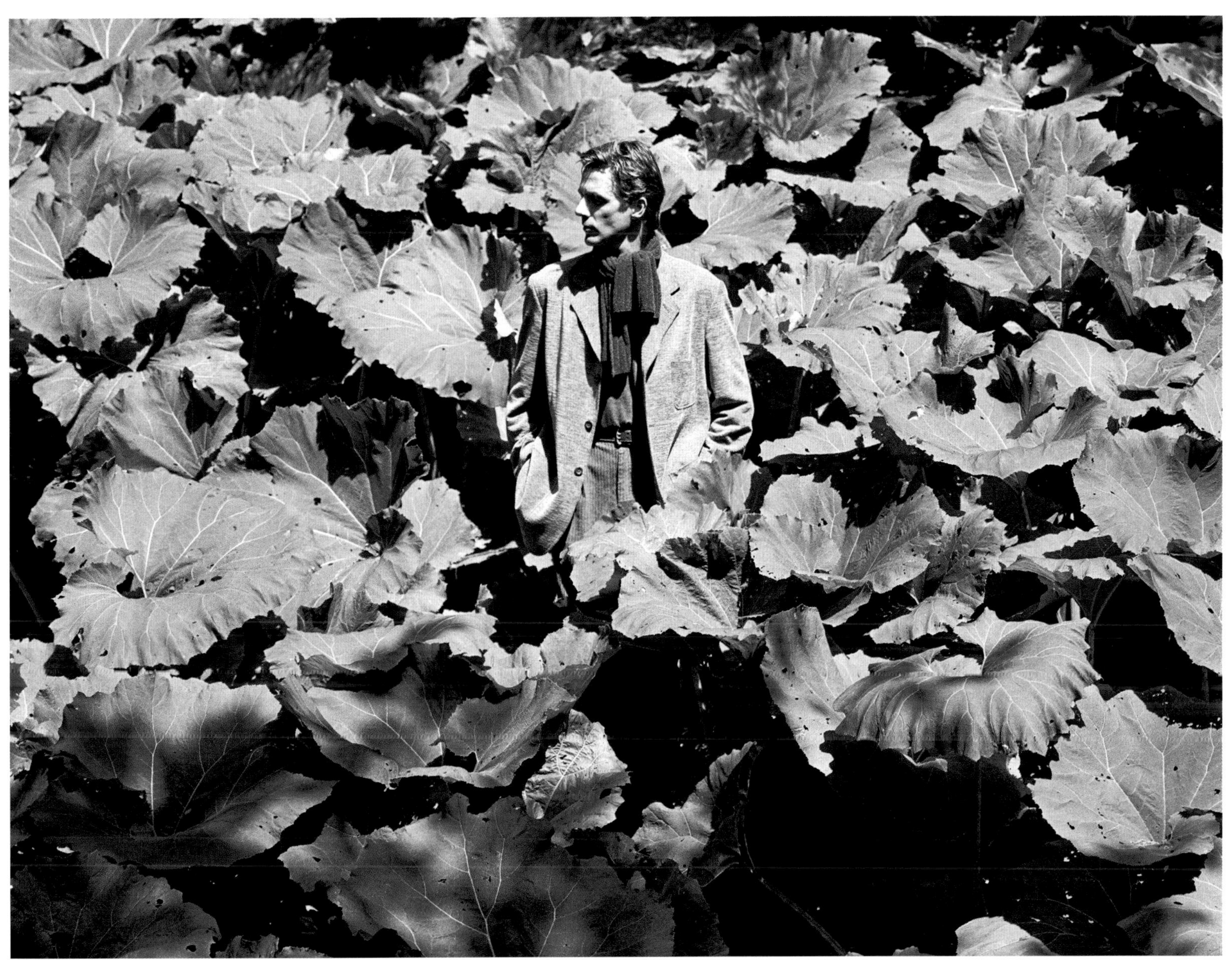

Don Standing in Leaves No. 1
Stockbridge, Massachusetts
1997

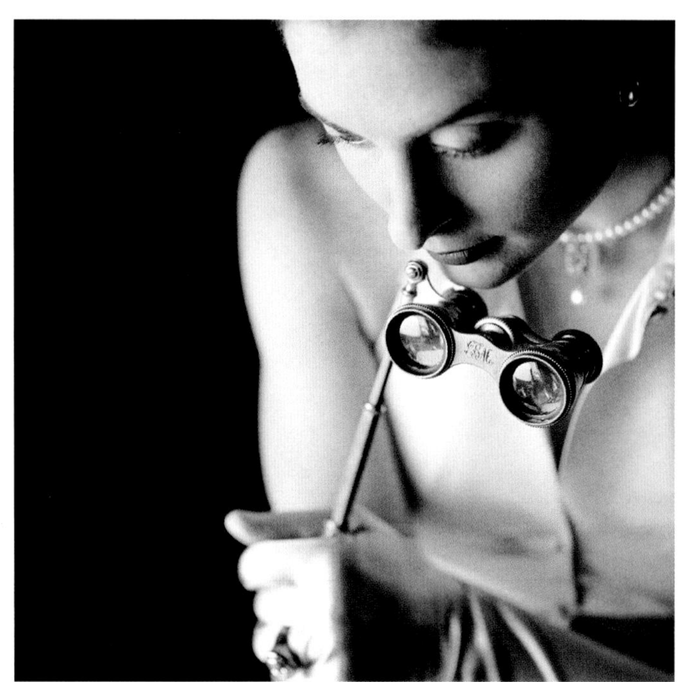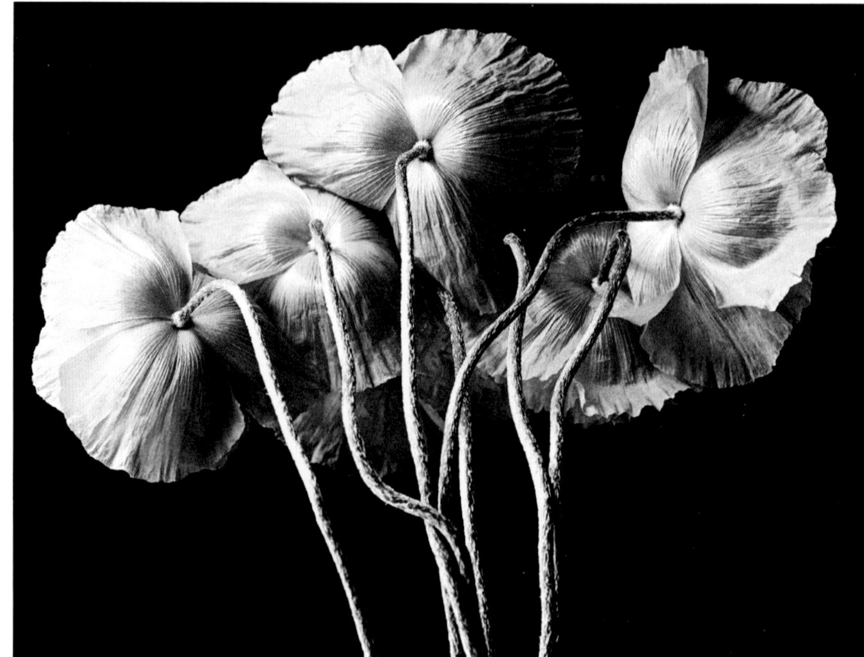

Caroline with Opera Glasses No. 2
Charleston, South Carolina
2000

Red Poppies
Waterside, Connecticut
1978

Spazi eterei   Ethereal Spaces

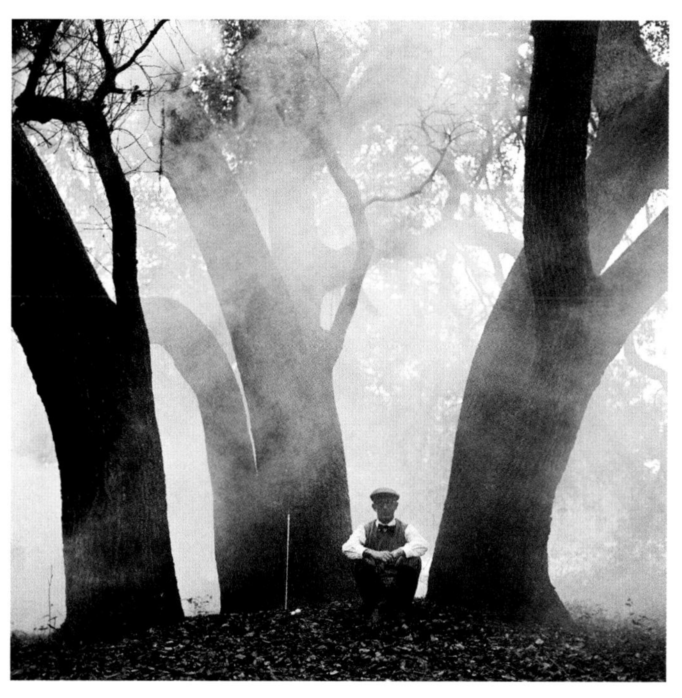

A. J. Seated by Trees
St. Augustine, Florida
2002

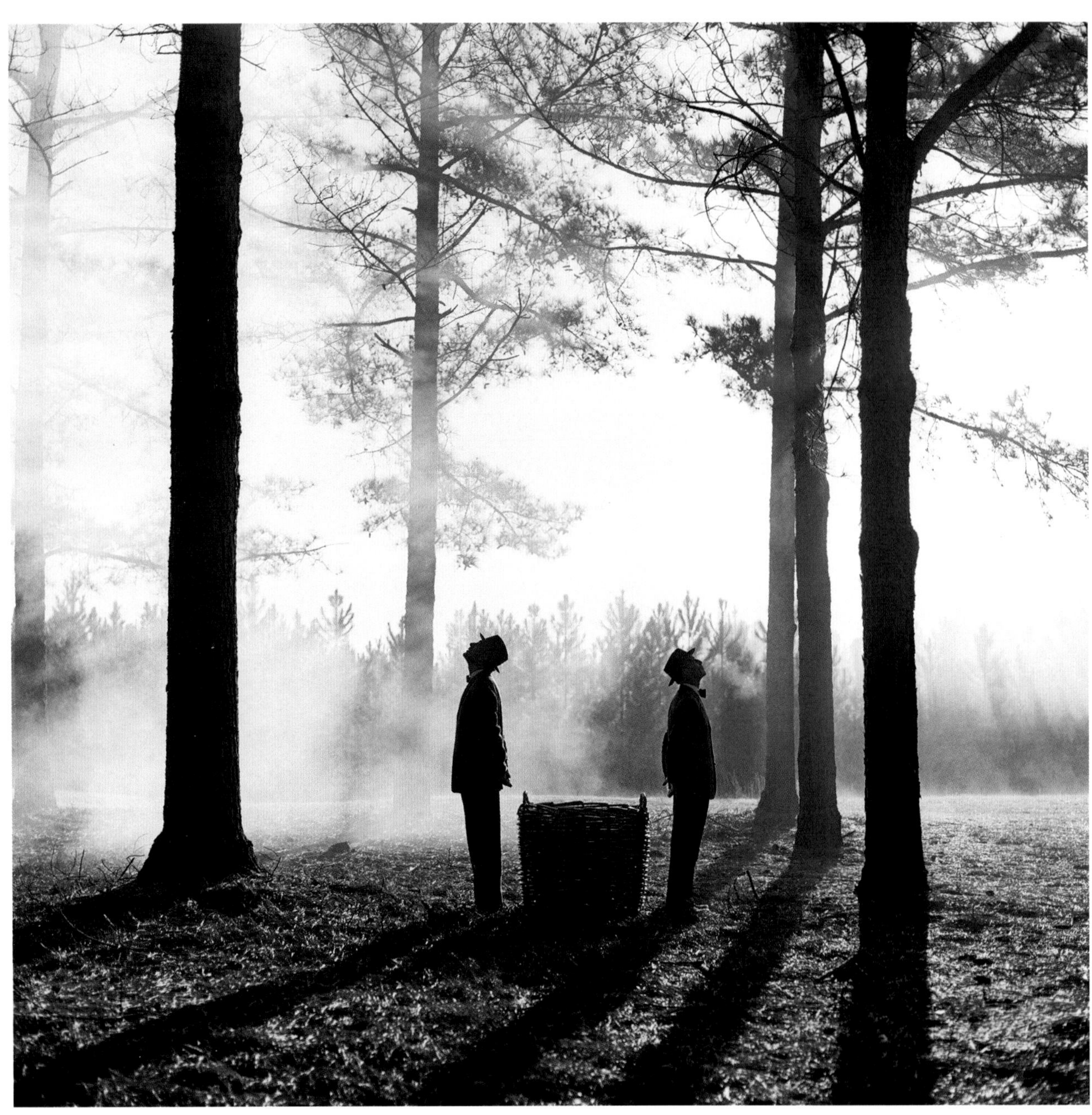

Two Men in Forest
Brunswick, Georgia
2001

Spazi eterei   Ethereal Spaces

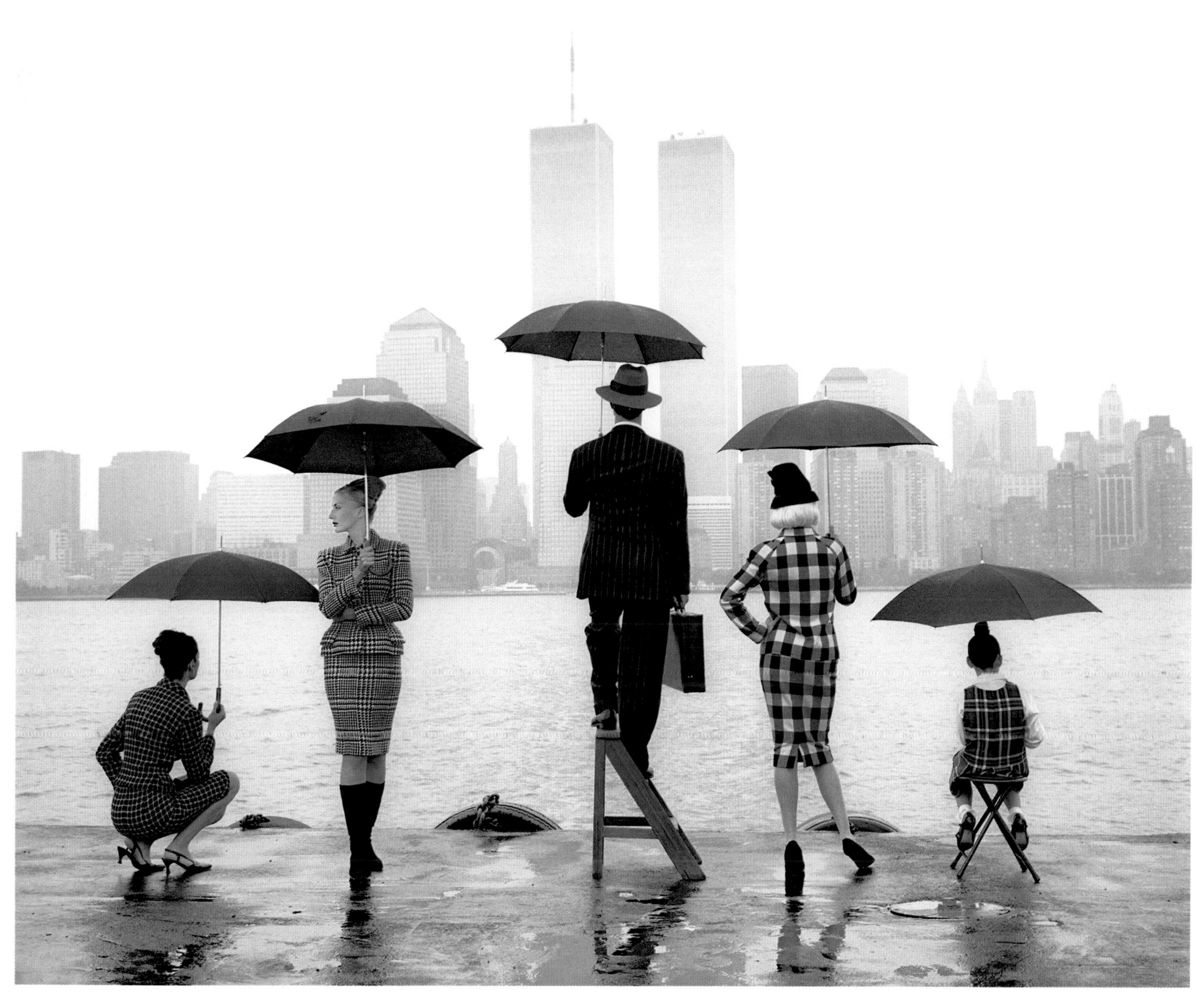

Skyline
Hudson River, New York
1995

luglio 2011
Guarda attentamente le mie foto, sono molto più di quanto
possano sembrare. Sono oscure e piene di metafore.
Eppure, mostrano a te e a me una via d'uscita dall'infelicità
che abbiamo dentro e che percepiamo nella nostra cultura,
nella politica, nelle nostre vite. Possono mostrarci cosa
c'è dall'altra parte, aprire una porta sul vuoto, su tutte le paure
che abitano la nostra cultura, e aiutarci a trovare la domanda
giusta per tutte le nostre risposte.

July 2011
Look very carefully at my pictures, they are more than
they seem. They are obscure and full of metaphor. Yet they
are showing you and me a way out of the unhappiness we feel
inside ourselves, in our culture, politics, and our lives. They
can show you what lies on the other side, open a door from
the void, from all the fears that fill our culture, and help us
find the right question to all our answers.

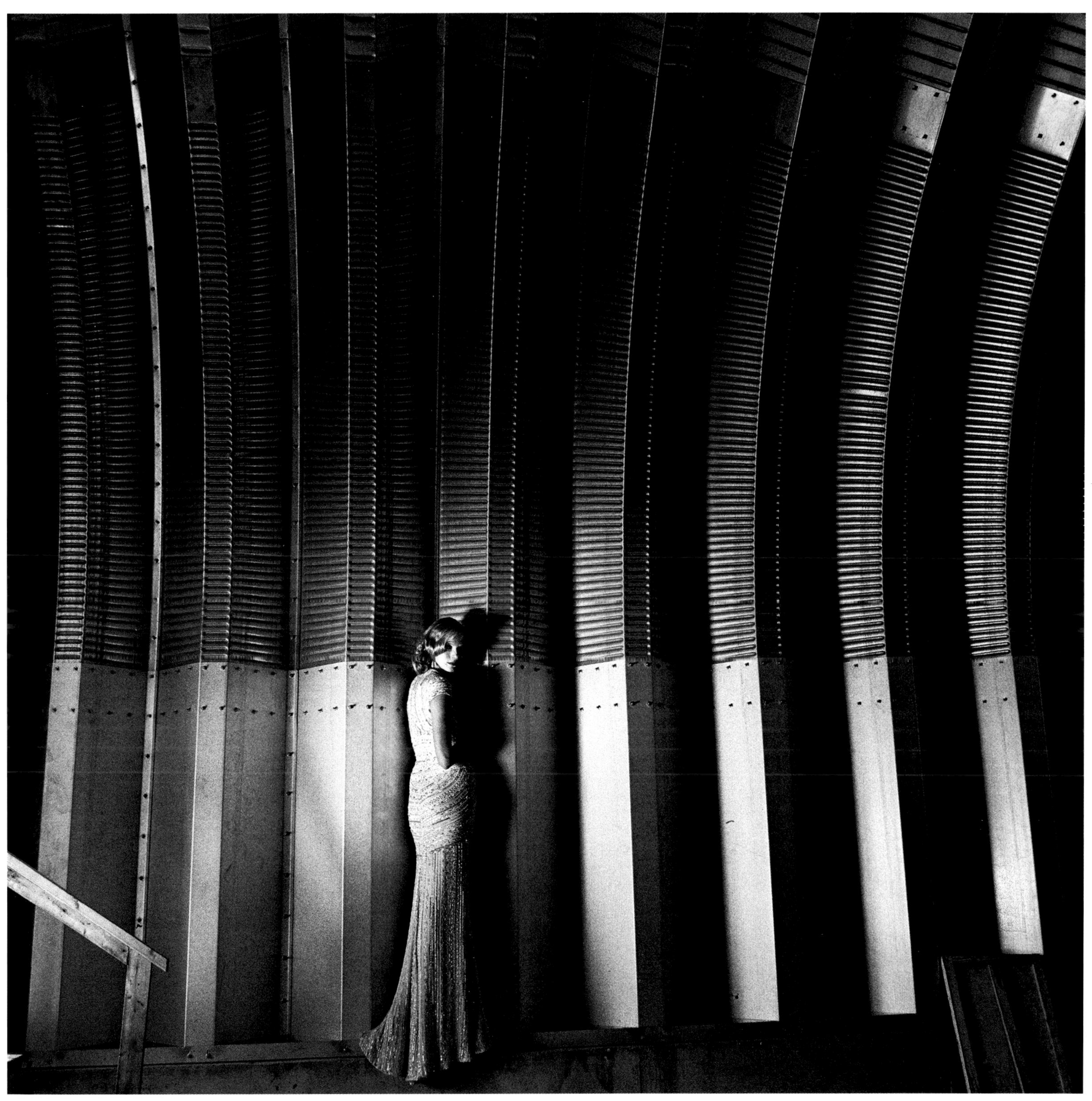

Ingrid Leaning against Wall No. 2
Rhinebeck, New York
2009

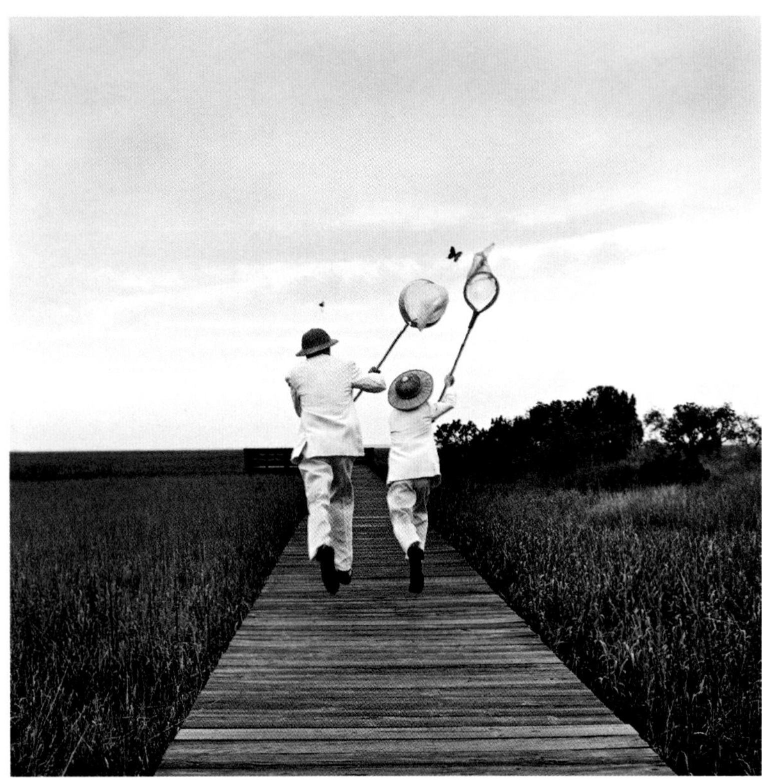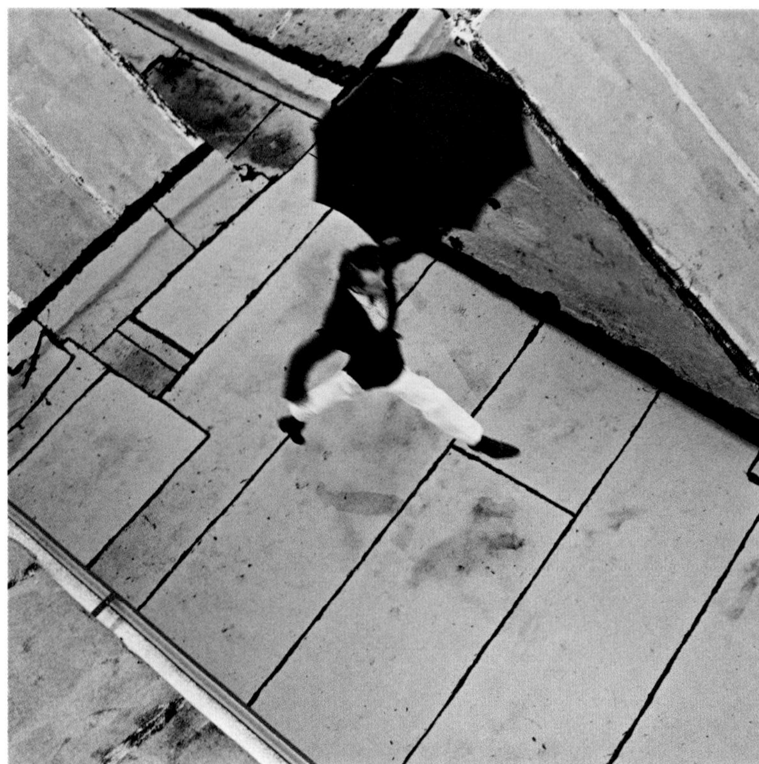

Gary and Henry Chasing Butterfly
Beaufort, South Carolina
1996

Nathan Leaping with Umbrella on Rooftop
New York, New York
2011

Attraverso lo specchio   **Through the Looking-Glass**

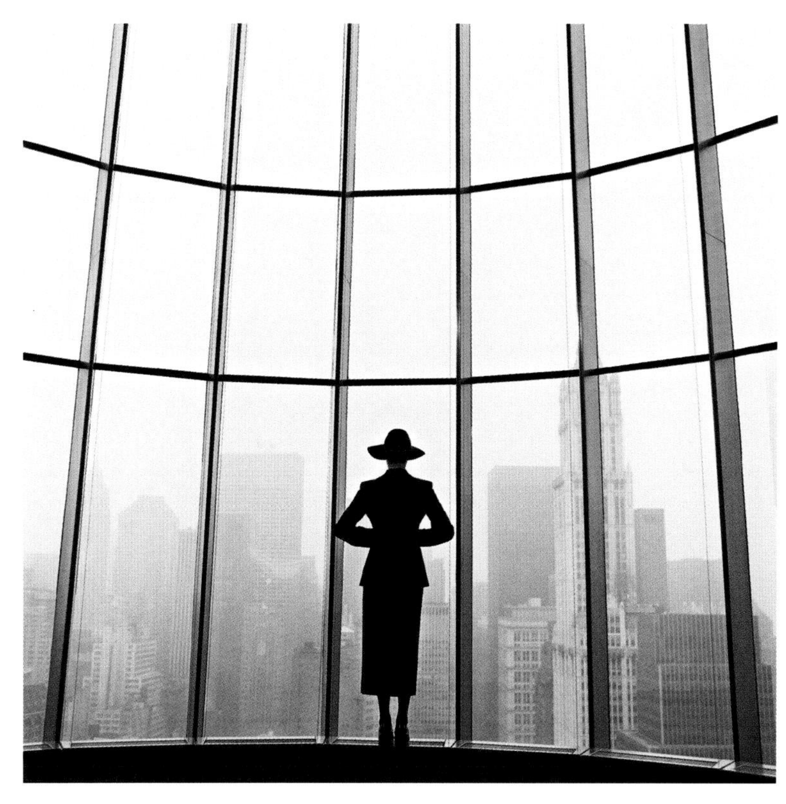

Woman in Front of Window from Behind,
New York, New York
2000

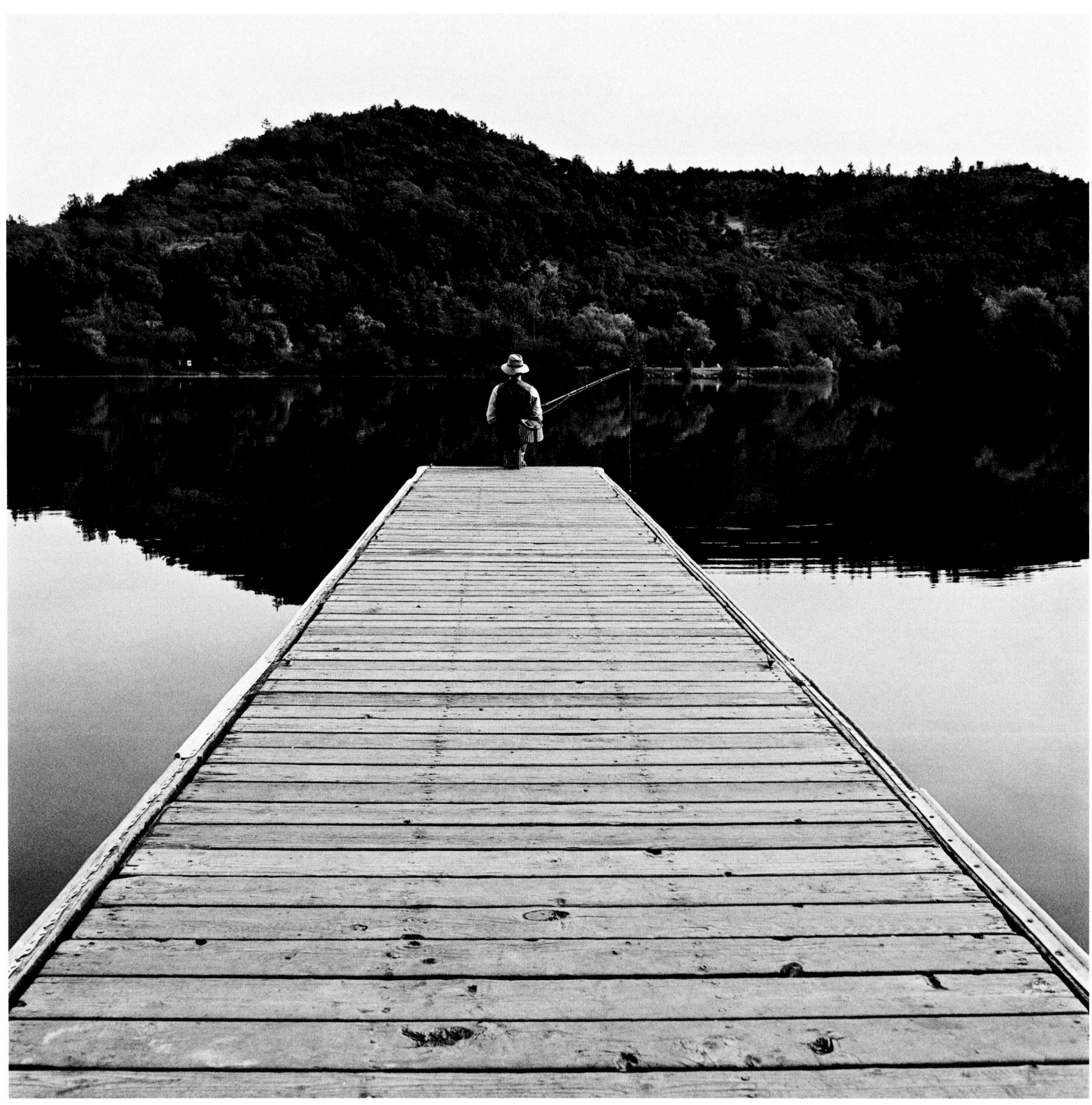

Fisherman Seated on Dock
Santa Rosa, California
1996

Attraverso lo specchio   Through the Looking-Glass

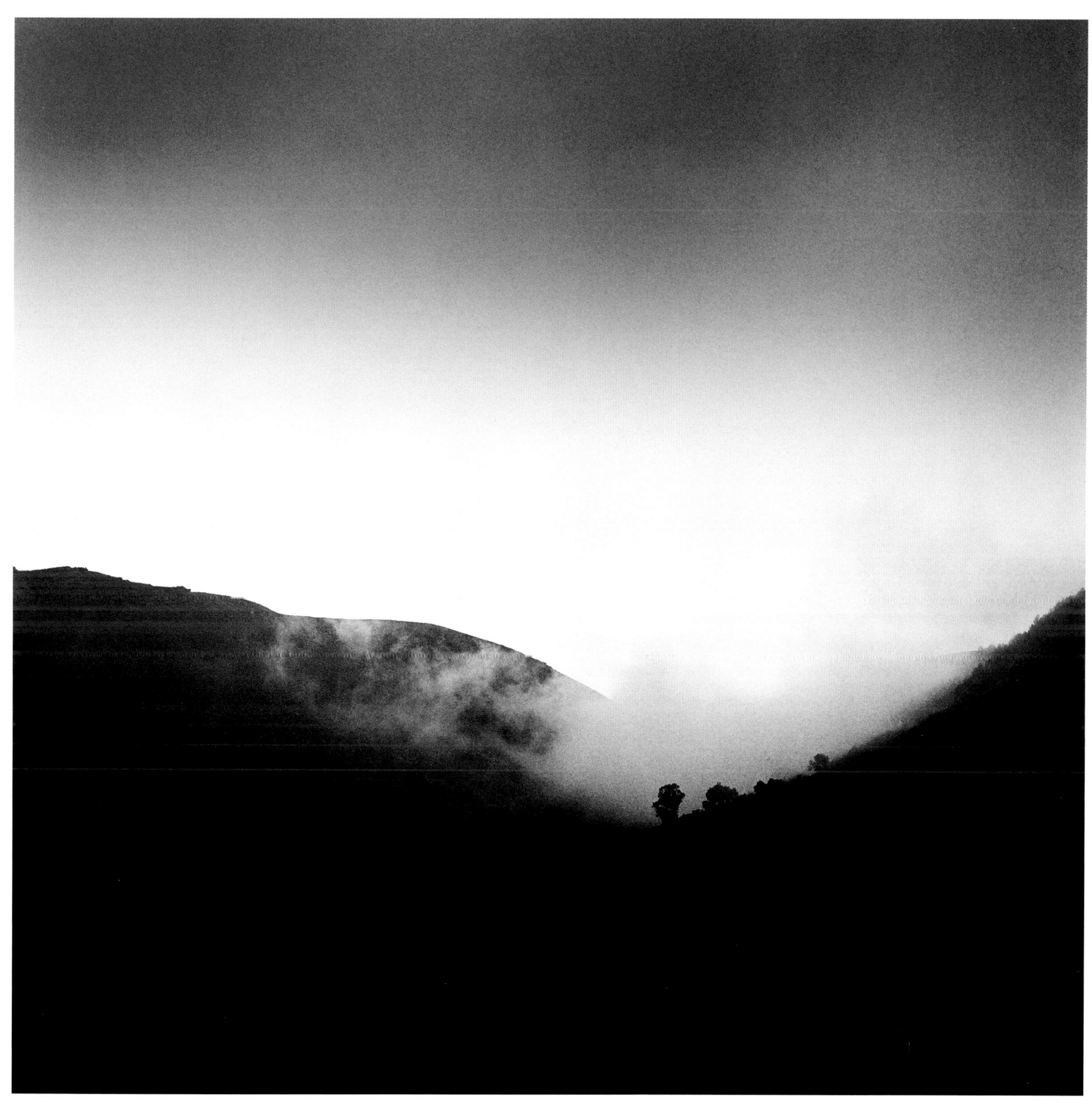

Landscape
Rosh Pina, Israel
1976

Harbor
Gloucester, Massachusetts
1989

Attraverso lo specchio   **Through the Looking-Glass**

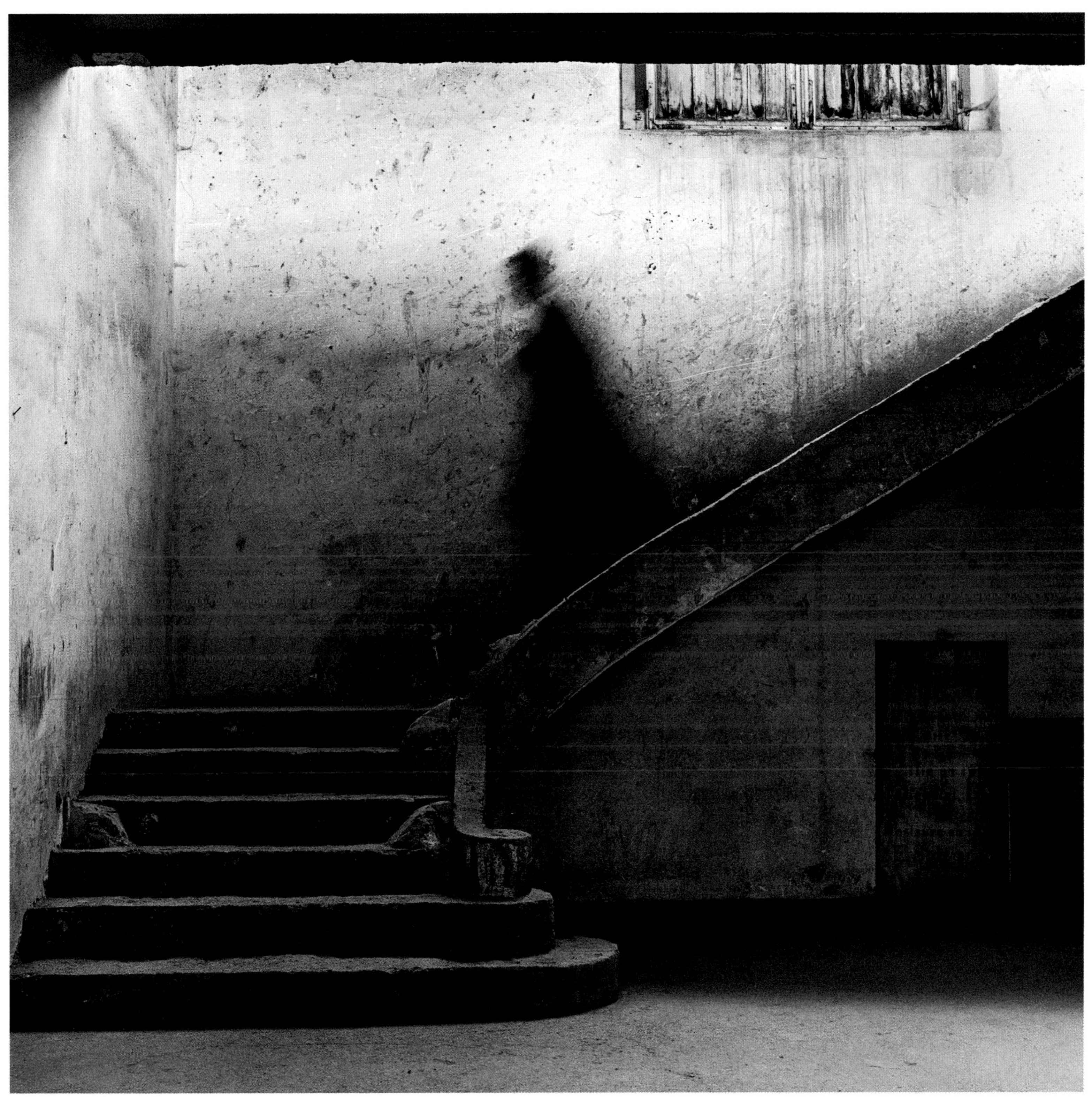

Gary Descending Staircase
Parc de Sceaux, France
1995

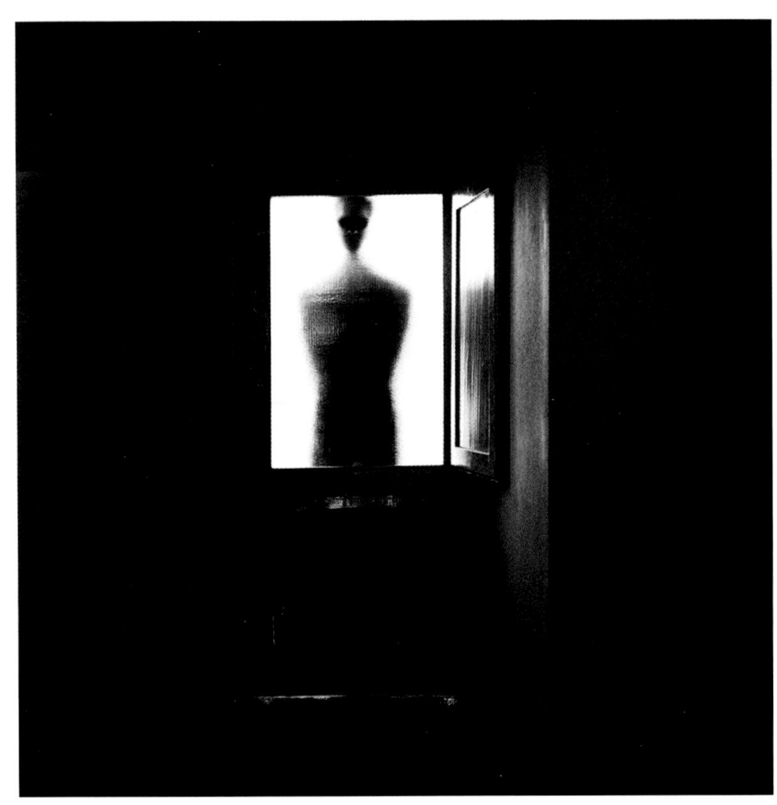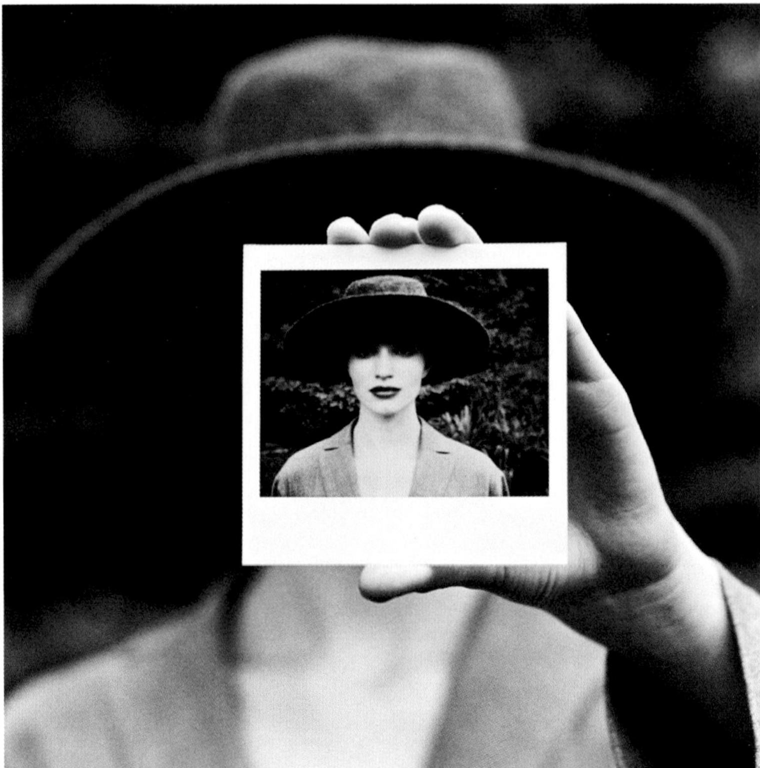

Jonah through Doorway
Siena, Italy
1998

Woman Holding Polaroid in Front of Face
Snedens Landing, New York
1998

Attraverso lo specchio   Through the Looking-Glass

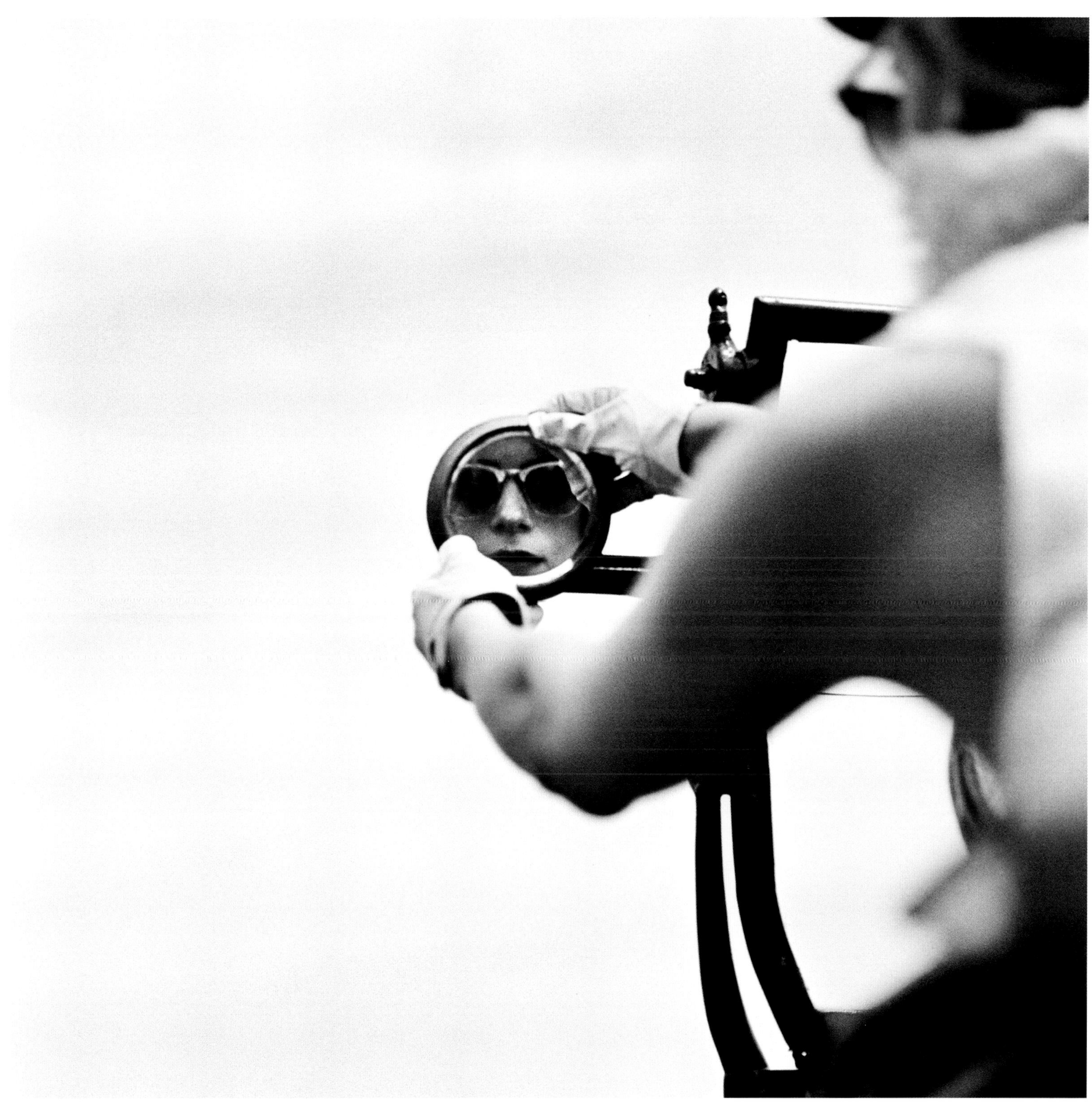

Ingrid Looking in Mirror
Rhinebeck, New York
2009

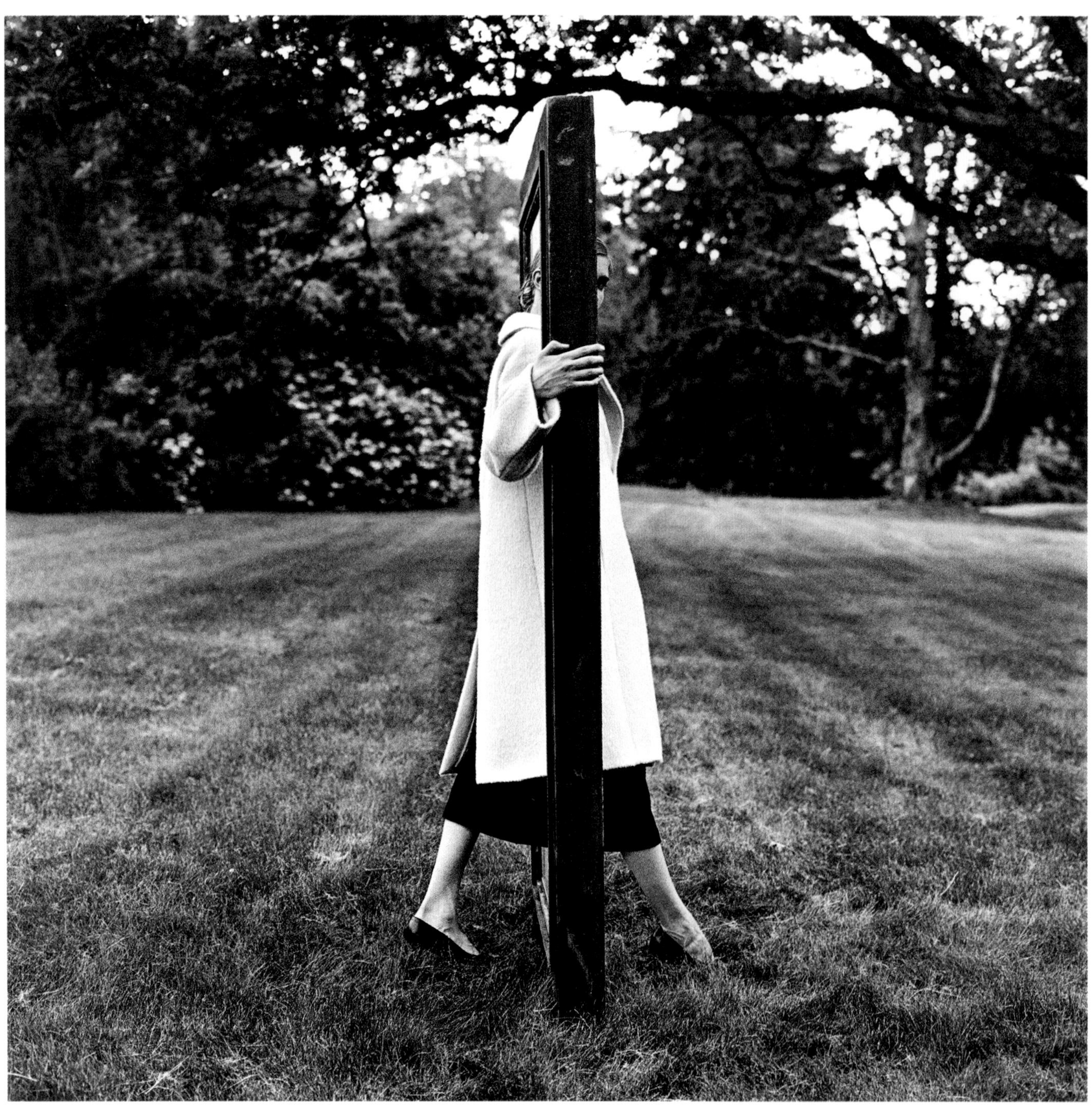

Woman Stepping through Doorway
Snedens Landing, New York
1998

Attraverso lo specchio   Through the Looking-Glass

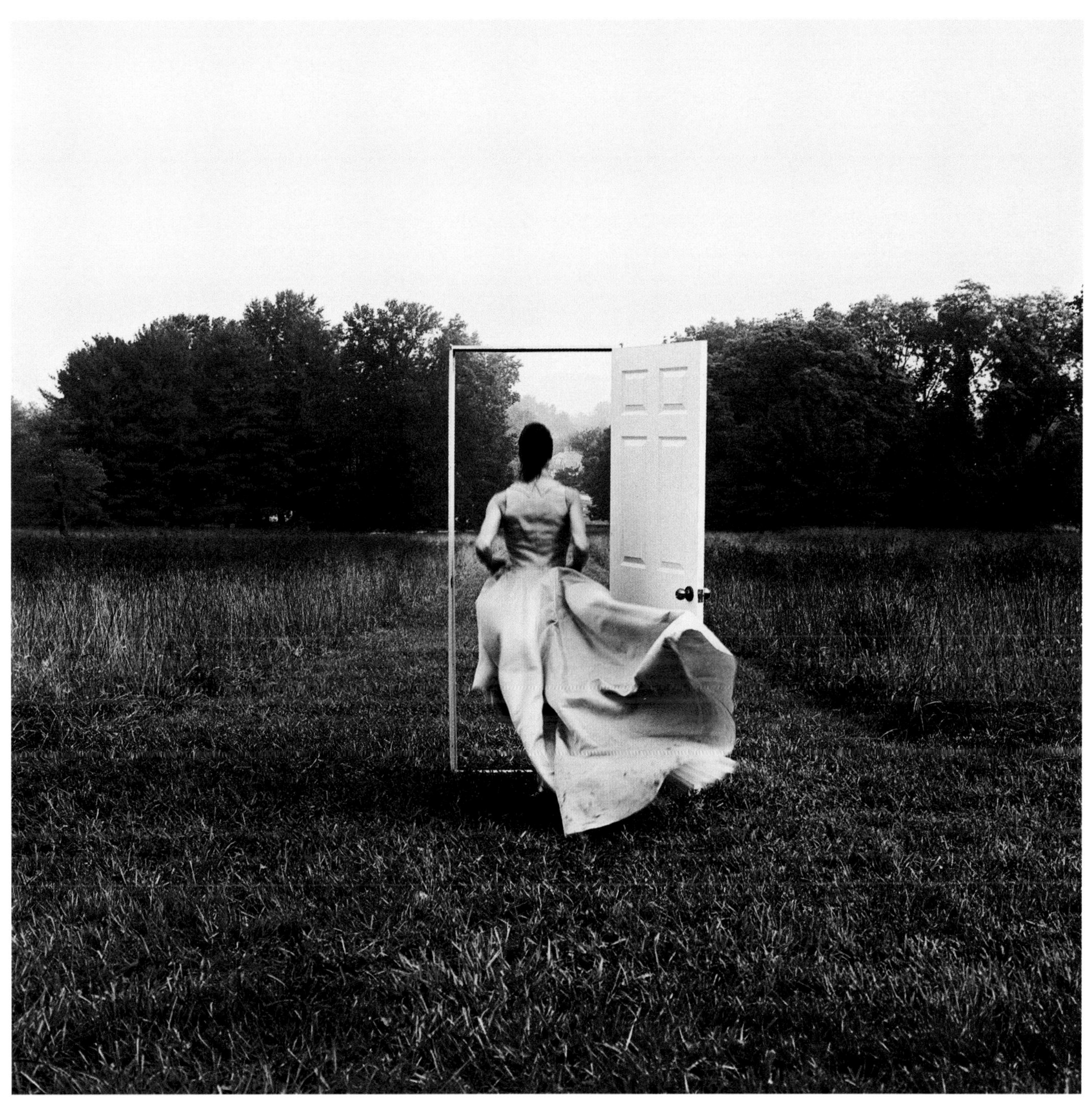

Caroline Running through Doorway
Monkton, Maryland
1999

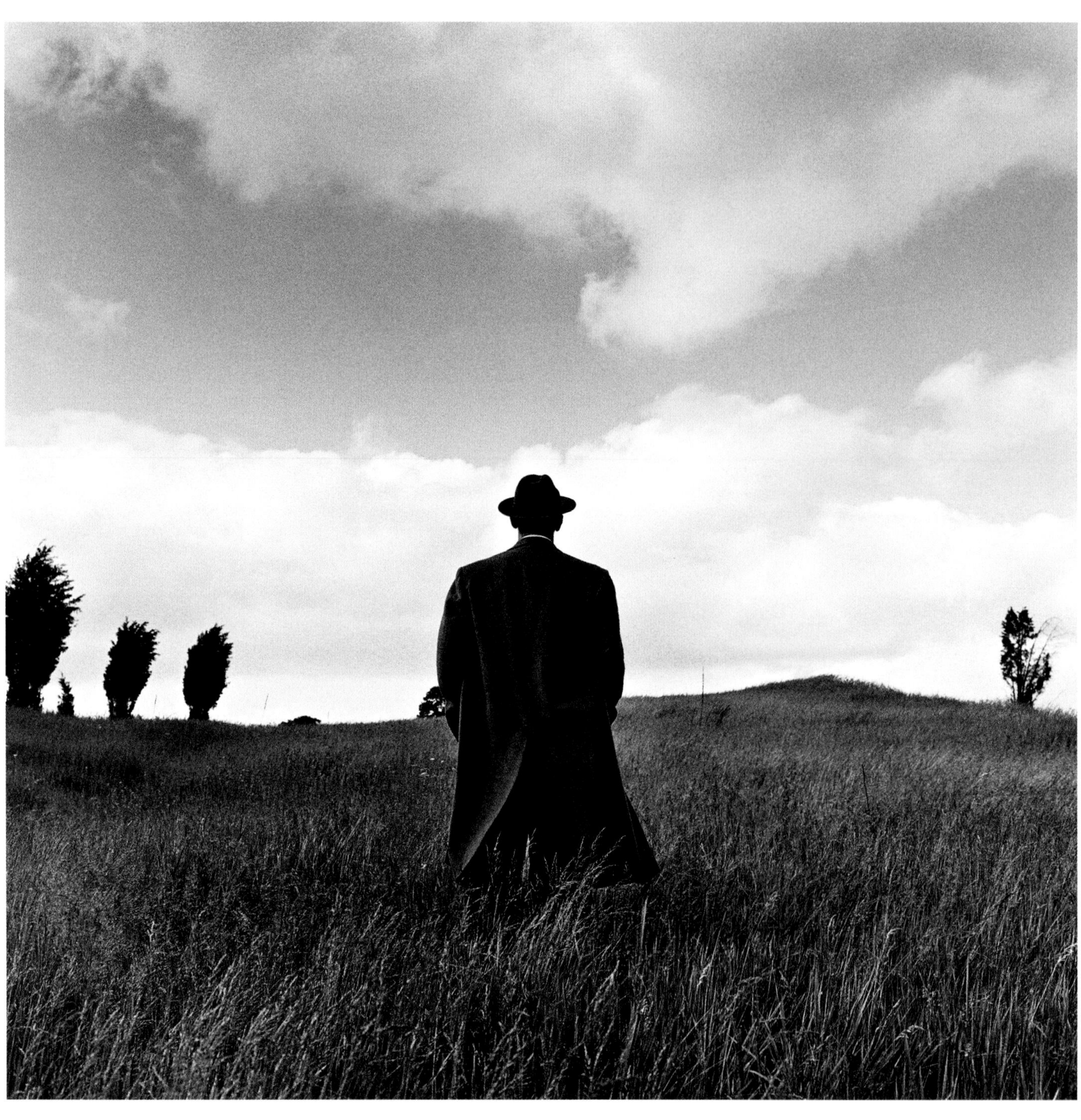

A. J. from Behind in Field
Harriman, New York
1994

Attraverso lo specchio   Through the Looking-Glass

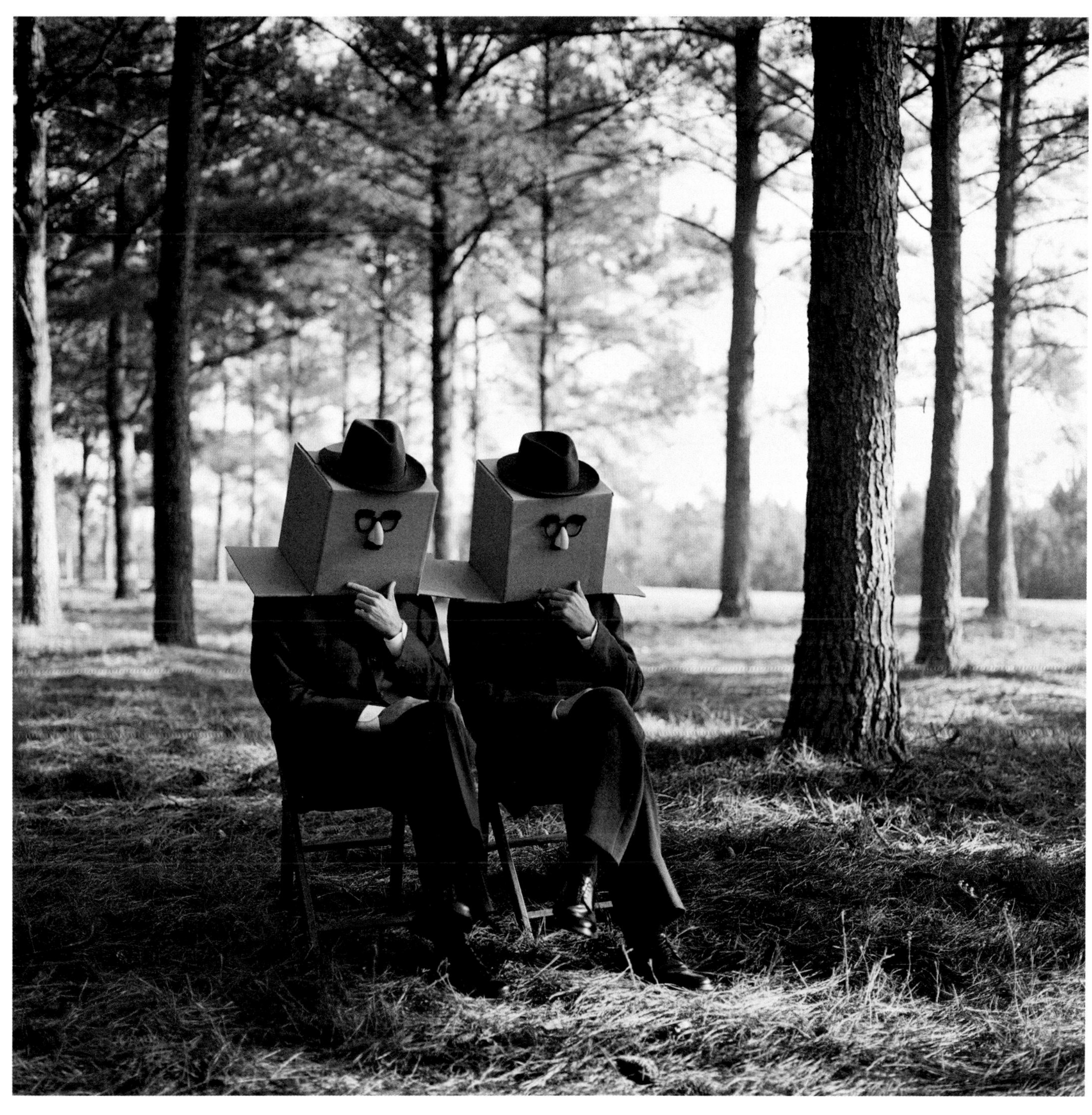

Men with Boxes on Head
Brunswick, Georgia
2001

luglio 2013
La fotografia è una risposta al mondo, non un suo riflesso.
È un tentativo di estrarre l'ordine dal caos, la conoscenza
dalla confusione, la saggezza dall'ignoranza e, in ultimo,
la bellezza dalla disperazione.

July 2013
Photography is a response to the world, not a reflection
of it. It is an attempt to bring order out of chaos, understanding
out of confusion, wisdom out of ignorance
and lastly, beauty out of despair.

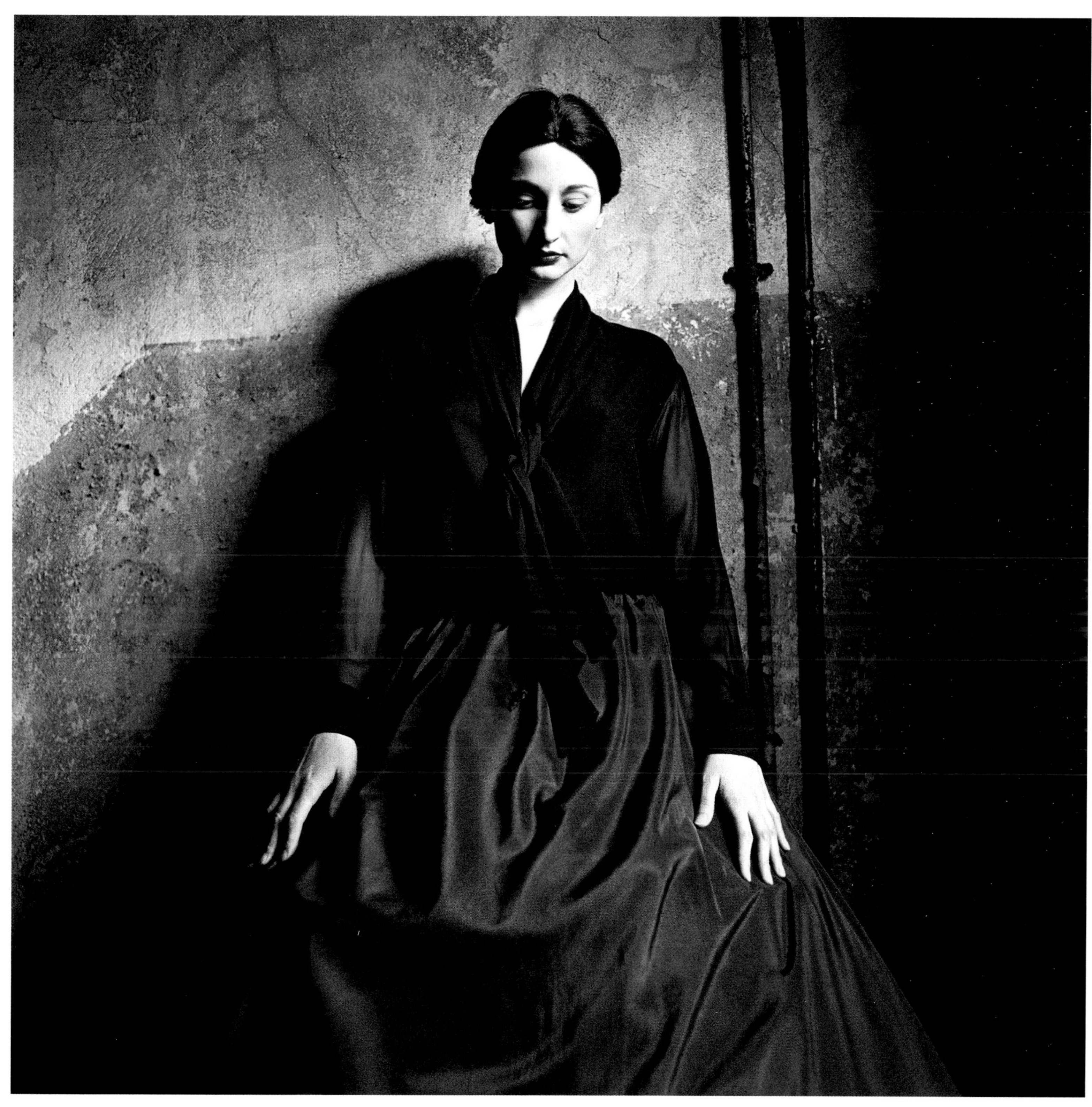

Bernadette Leaning against Wall
Brooklyn, New York
2000

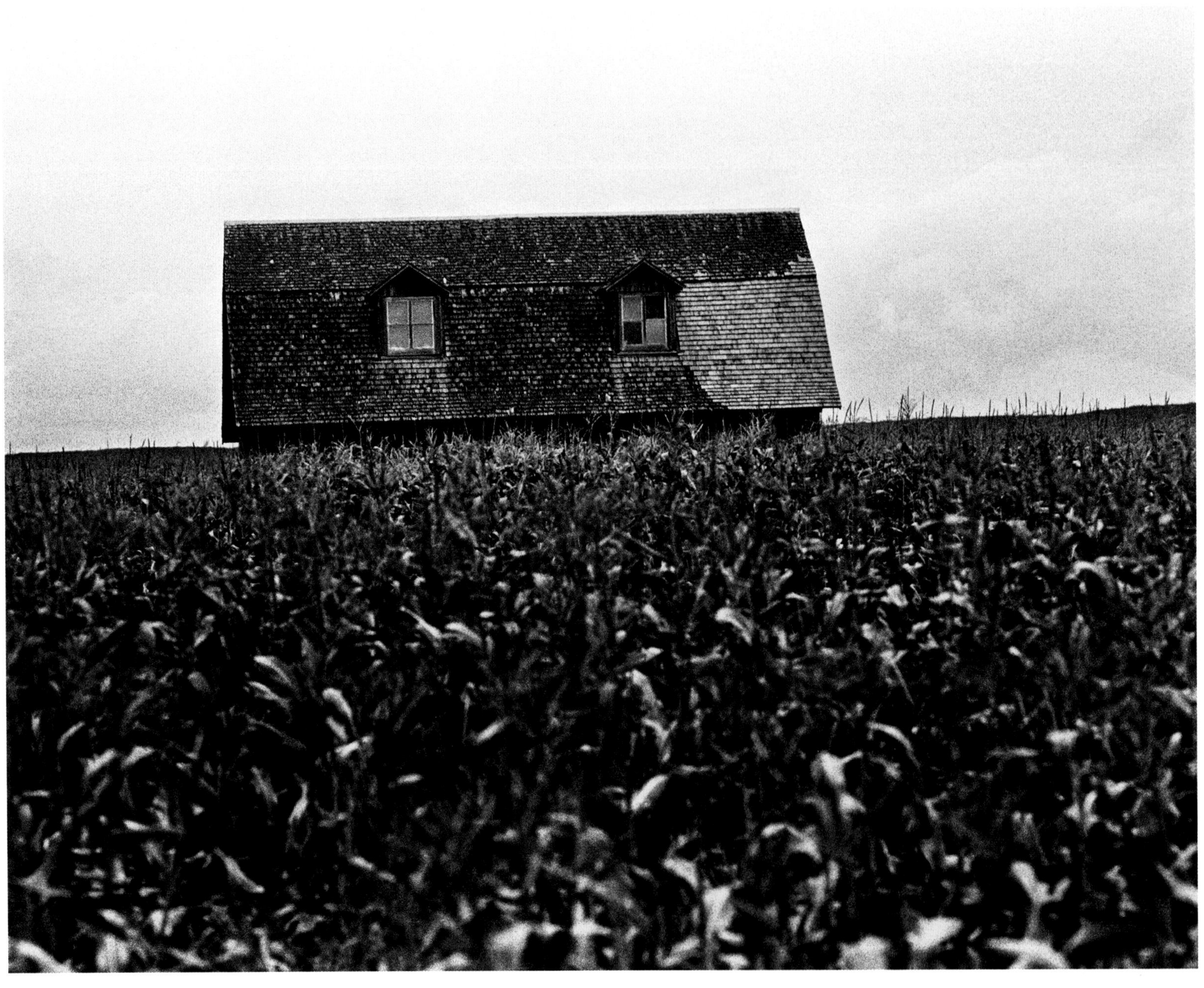

House
East Northfield, Massachusetts
1971

Il tempo e la permanenza   Time and Permanence

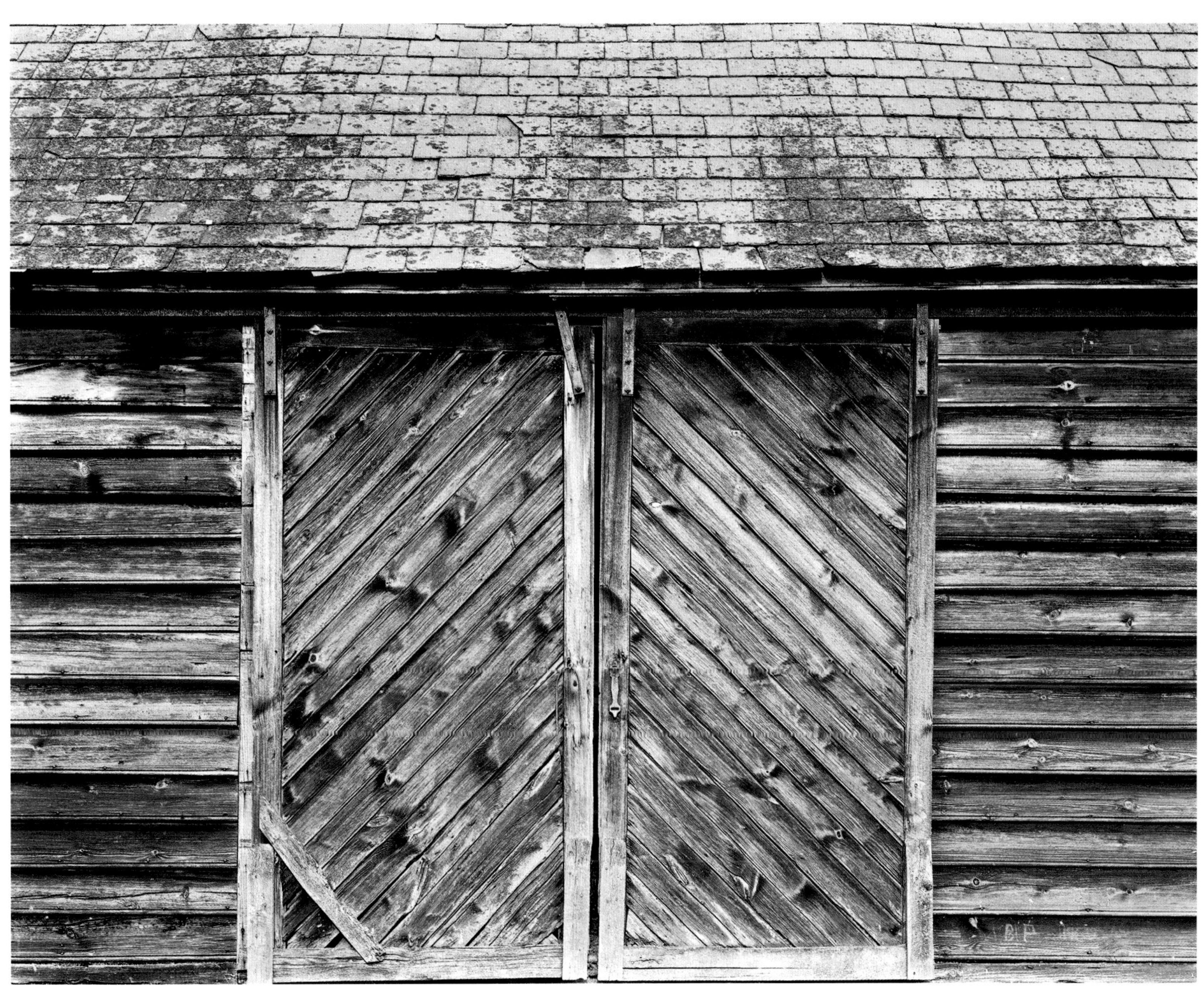

Abandoned Farm
near Crossgates, Mid Wales, United Kingdom
1980

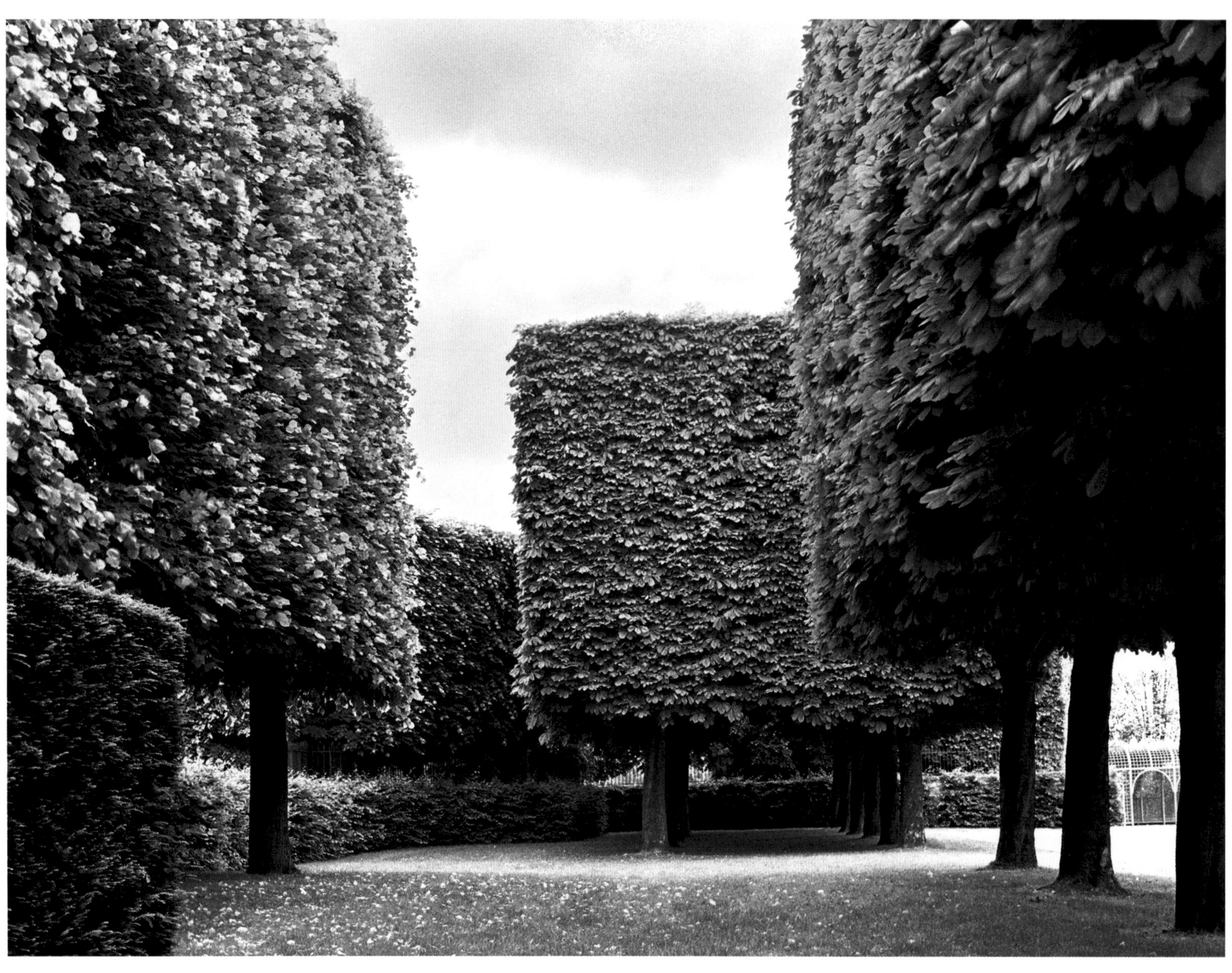

Landscape No. 1
Parc de Sceaux, France
1995

Il tempo e la permanenza   Time and Permanence

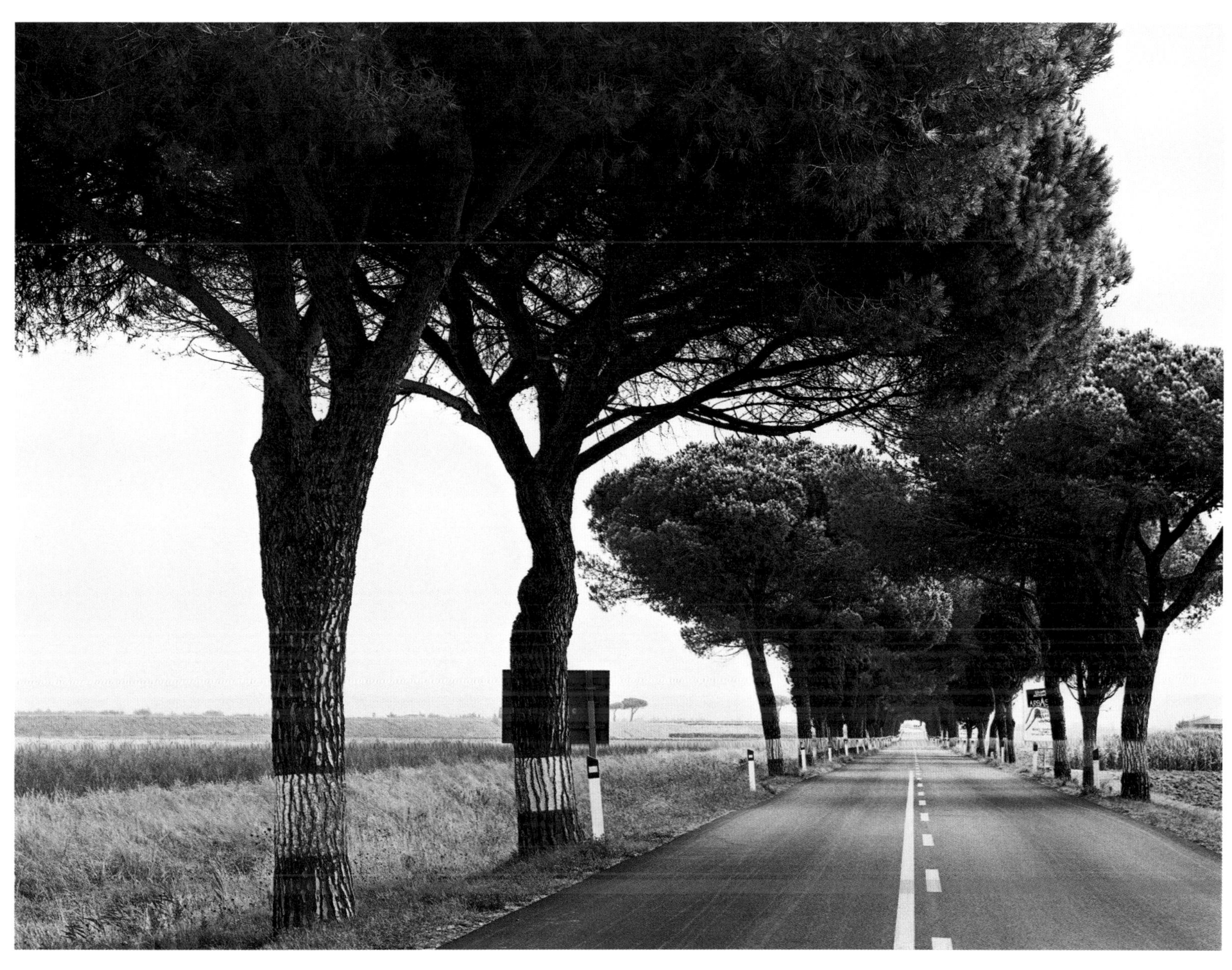

Road with Trees No. 3
Rome, Italy
1990

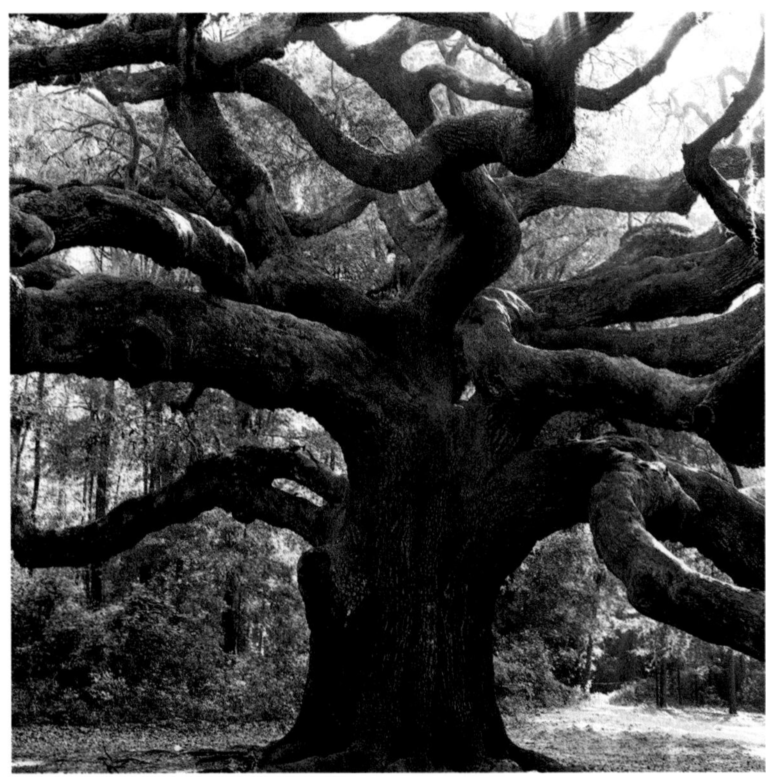

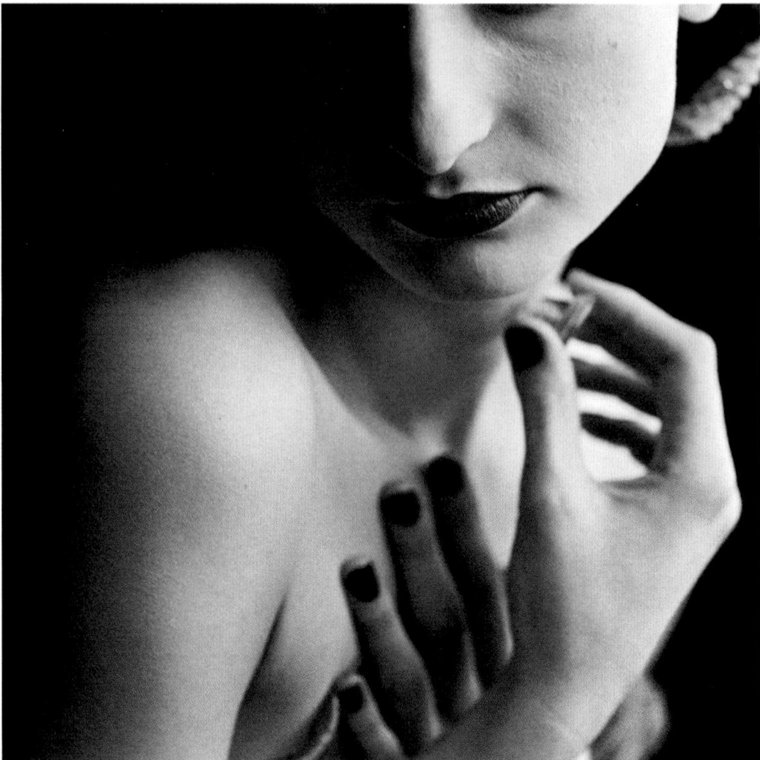

Angel Oak No. 2
Johns Island, South Carolina
1977

Bernadette Applying Perfume
Burden Mansion, New York, New York
1995

Il tempo e la permanenza   Time and Permanence

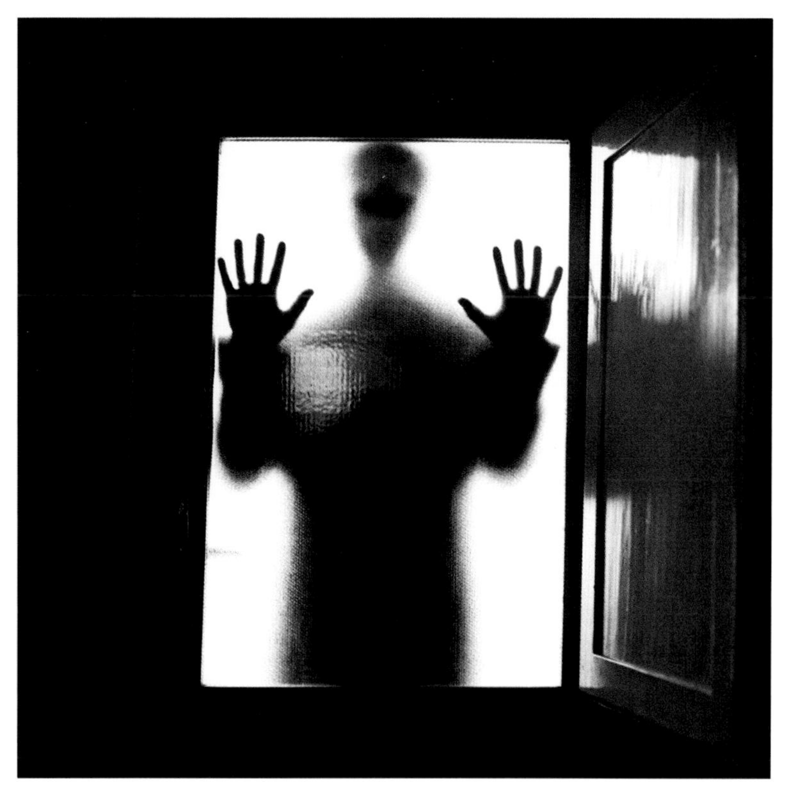

Jonah through Doorway No. 2
Siena, Italy
1998

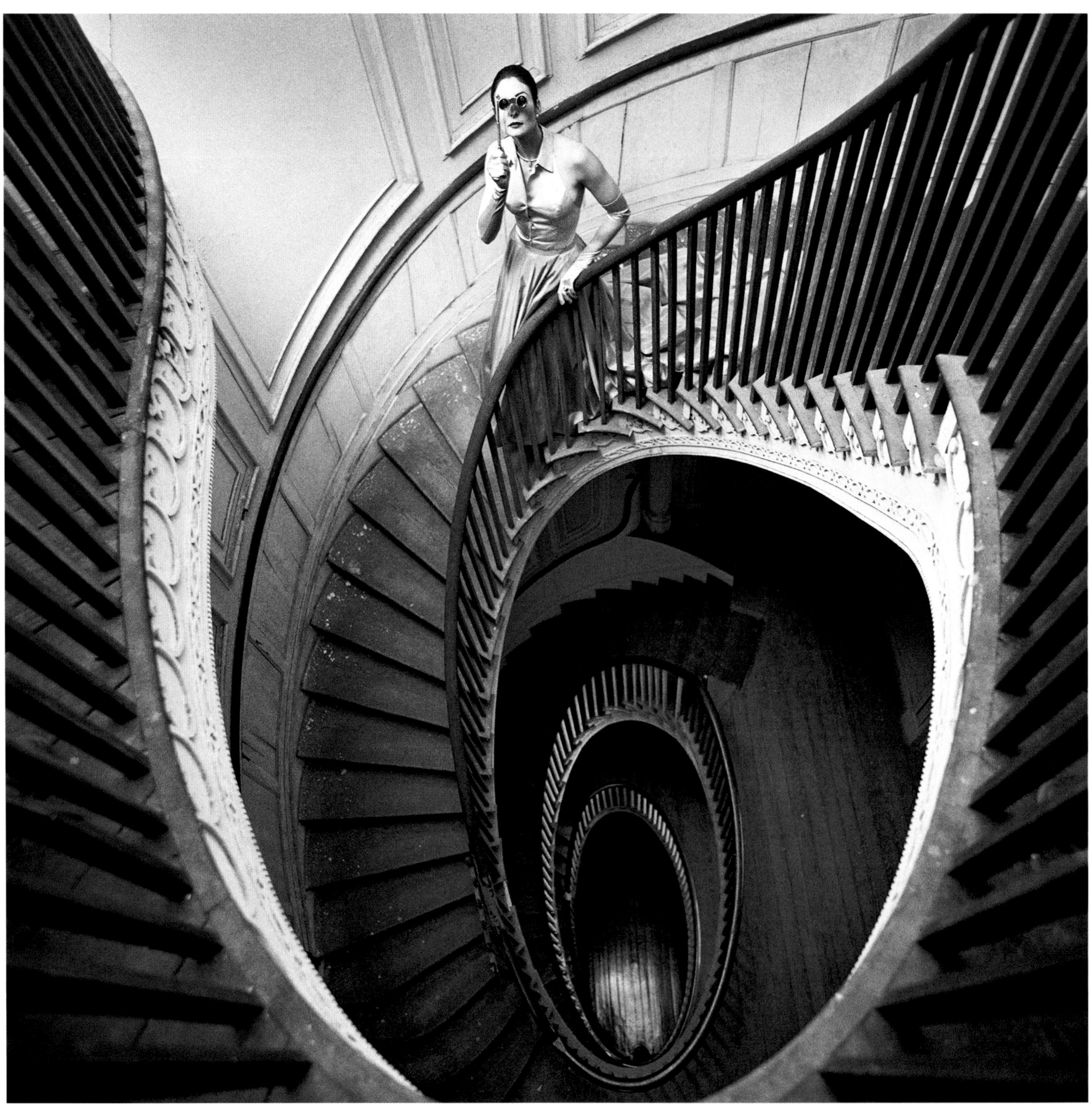

Caroline at the Top of Circular Staircase
Charleston, South Carolina
2000

Il tempo e la permanenza   Time and Permanence

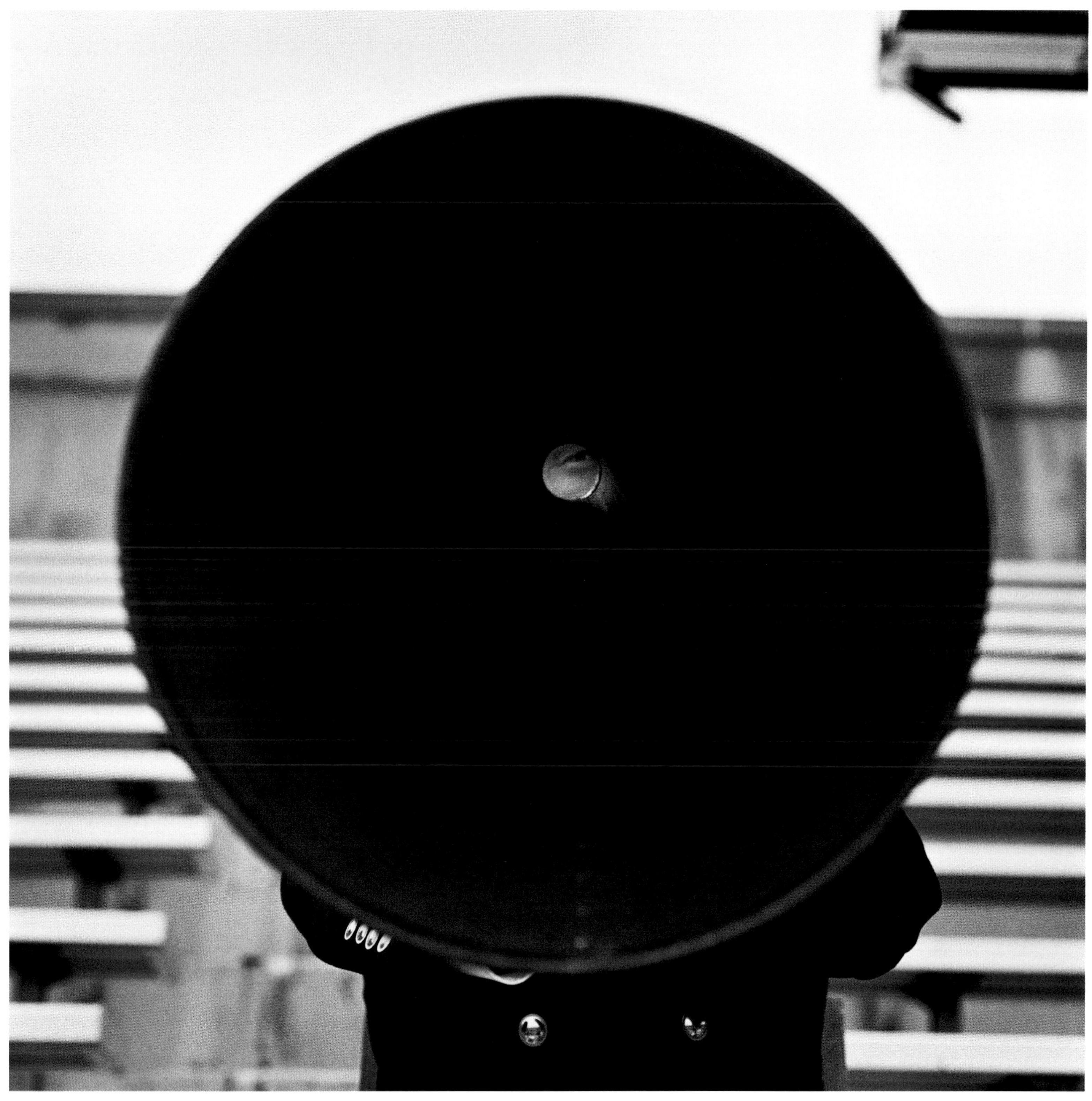

Eye through Megaphone
West Point, New York
1996

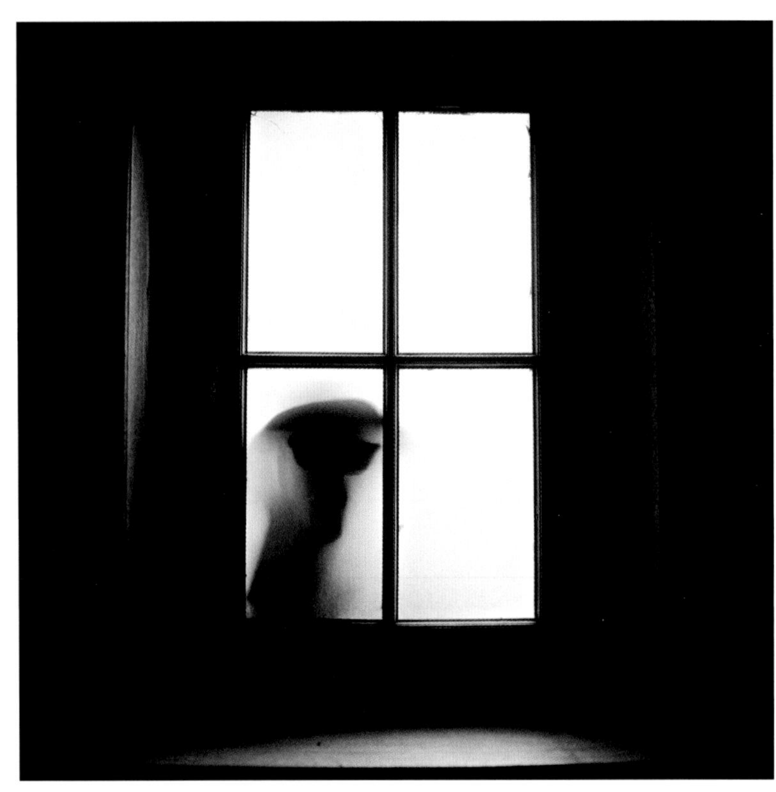 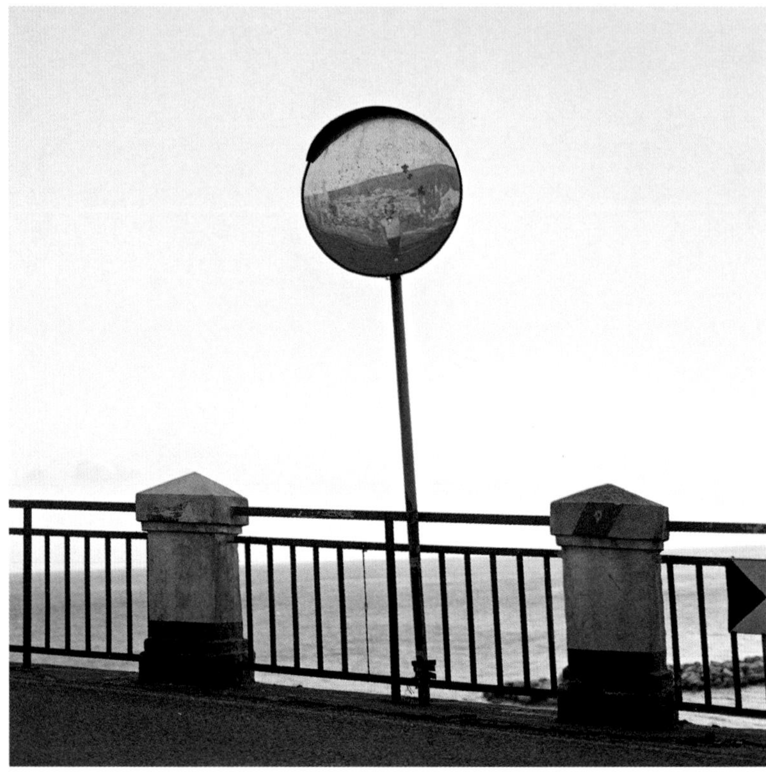

A. J. Looking through the Window
Harriman, New York
1998

Jerome in Reflection
Amalfi, Italy
2007

Il tempo e la permanenza   Time and Permanence

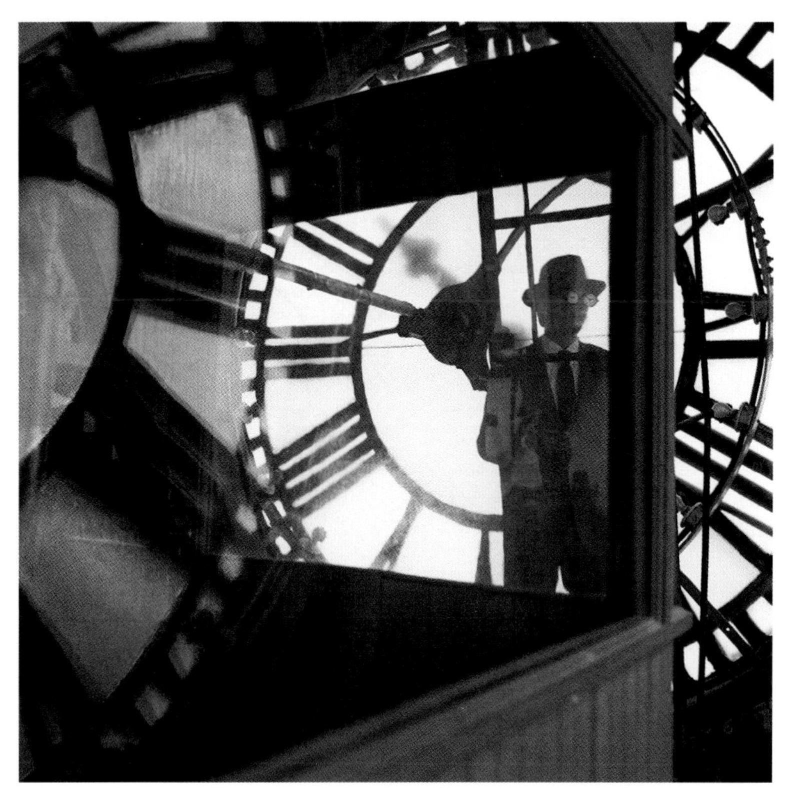

Colin inside Clock
New York, New York
2005

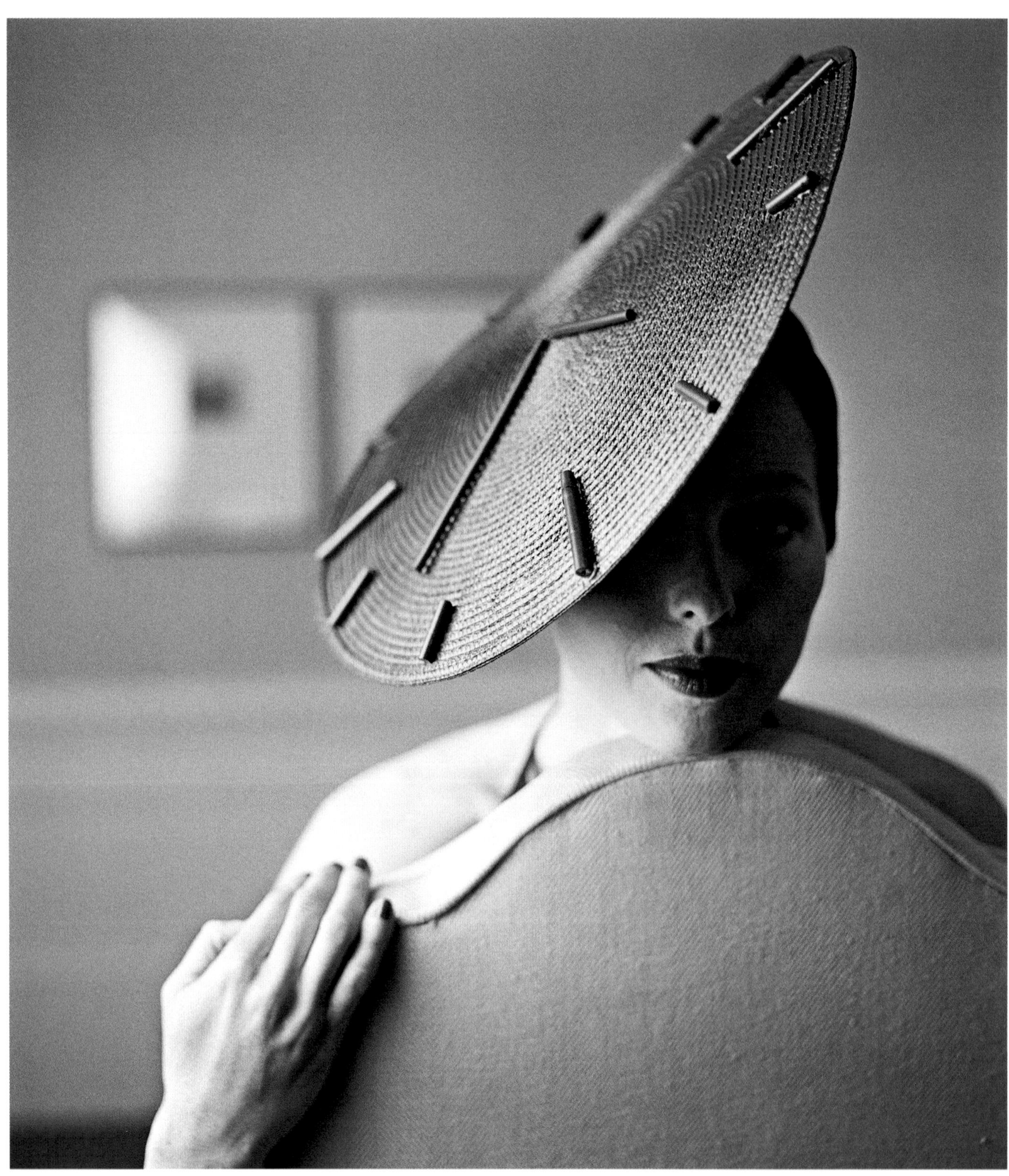

Viktoria Wearing Clock Hat
Rhinebeck, New York
2011

Il tempo e la permanenza   Time and Permanence

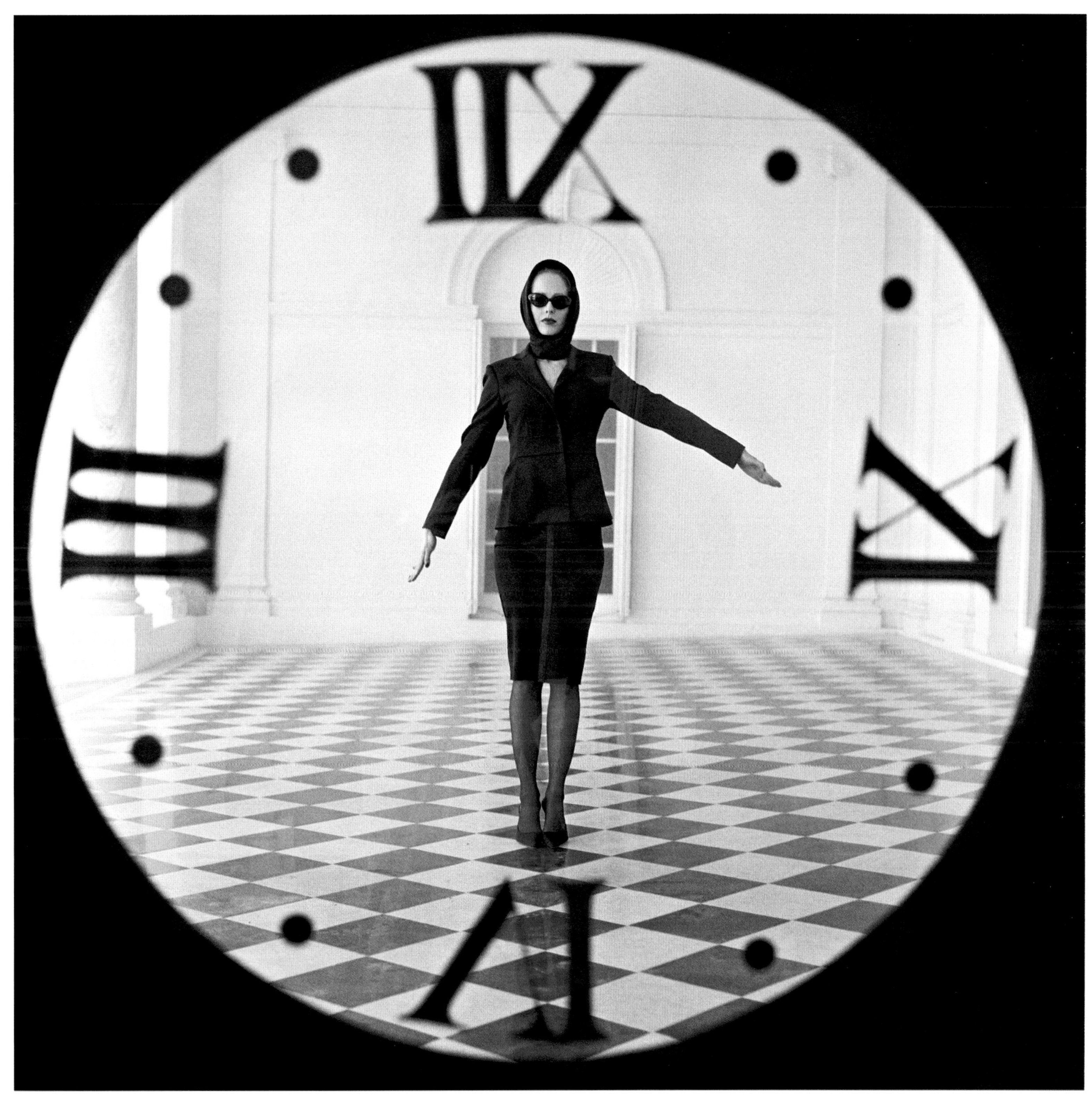

Viktoria through Clock
Rhinebeck, New York
2011

October 2009
Light—with all its glorious variation from day to day, city to city, latitude to latitude—is my source of inspiration. In biblical times, knowledge, truth, and insight were exposed by how they were illuminated. Without light there was only darkness. Revelations came through light. Likewise, with me, natural light is what best exposes and illuminates beauty.

Luce   Light

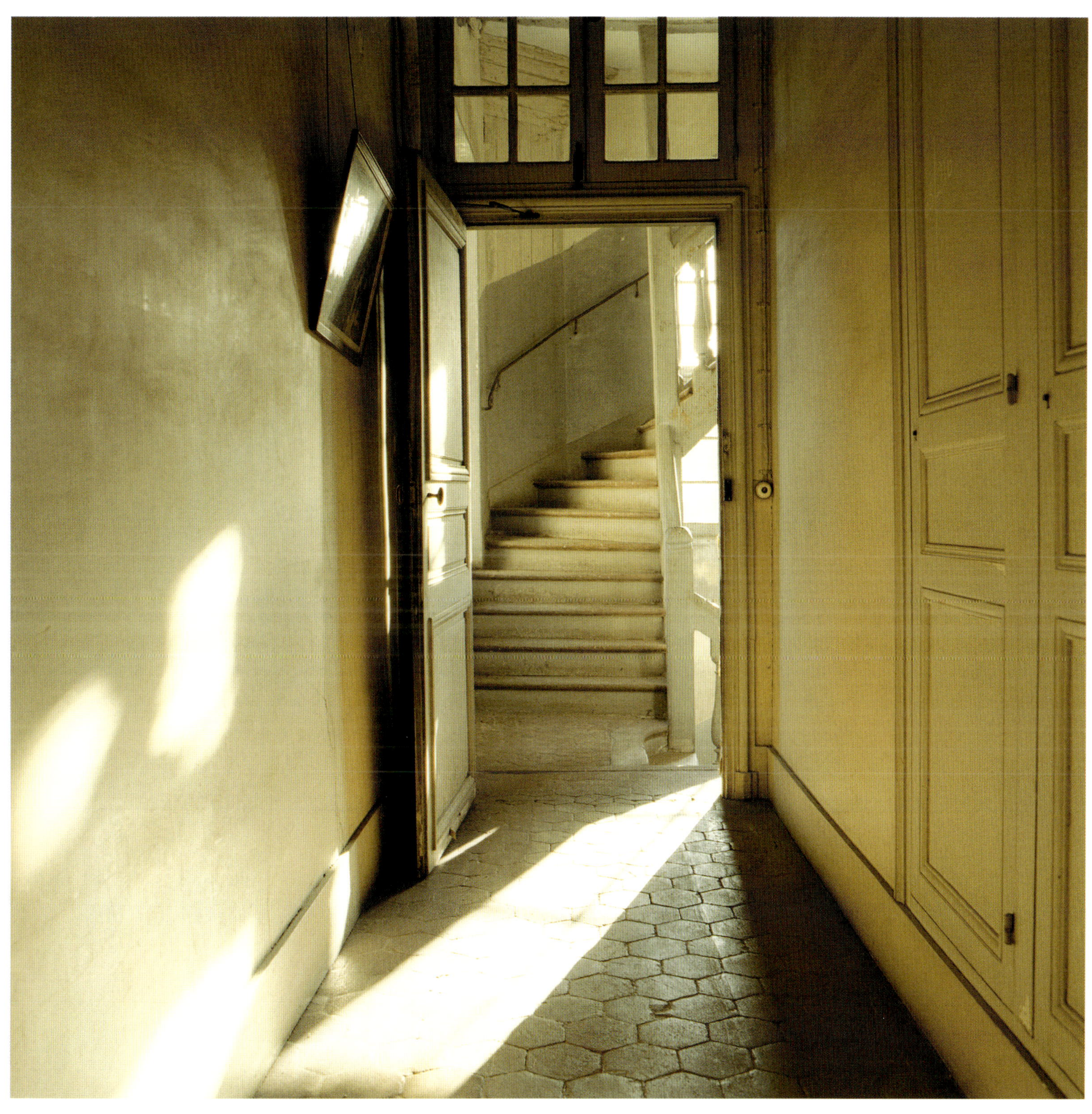

Hallway in Color
Vaux-le-Vicomte, France
2004

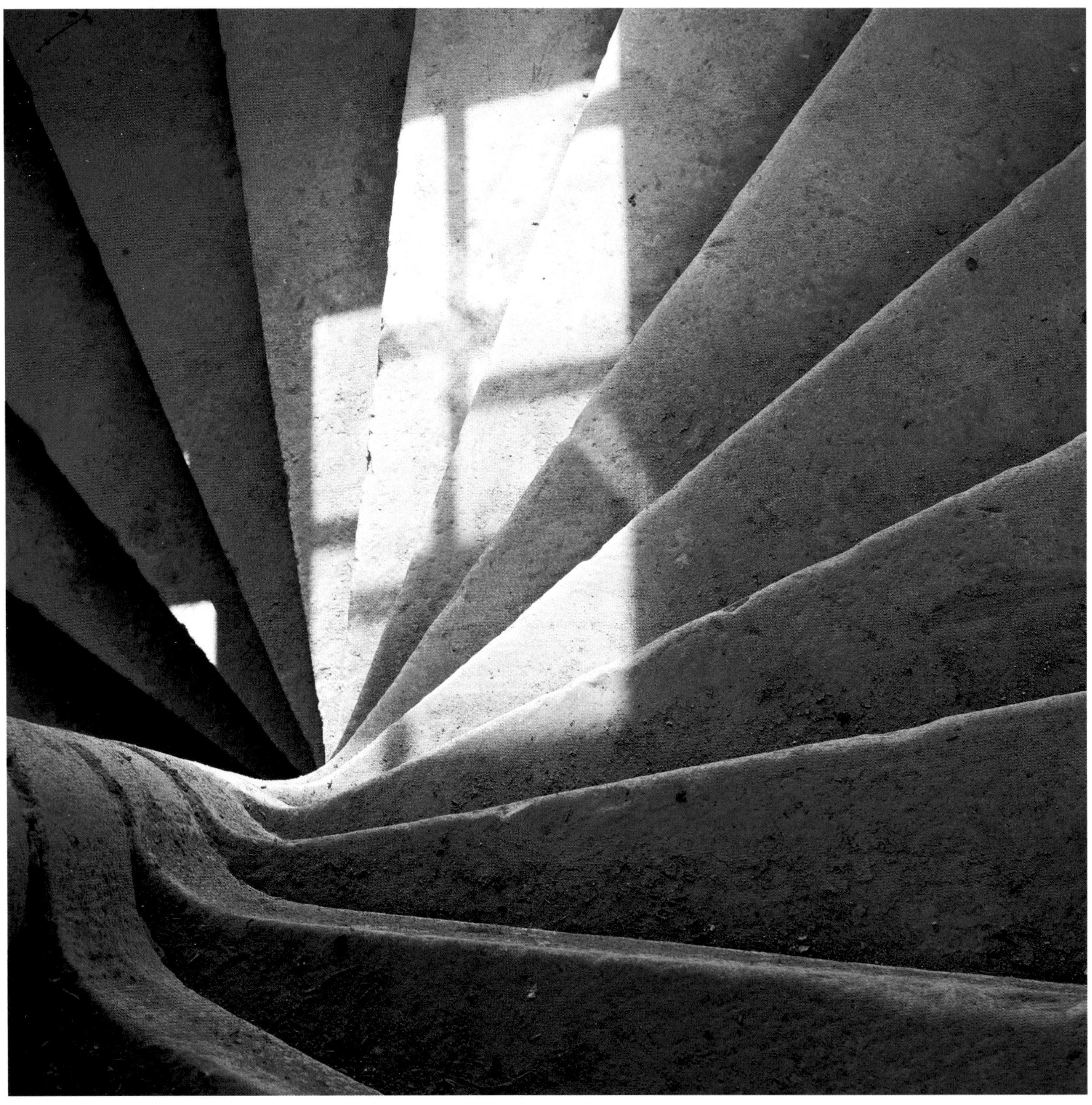

Staircase
Burgundy, France
1985

Luce   Light

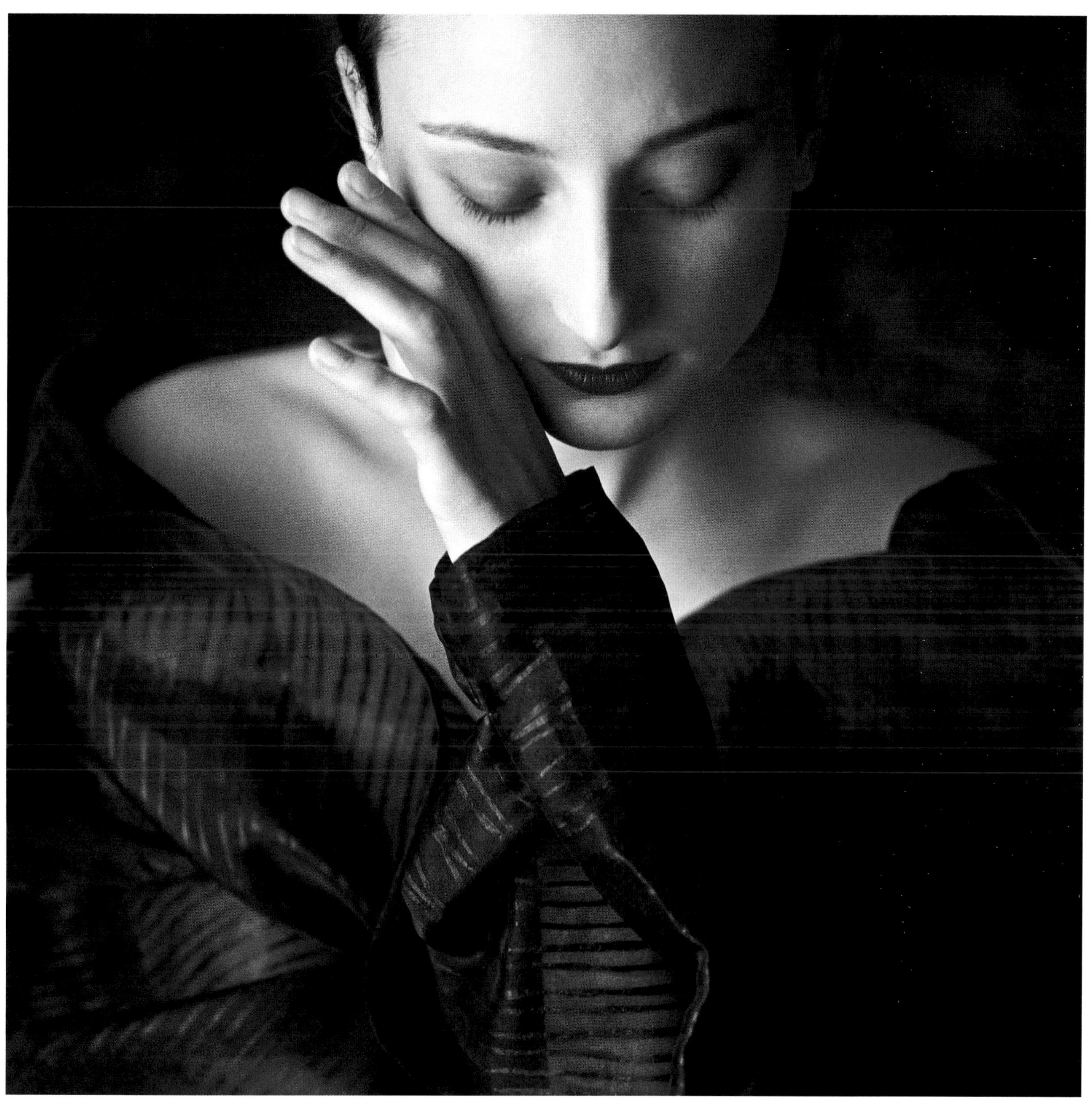

Bernadette with Hand on Cheek
Snedens Landing, New York
1995

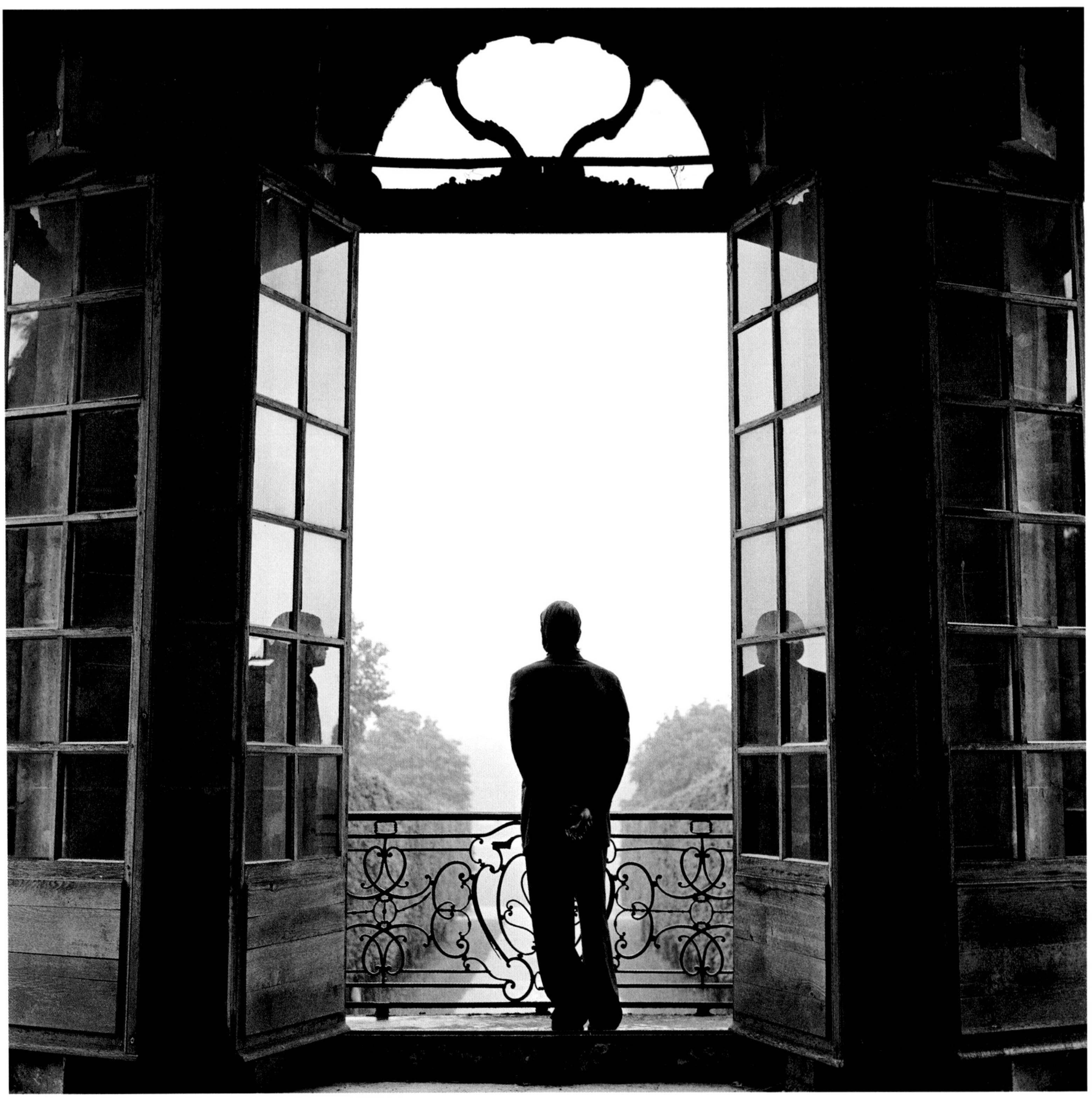

Man Looking through Doorway
Parc de Sceaux, France
1995

Luce   Light

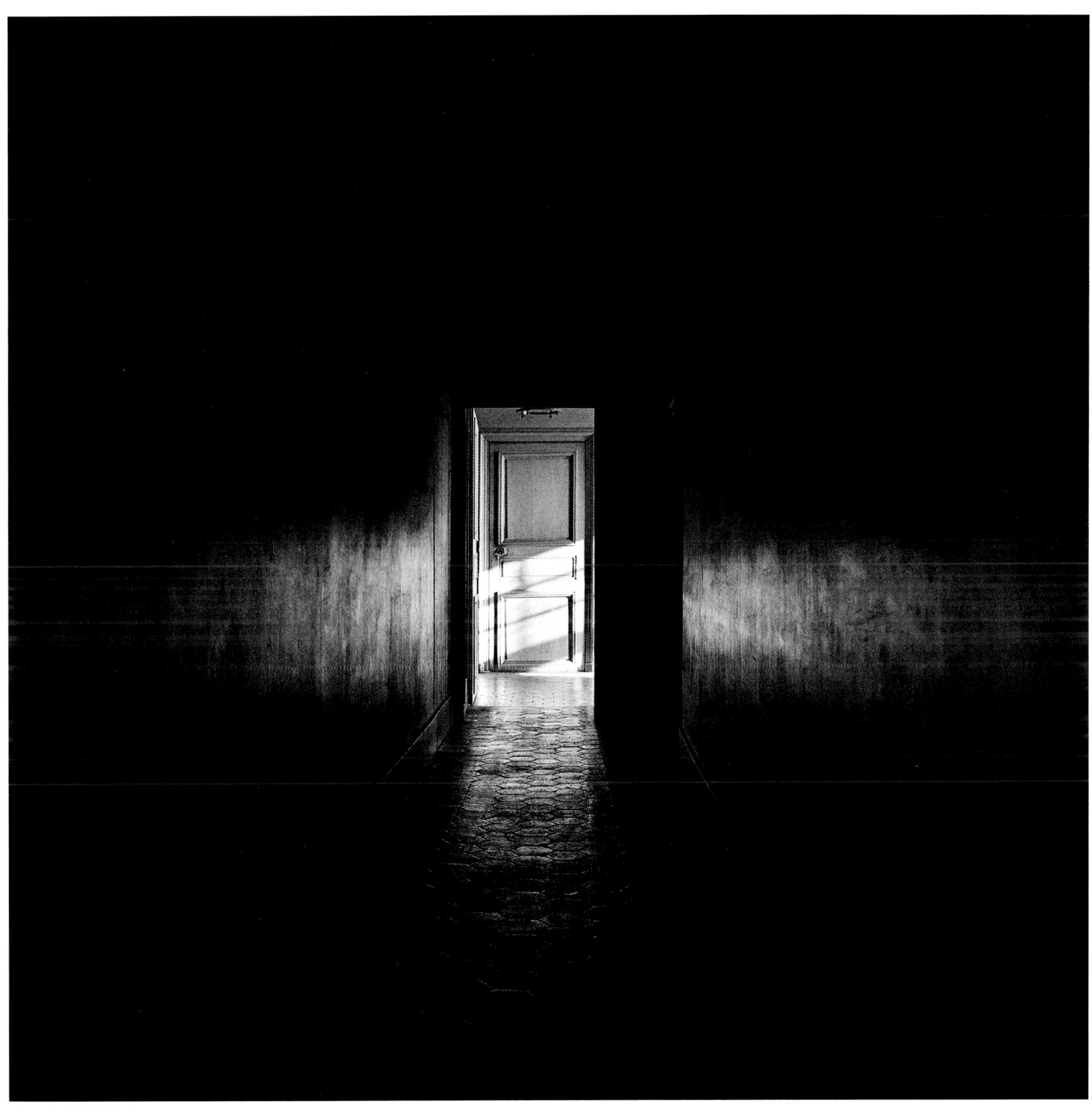

Door
Vaux-le-Vicomte, France
2004

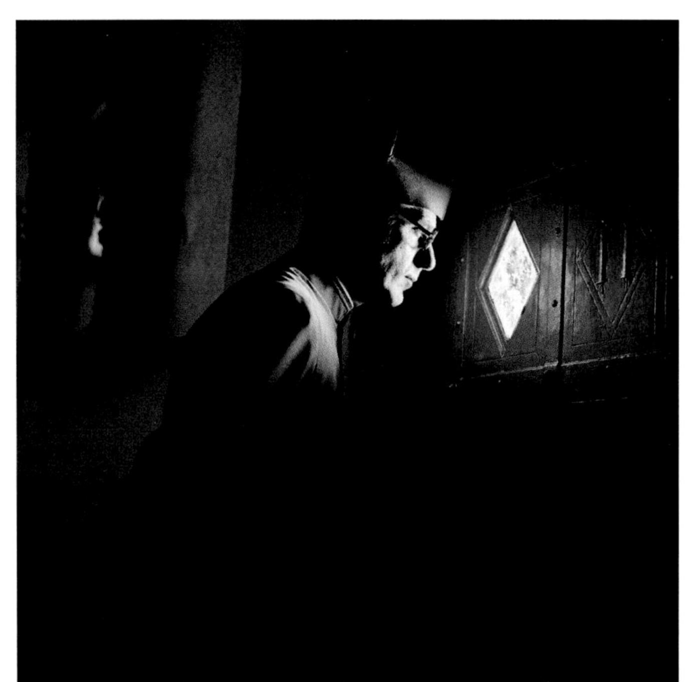

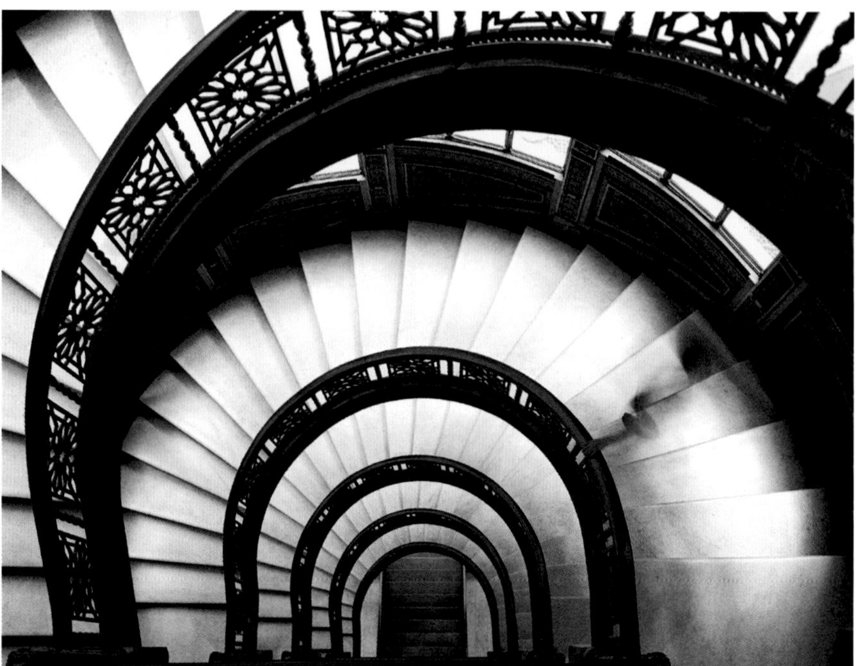

Don Looking through Window
New York, New York
2002

Woman Descending Stairs
Chicago, Illinois
1997

Luce   Light

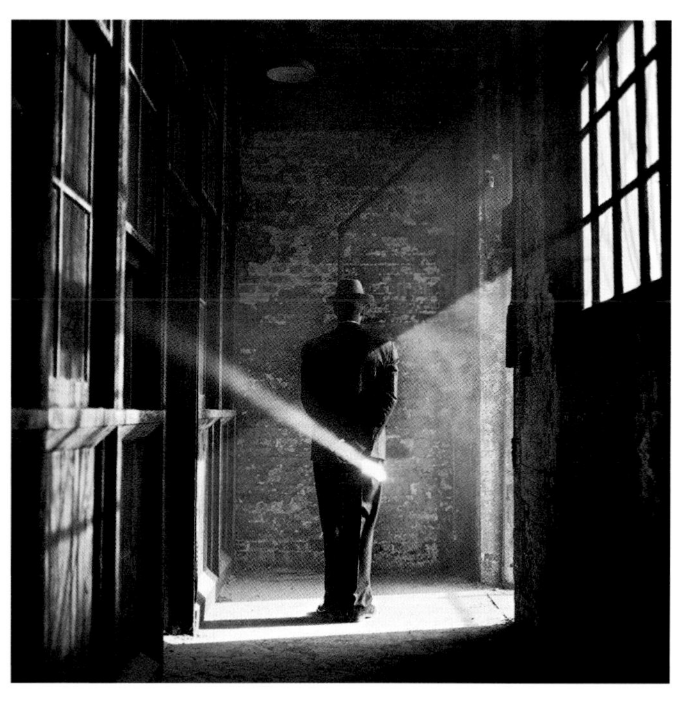

Don Holding Mirror behind Back
Brooklyn, New York
2000

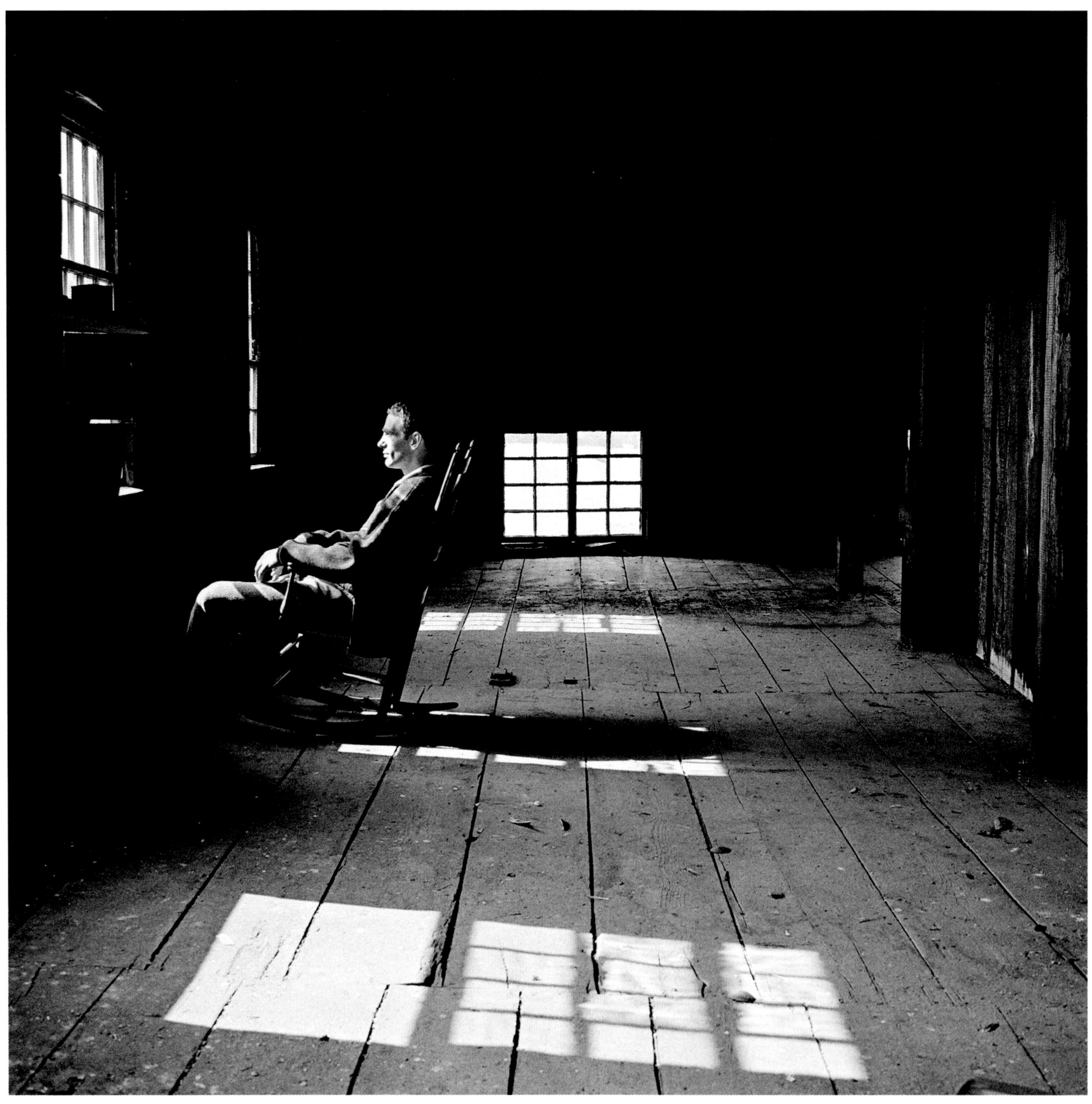

Peter Seated by Window
Hancock Shaker Village, Massachusetts
1993

Luce   Light

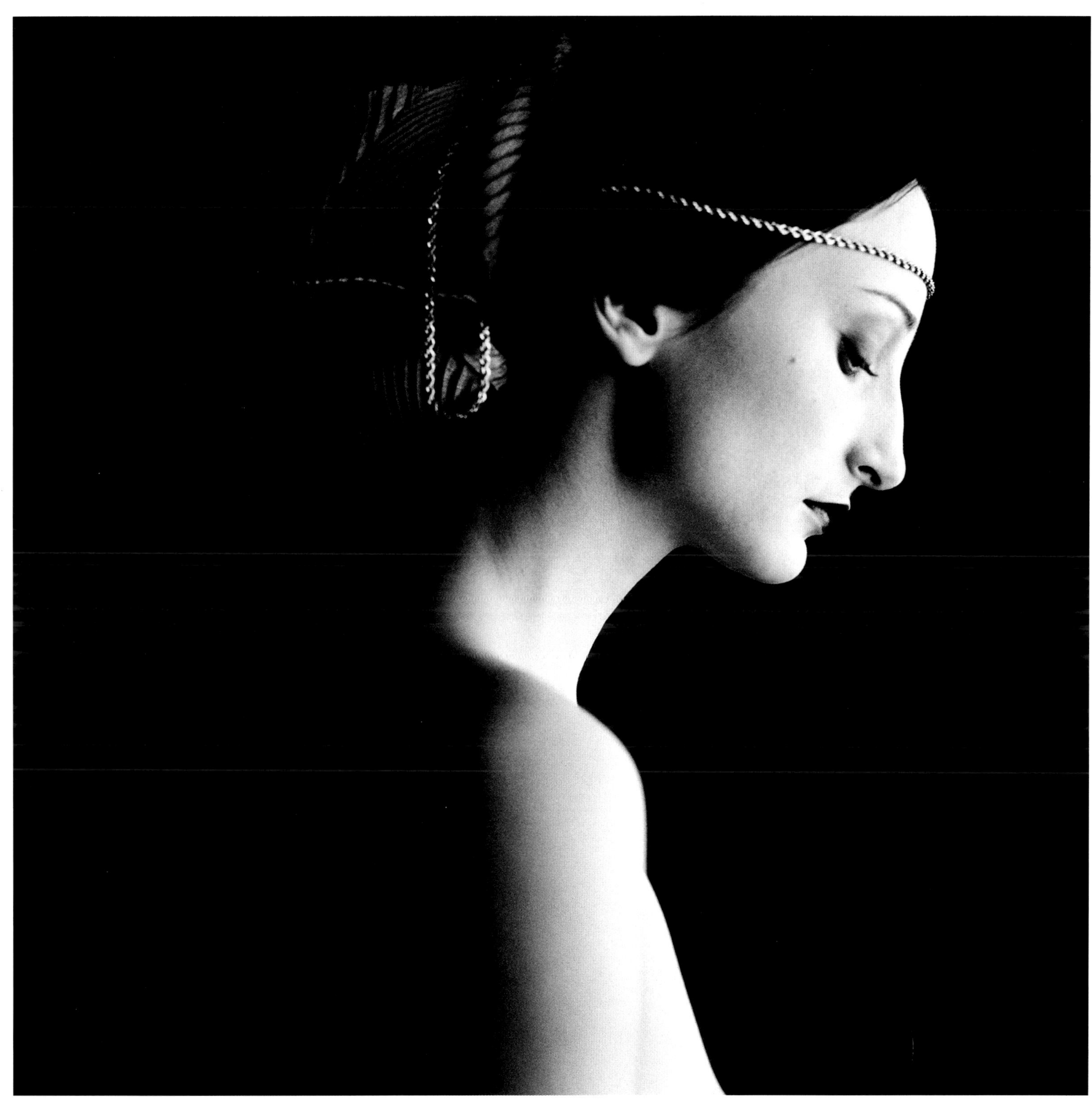

Bernadette No. 2
Burden Mansion, New York, New York
1995

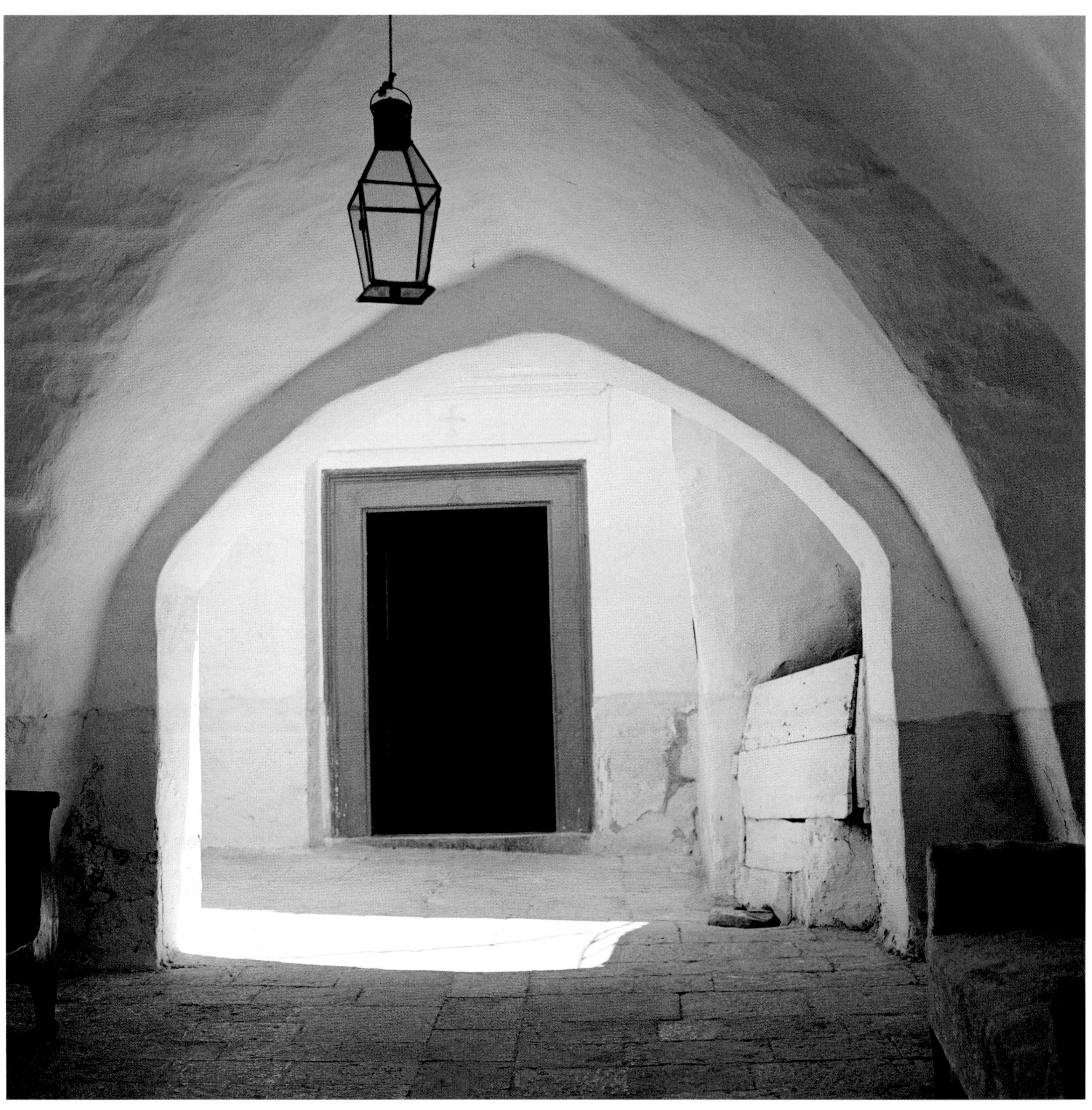

Mar Saba
Negev Desert, Israel
1976

Luce   Light

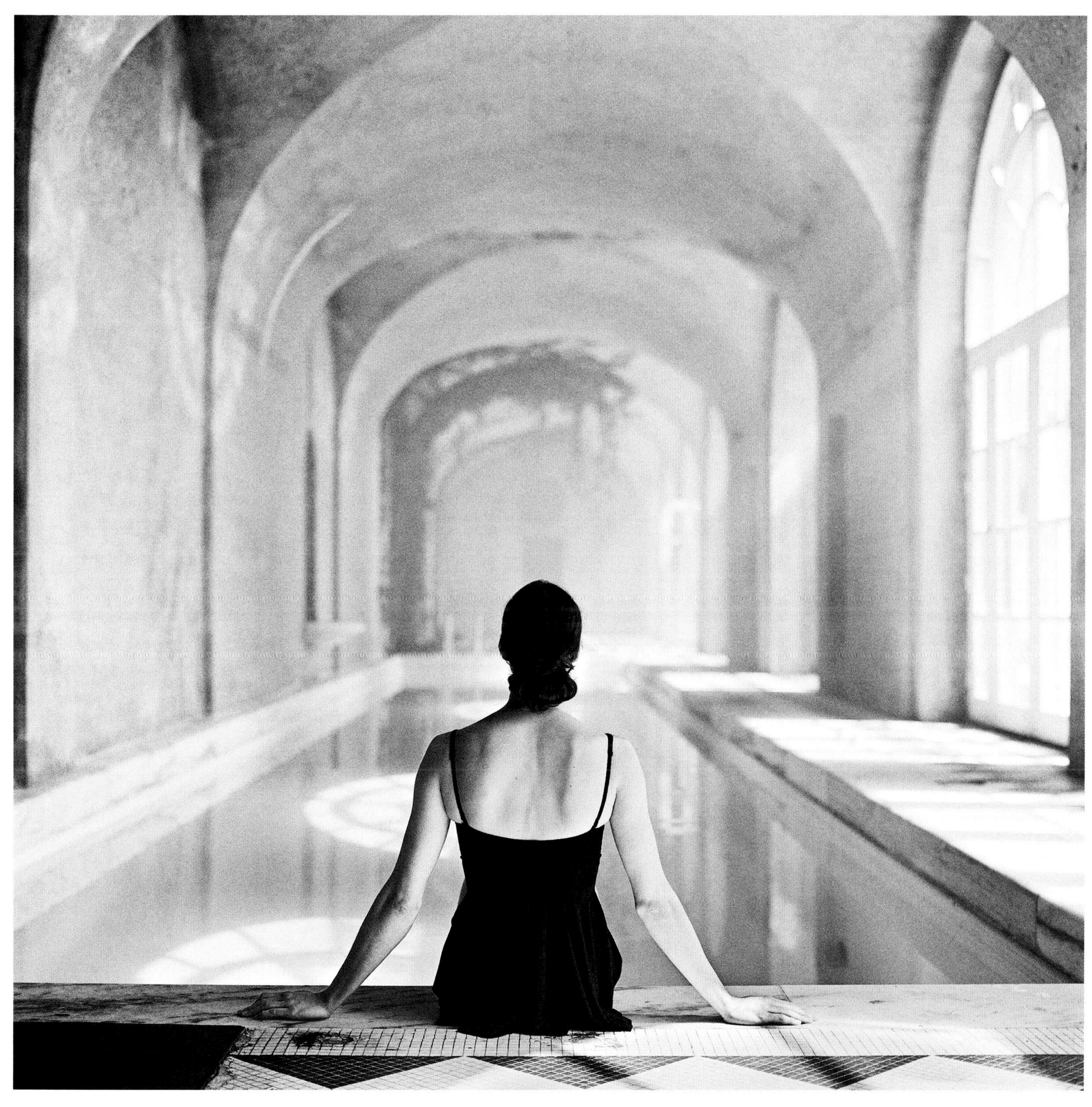

Caroline Seated on Edge of Pool
Long Island, New York
2000

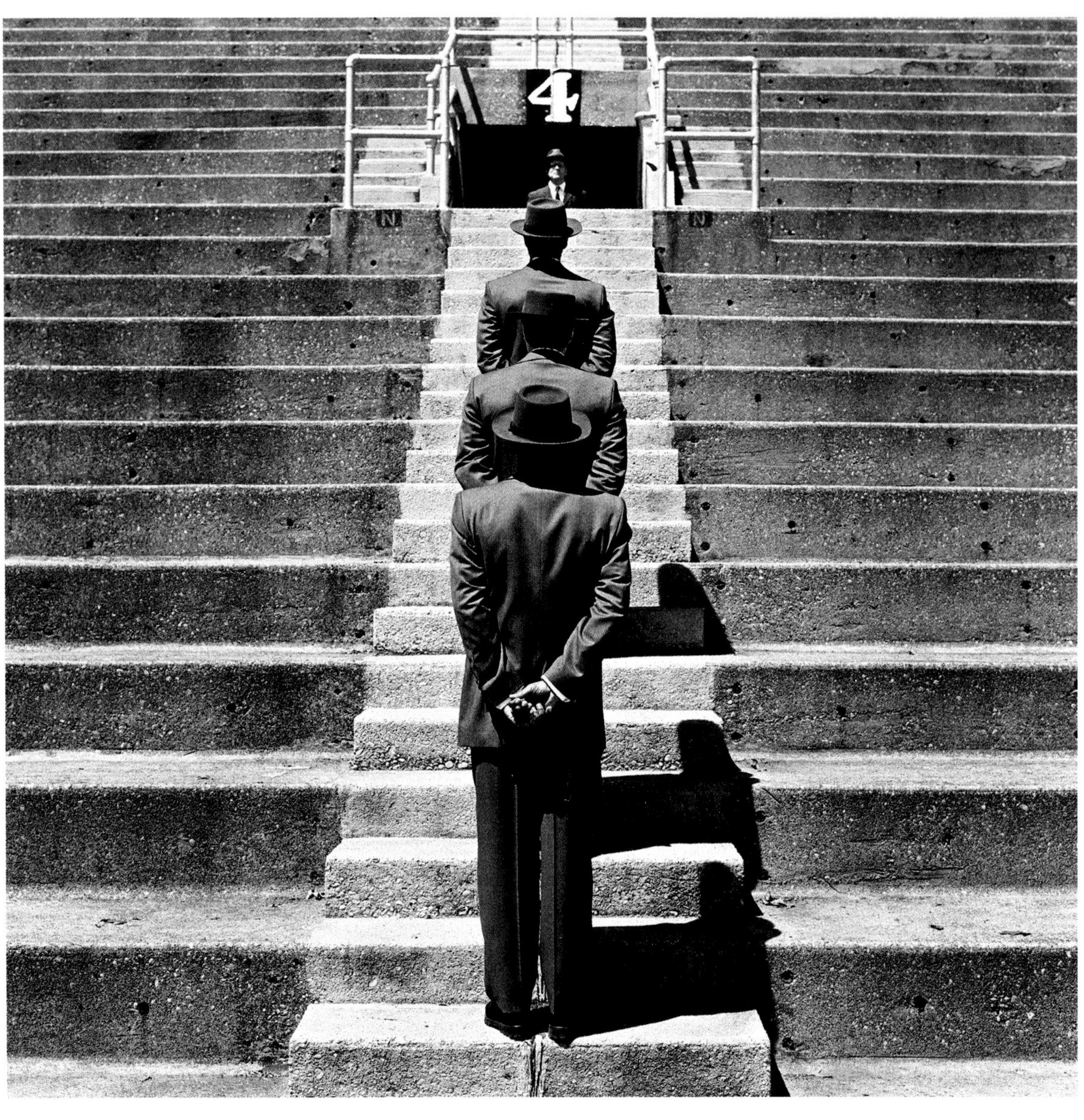

Men in Suits Lined Up
Randalls Island, New York
1999

Man in Profile
Hancock Shaker Village, Massachusetts
1993

Luce   Light

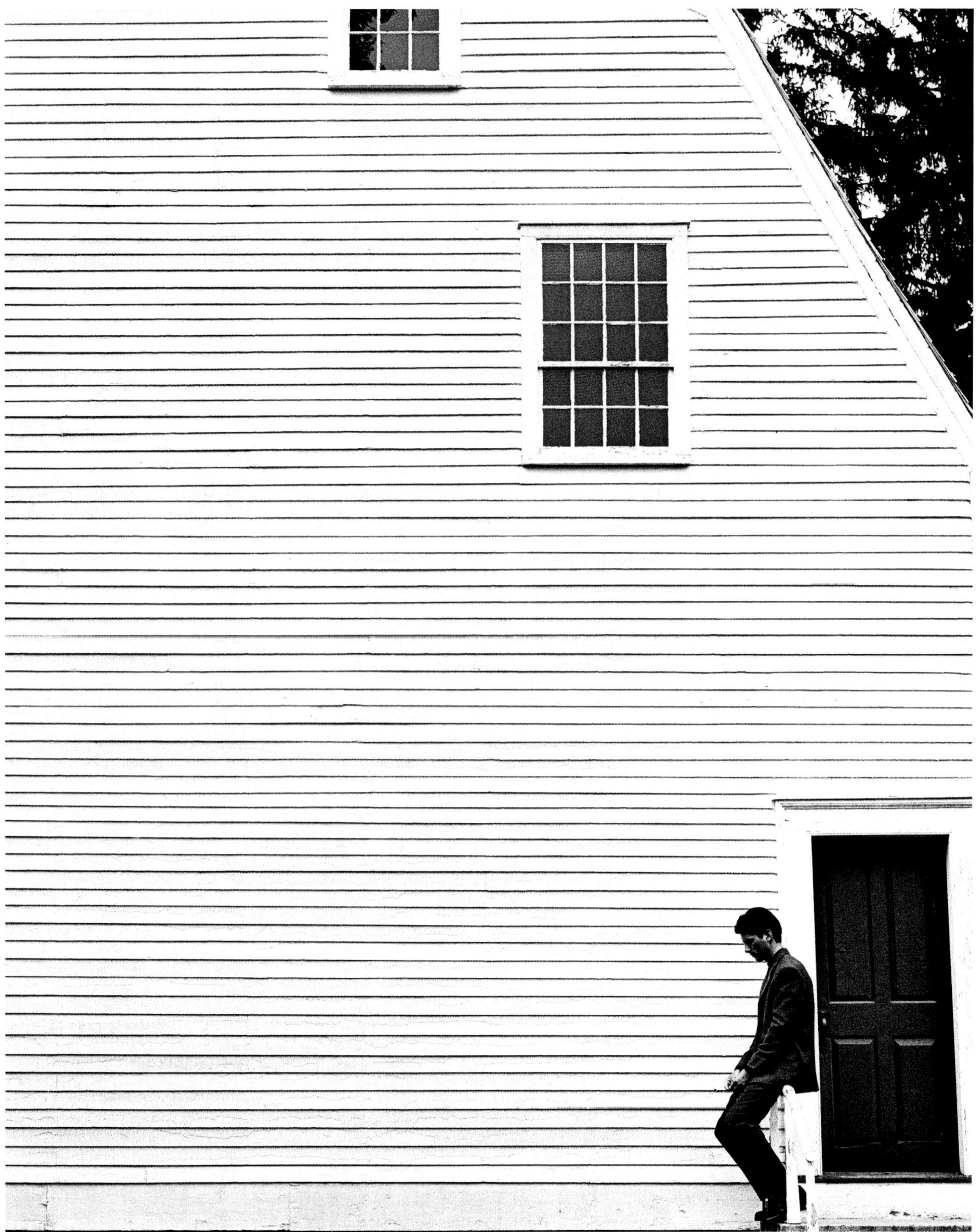

marzo 2010
Senz'altro questo è uno dei motivi per cui sono un fotografo.
Mi avventuro nel mondo per respirare la sua infamia
e il suo umorismo, per vedere più chiaramente, per cercare
conoscenza, uno scopo, per aprirmi e per cogliere, inflessibile
entusiasta, la luce. Ma quando il sole tramonta l'oscurità
comincia a sopraffare la mia lotta. È allora che la mia
vita vacilla.

March 2010
This must be one of the reasons I am a photographer. I go out
into the world, to breathe its notoriety and humor, to be able
to see clearer, to look for understanding and purpose, to open
up, and reach exuberantly and unforgivingly for the light.
But as the sun sets, and darkness begins to overwhelm
the struggle, my life becomes unsettled.

Bernadette in Mirror
Snedens Landing, New York
2001

Passaggi   Passages

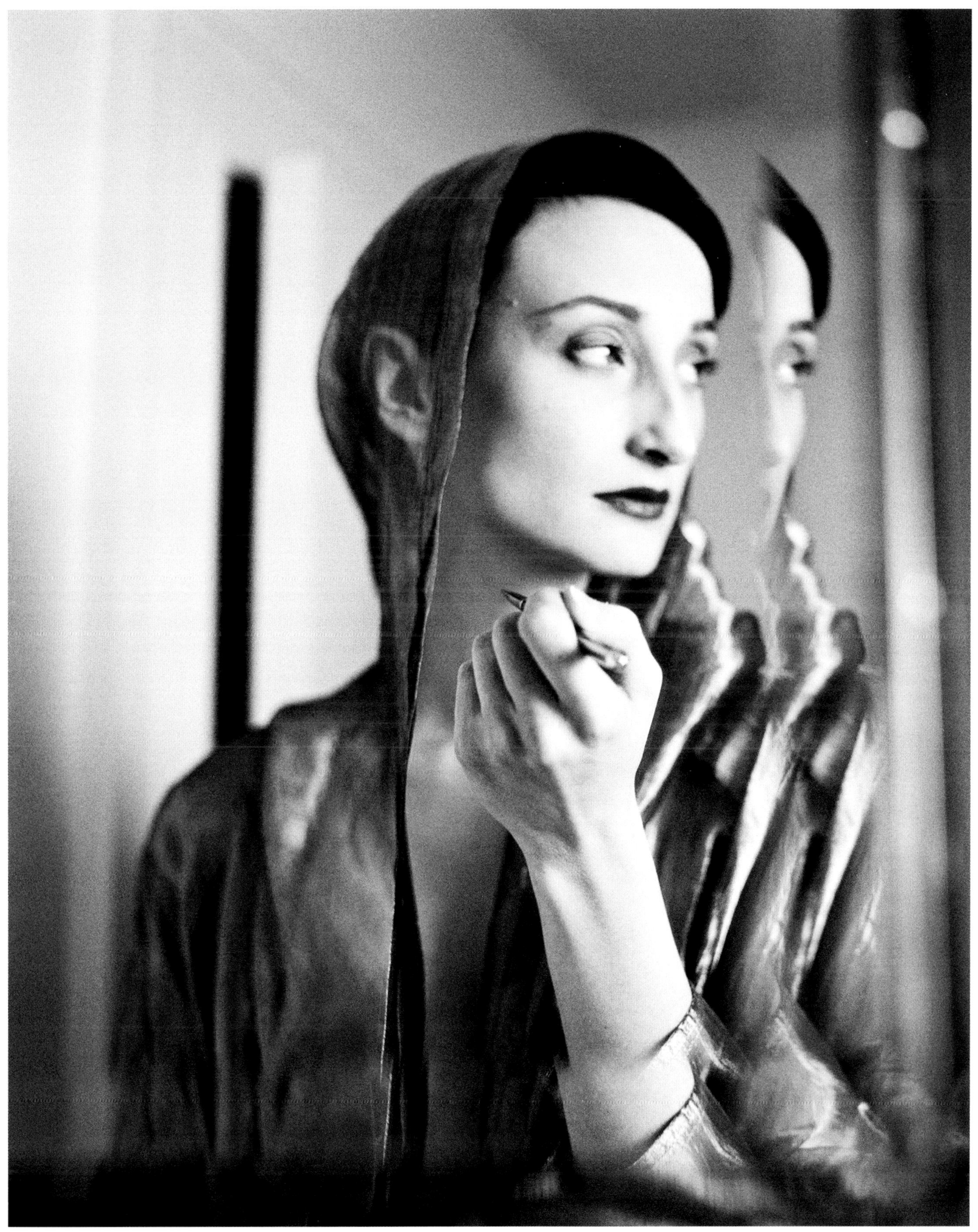

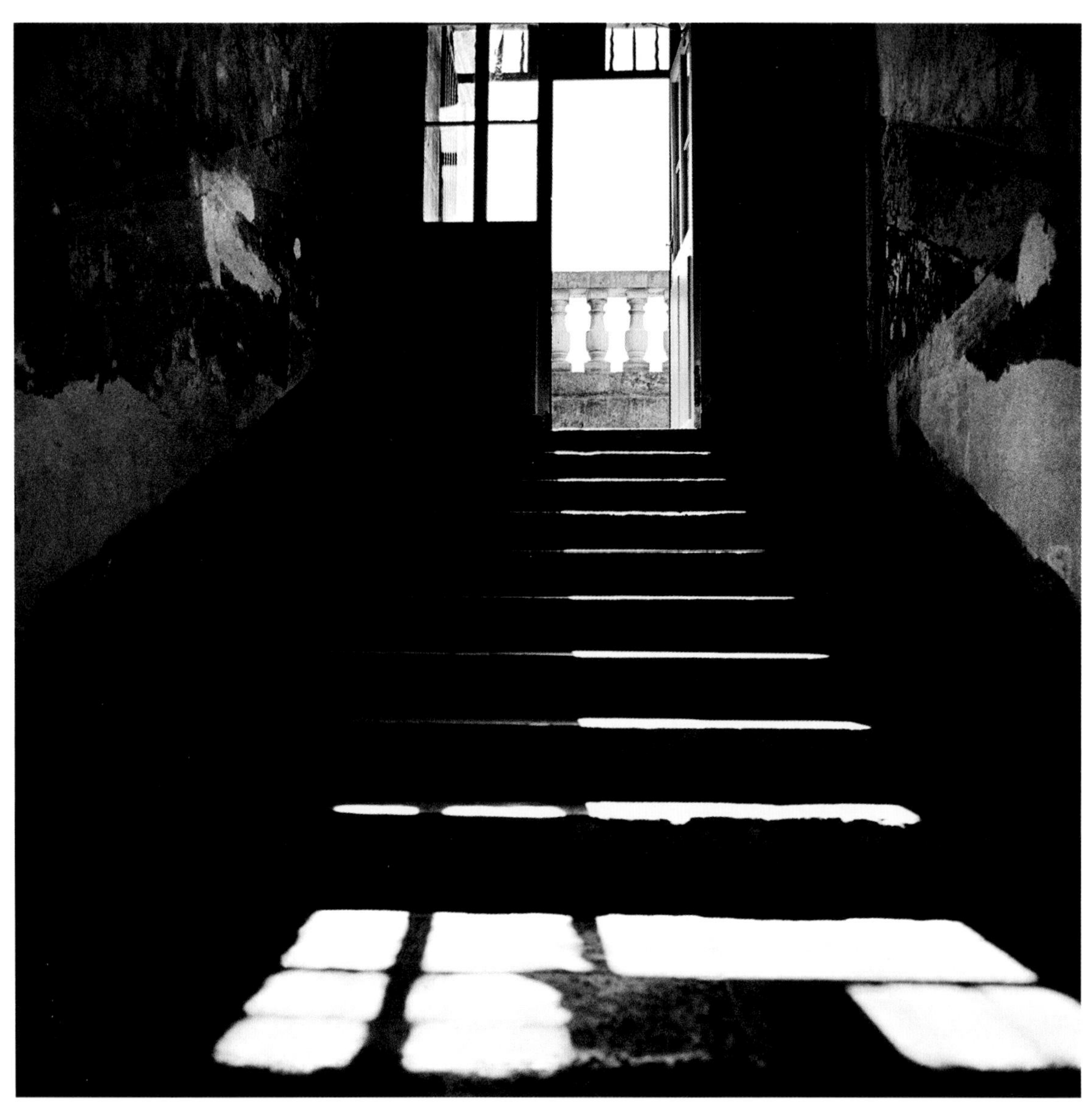

Stairs
Vaux-le-Vicomte, France
2004

Passaggi   Passages

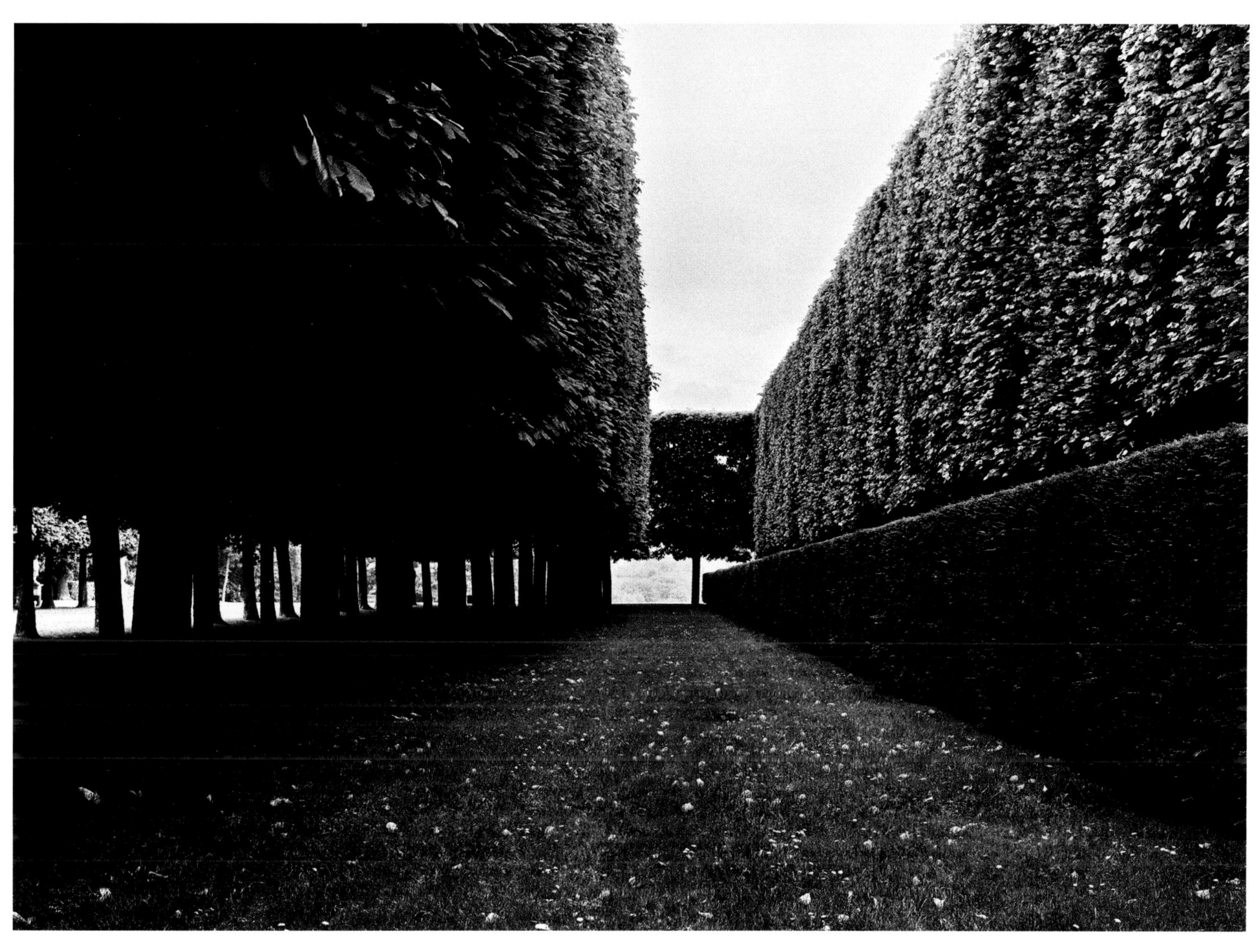

Landscape No. 2,
Parc de Sceaux, France
1995

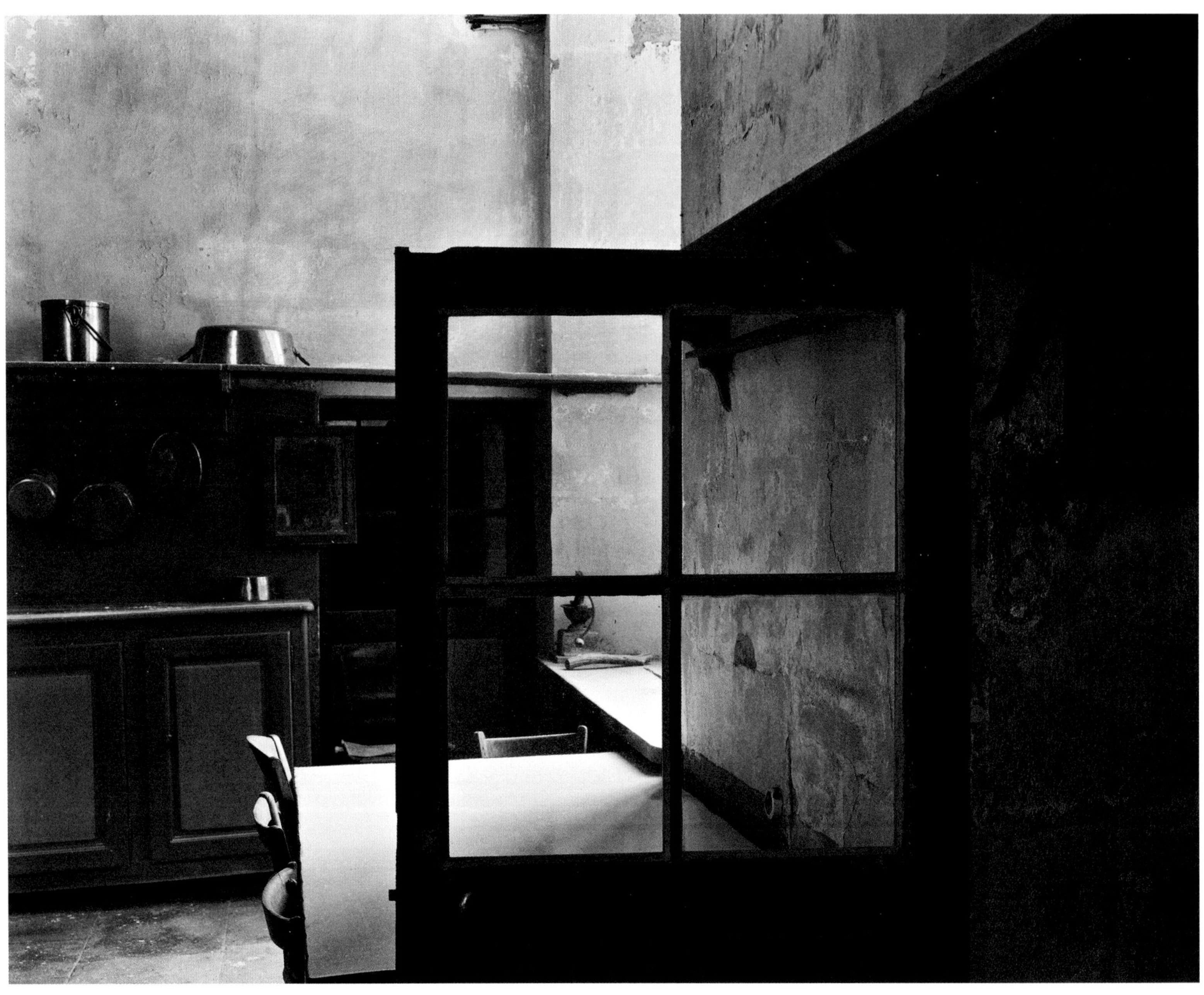

Kitchen Interior
Chastellux, France
1985

Passaggi   Passages

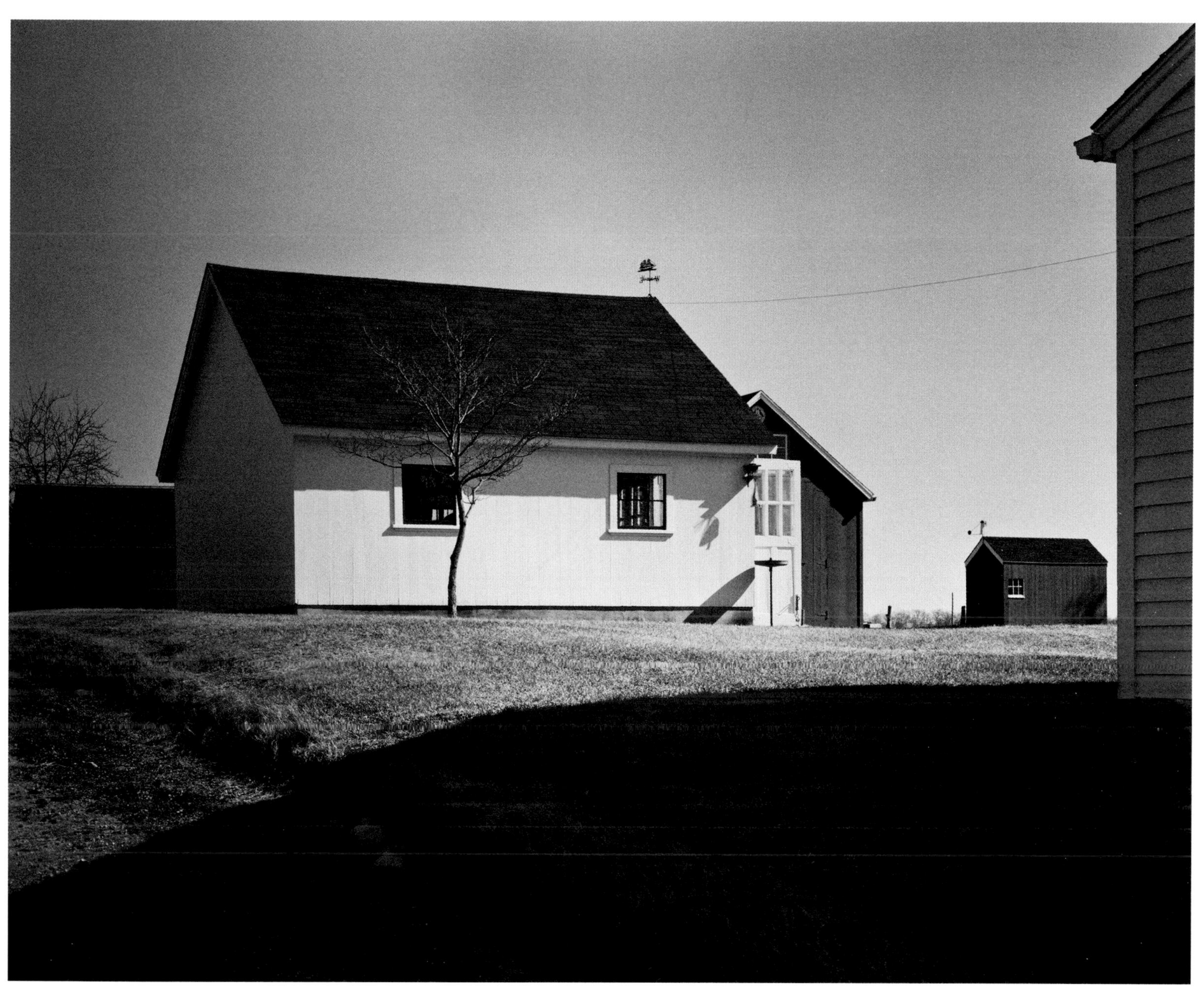

Garage, Afternoon Light
Waterside, Connecticut
1977

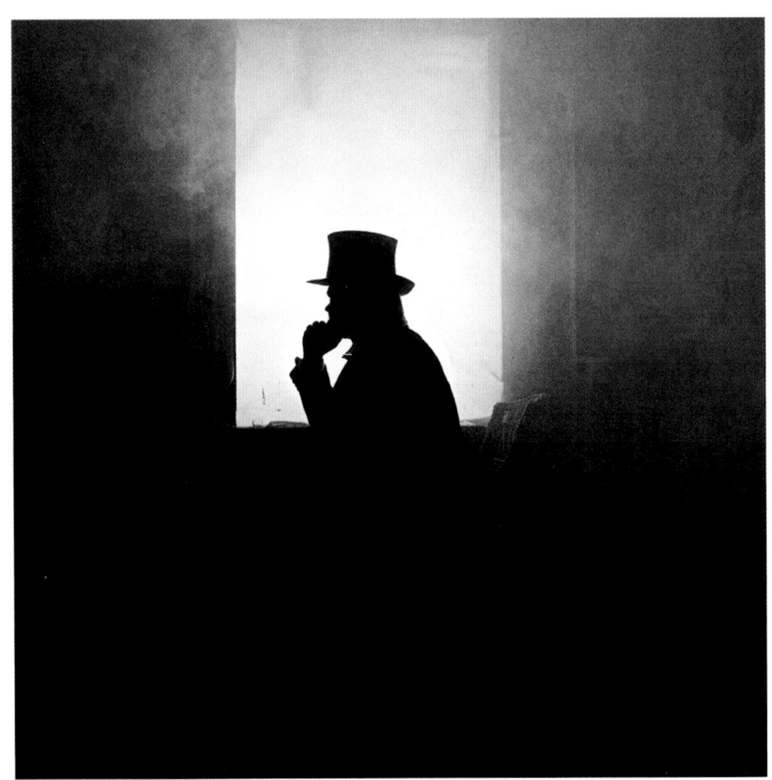 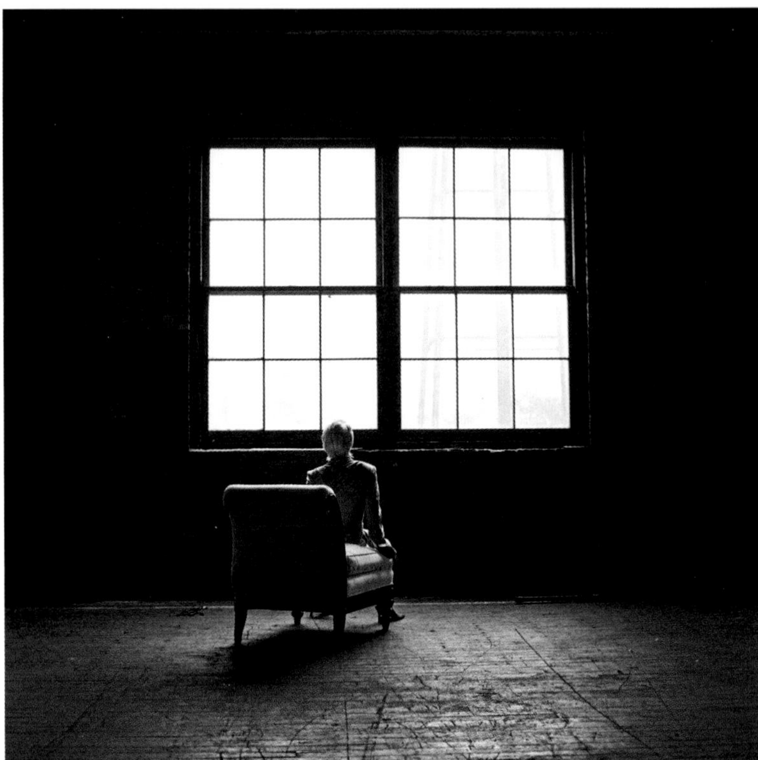

Dmitri Seated by Window
Snedens Landing, New York
1999

Cyndi Seated by Window
Brooklyn, New York
2003

Passaggi   Passages

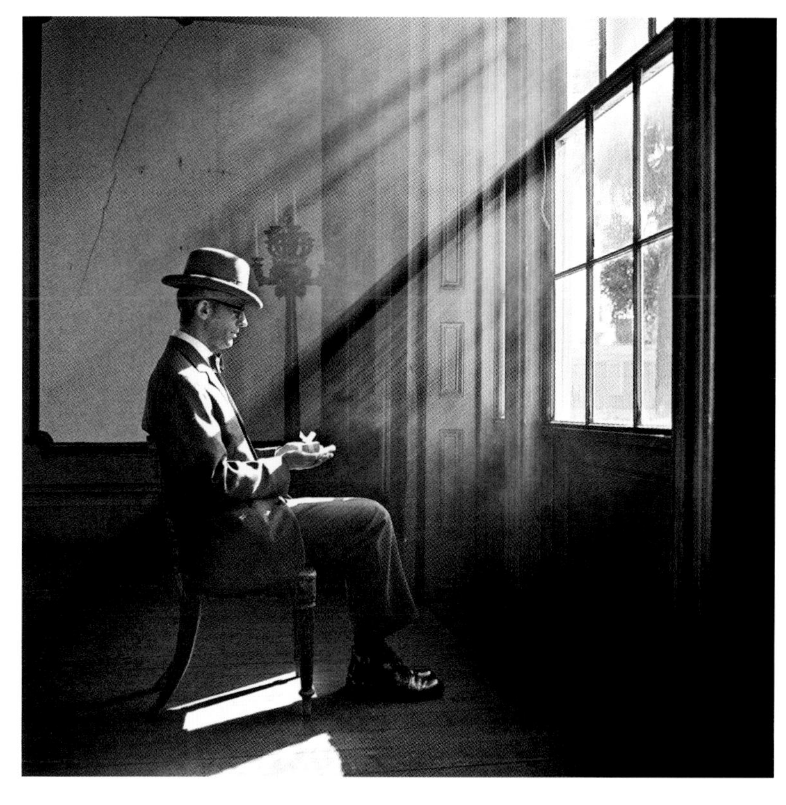

A. J. Seated Holding Gift
Charleston, South Carolina
2000

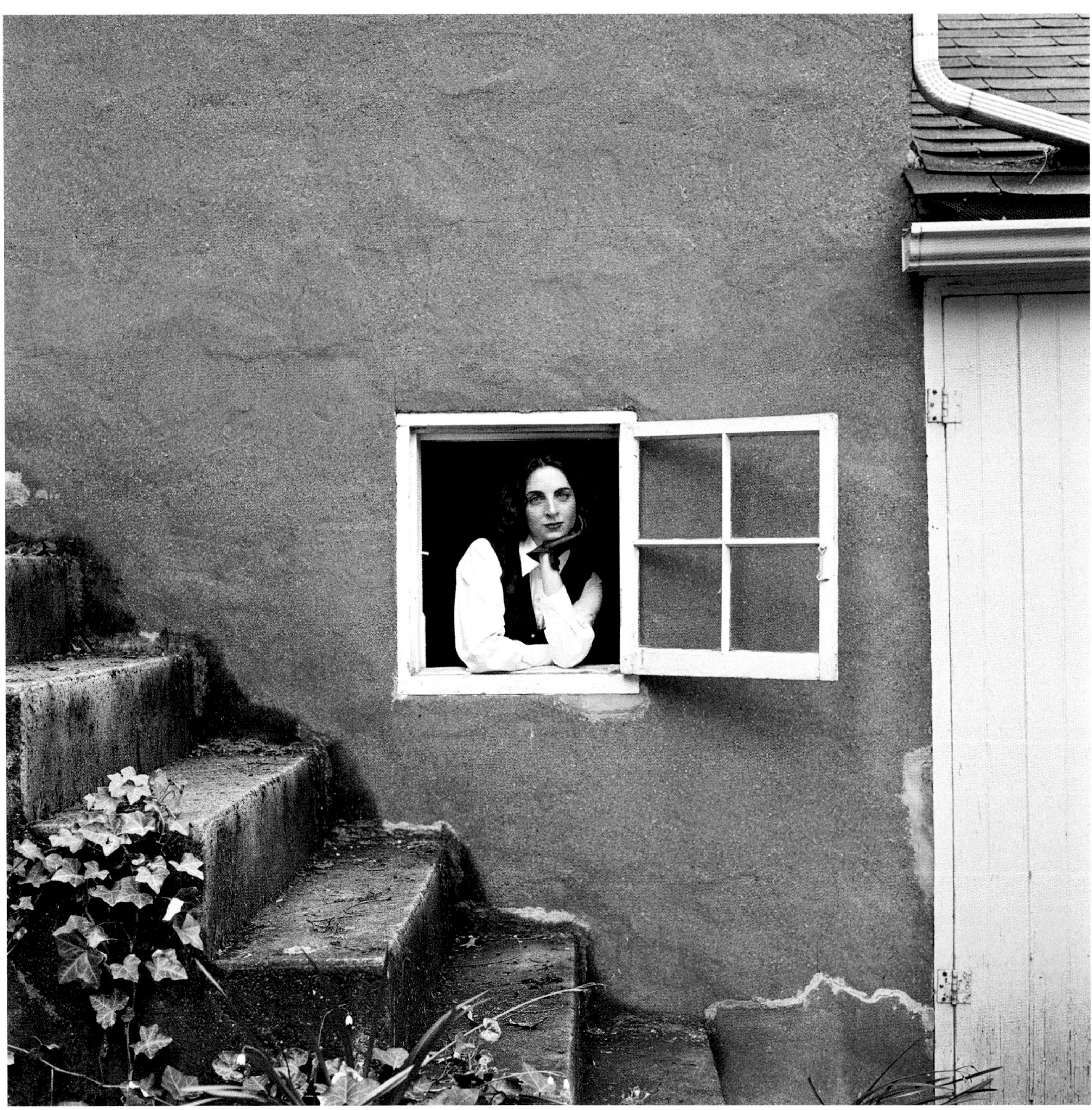

Pamela in Window
Snedens Landing, New York
1996

Passaggi   Passages

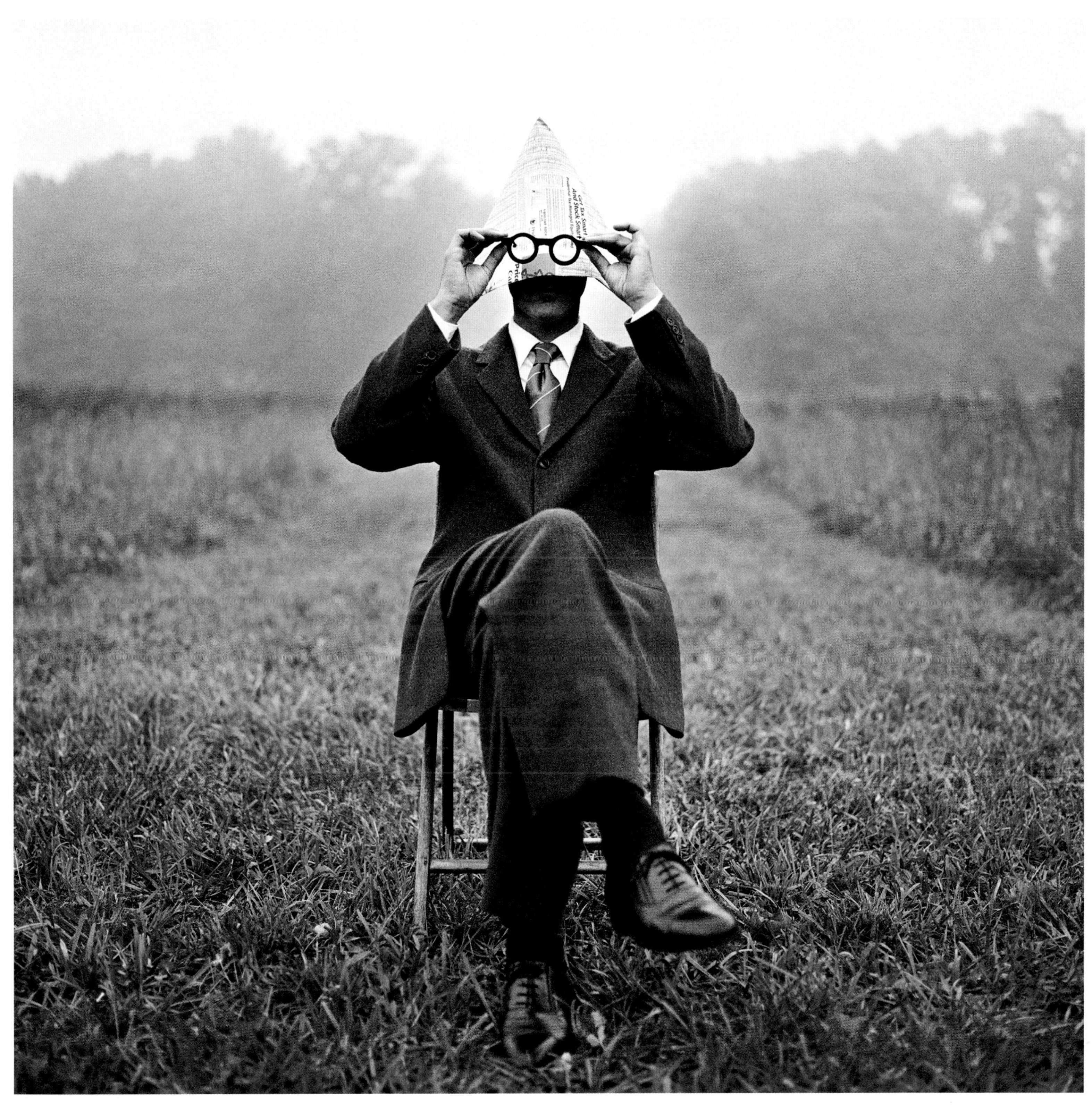

Man with Newspaper Hat
Monkton, Maryland
1999

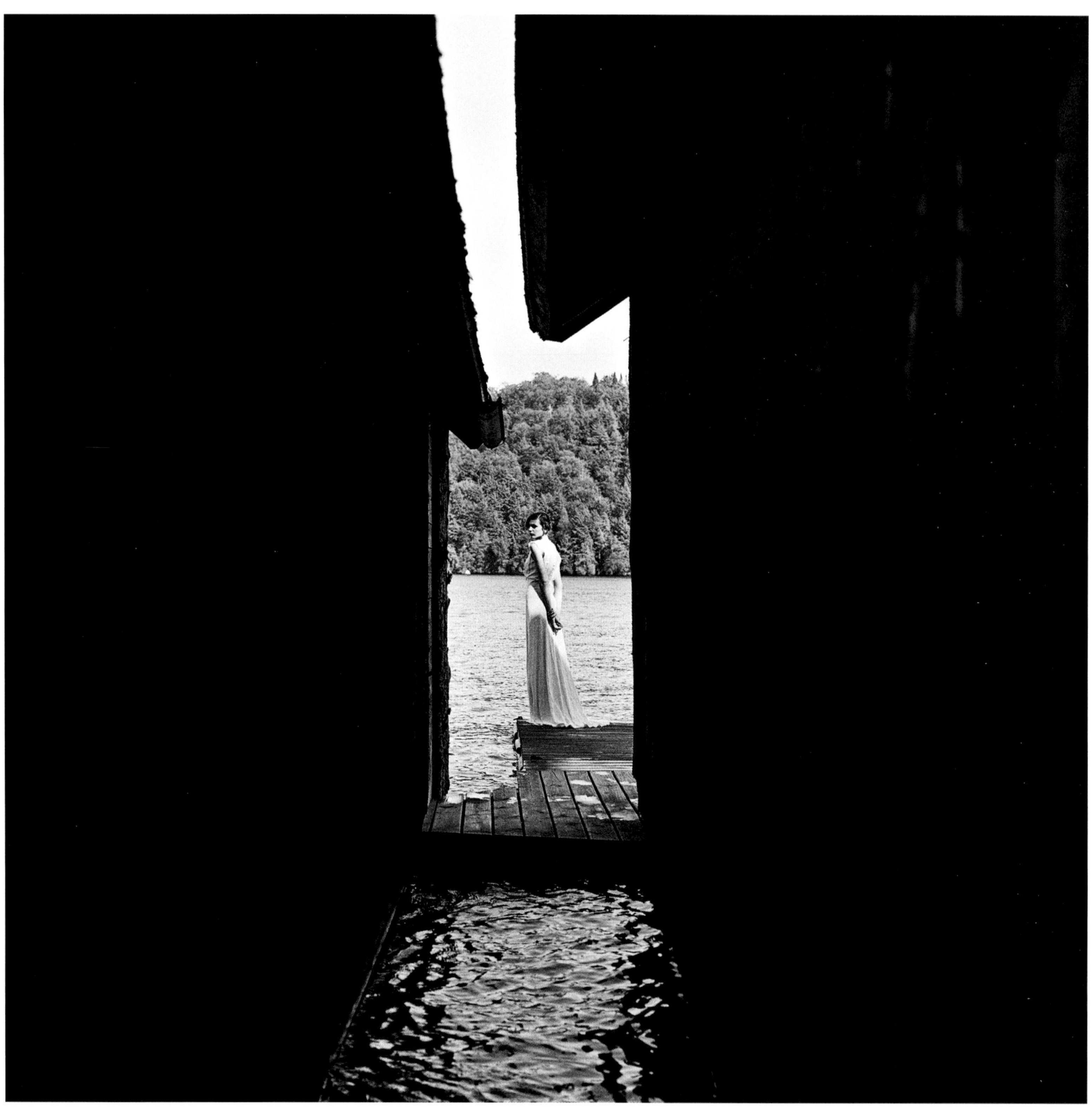

Laura with Hands behind Back
Lake Placid, New York
2006

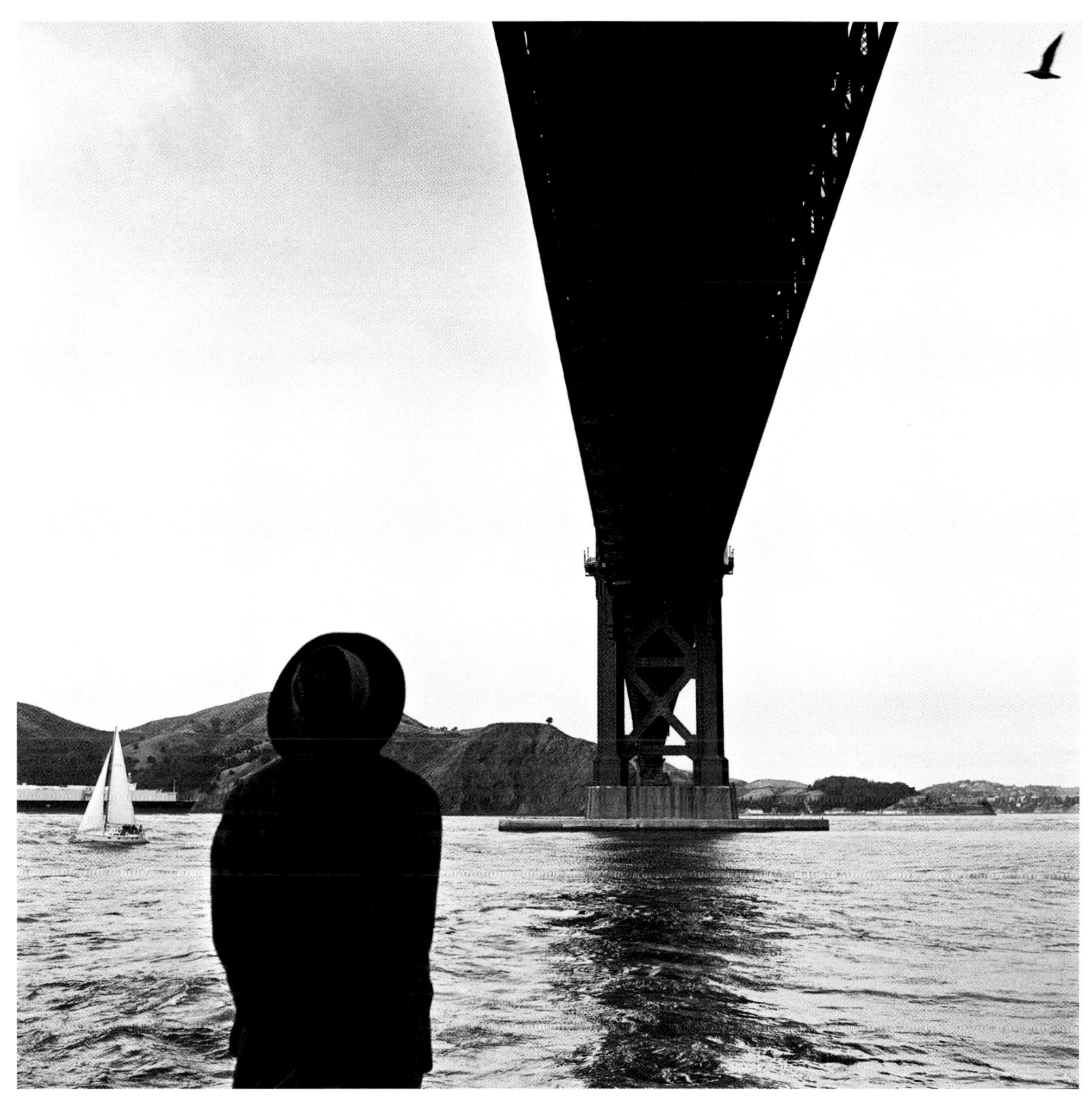

Clark under the Golden Gate Bridge
San Francisco, California
1996

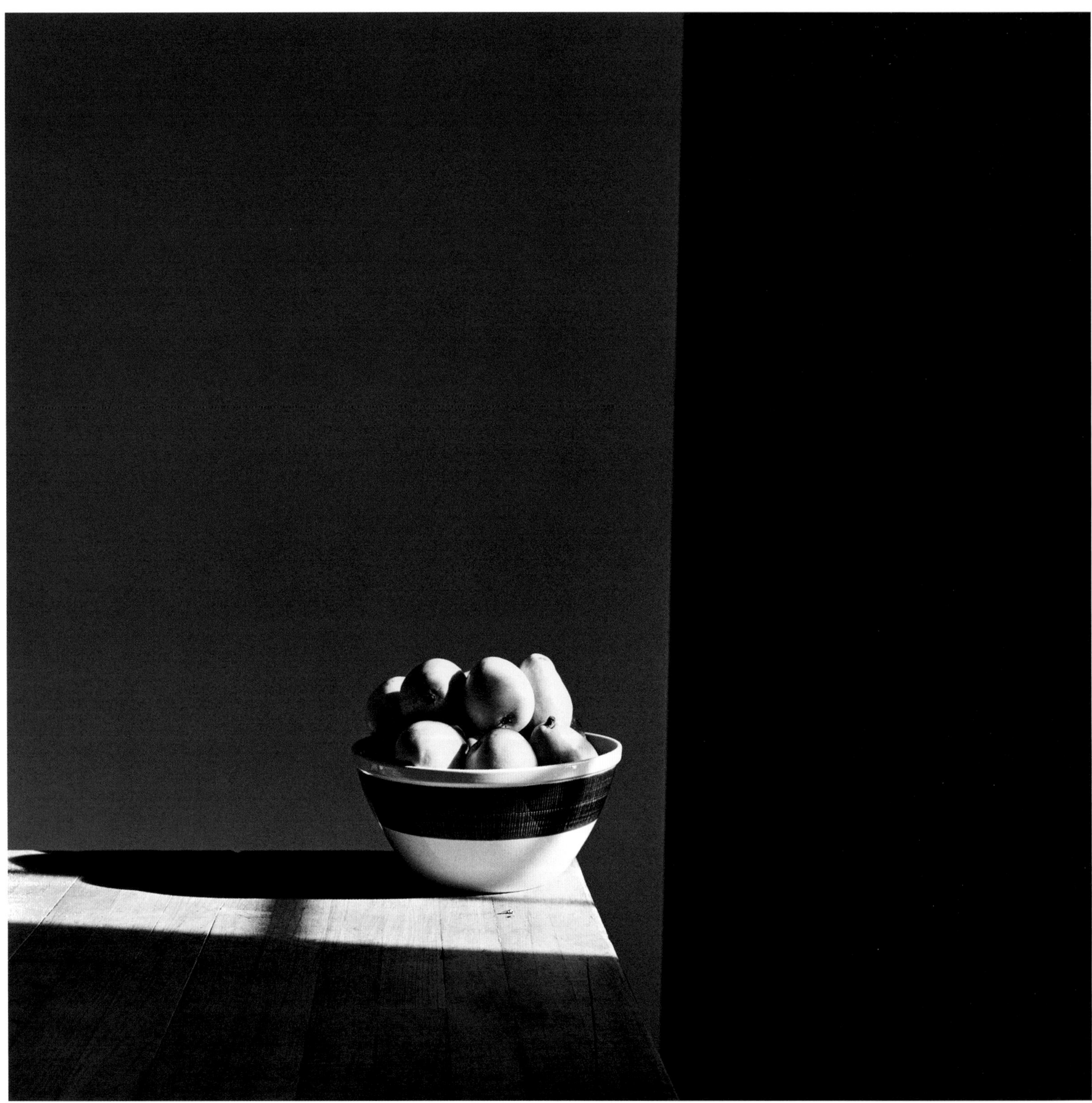

Pears
Clinton, Connecticut
1974

Passaggi   Passages

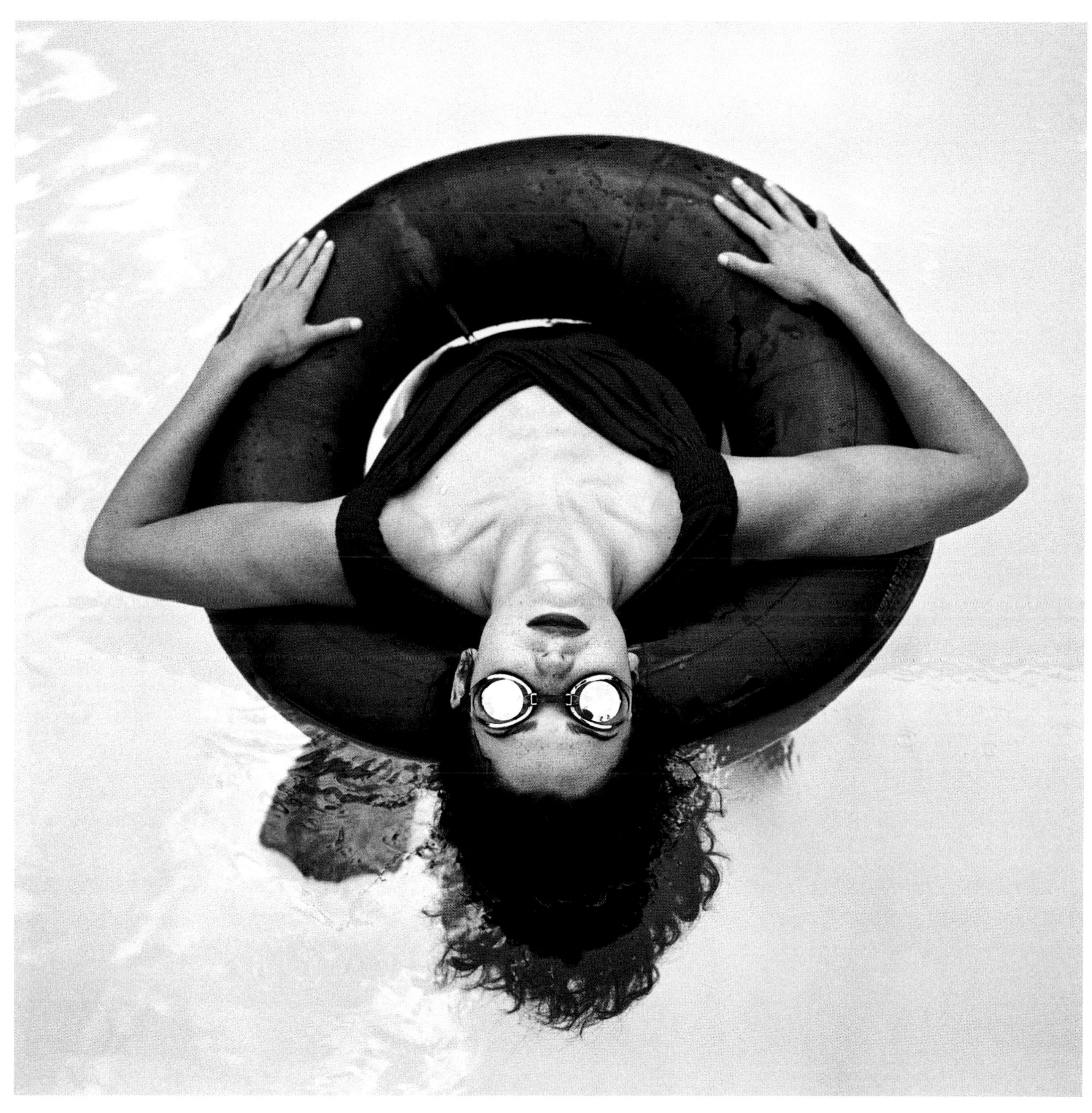

Zoe in Innertube
Snedens Landing, New York
2005

Apparati
Appendix

OPERE IN MOSTRA
EXHIBITION CHECKLIST

Tutte le stampe esposte in mostra sono state realizzate nel 2024 da Patricia Barrett presso la Estate of Rodney Smith, su carta Moab Juniper Baryta Rag 305, con una Epson P20000. Le informazioni in didascalia includono il titolo, il luogo, la data del negativo, le dimensioni dell'immagine (in centimetri, seguiti da pollici tra parentesi), le dimensioni del passepartout (in centimetri, seguiti da pollici tra parentesi). Nelle dimensioni indicate, l'altezza precede la larghezza.

All prints in this exhibition were made by Patricia Barrett at the Estate of Rodney Smith, on Moab Juniper Baryta Rag 305 paper, on an Epson P20000, in 2024. Caption information includes title, location, date of negative, image size (in centimeters followed by inches in parentheses) and mat size (in centimeters followed by inches in parentheses). In the given dimensions, height precedes width.

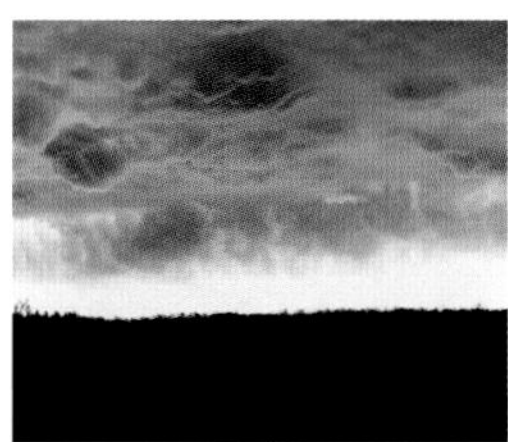

Storm Cloud
Clinton, Connecticut
1973
76,2 × 89,1 (30 × 35.1)
106,6 × 119,6 (42 × 47.1)

p. 53

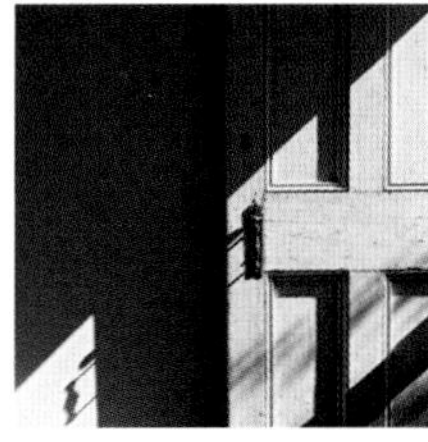

Open Door
Waterside, Connecticut
1975
38,1 × 38,1 (15 × 15)
69 × 69 (27.1 × 27.1)

p. 54

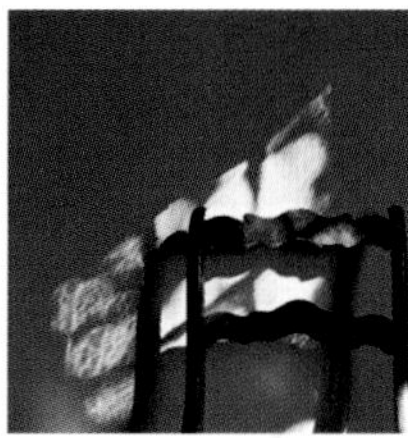

Chair, Dining Room
Waterside, Connecticut
1976
38,1 × 38,1 (15 × 15)
69 × 69 (27.1 × 27.1)

p. 55

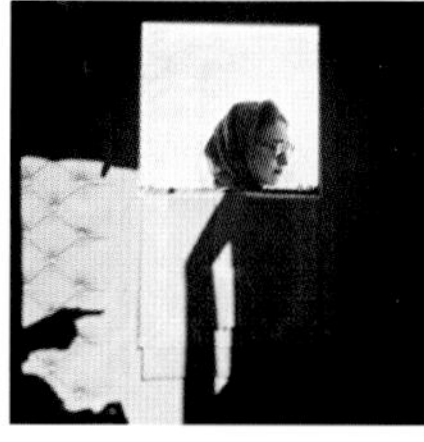

Karen in Profile
Amenia, New York
2011
38,1 × 38,1 (15 × 15)
69 × 69 (27.1 × 27.1)

p. 56

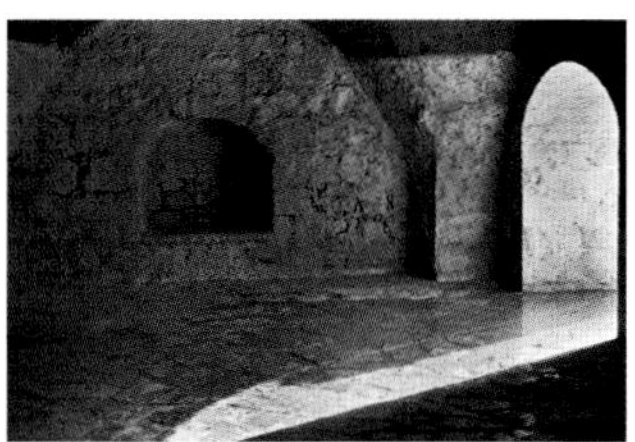

Courtyard
Jewish Quarter, Jerusalem, Israel
1976
38,1 × 55,6 (15 × 21.9)
69 × 86,5 (27.1 × 34)

p. 57

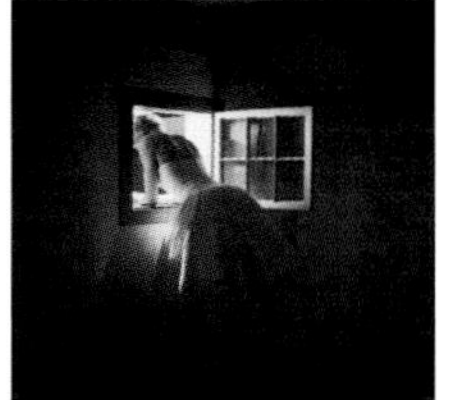

Nelly Leaning out a Window
Hancock Shaker Village, Massachusetts
2005
38,1 × 38,1 (15 × 15)
69 × 69 (27.1 × 27.1)

p. 58

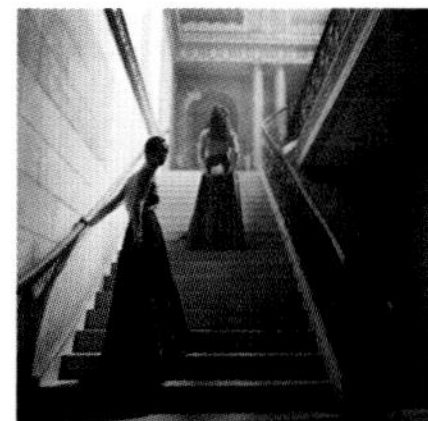

Two Women on Staircase
Yonkers, New York
2000
76,2 × 76,2 (30 × 30)
106,6 × 106,6 (42 × 42)

p. 59

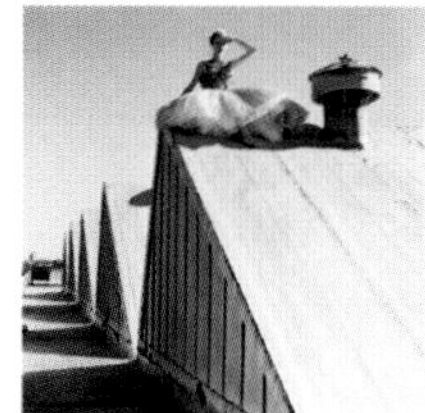

Edythe Seated on Rooftop
New York, New York
2008
38,1 × 38,1 (15 × 15)
69 × 69 (27.1 × 27.1)

p. 60

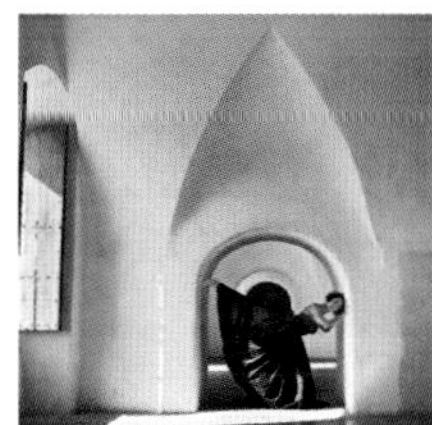

Melissa in Archway
Old San Juan, Puerto Rico
2005
38,1 × 38,1 (15 × 15)
69 × 69 (27.1 × 27.1)

p. 60

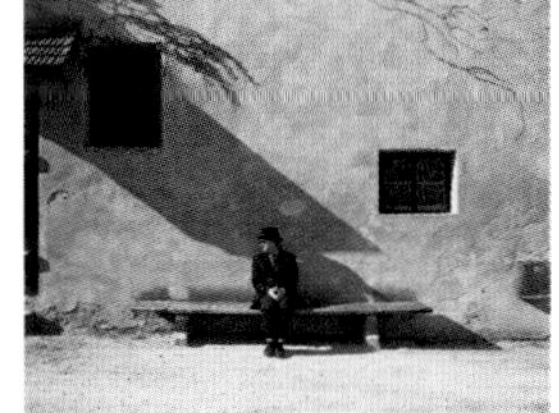

Jonah Seated on Bench
Salzburg, Austria
1998
38,1 × 47,2 (15 × 18.6)
53 × 62,1 (20.8 × 24.4)

p. 61

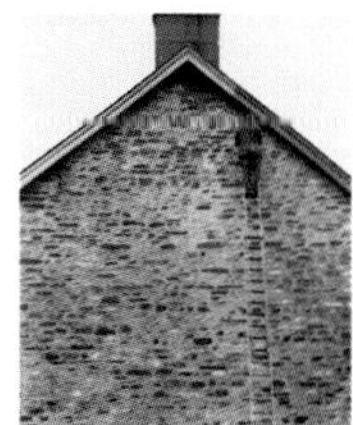

Man on Ladder
near Haverfordwest, South Wales,
United Kingdom
1980
38,1 × 30,2 (15 × 11.9)
69 × 60,9 (27.1 × 24)

p. 62

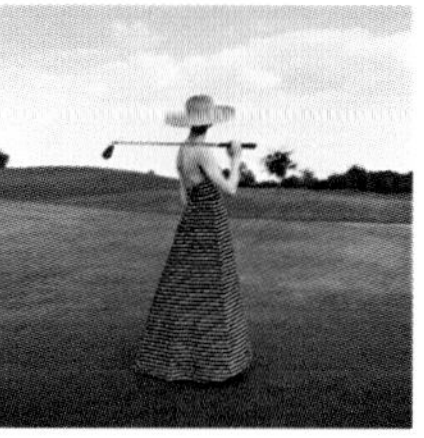

Caroline Golfing in Striped Dress
St. Augustine, Florida
2002
38,1 × 38,1 (15 × 15)
69 × 69 (27.1 × 27.1)

p. 63

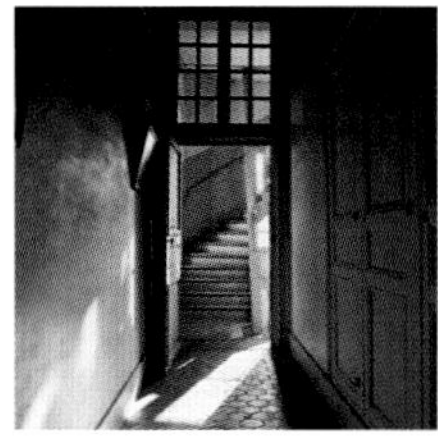

Hallway
Vaux-le-Vicomte, France
2004
12,7 × 12,7 (5 × 5)
53 × 53 (20.8 × 20.8)

p. 64

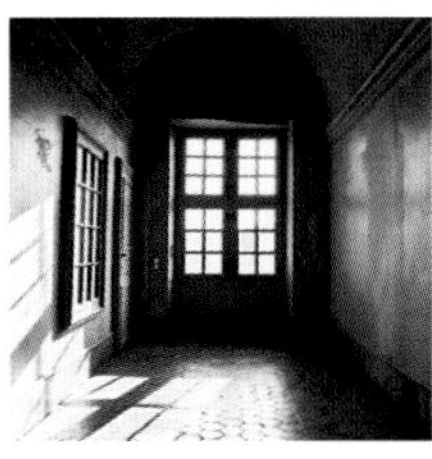

Window
Vaux-le-Vicomte, France
2004
12,7 × 12,7 (5 × 5)
53 × 53 (20.8 × 20.8)

p. 64

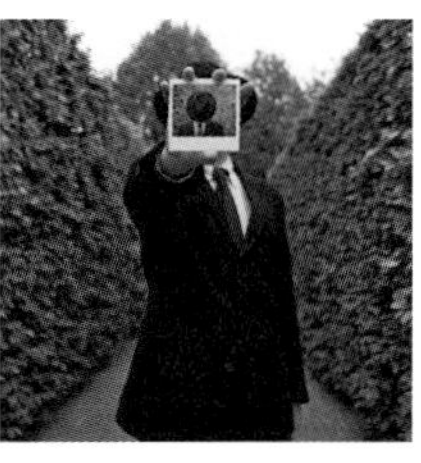

Jonah Holding Polaroid over Face No. 1
Vienna, Austria
1998
38,1 × 38,1 (15 × 15)
69 × 69 (27.1 × 27.1)

p. 65

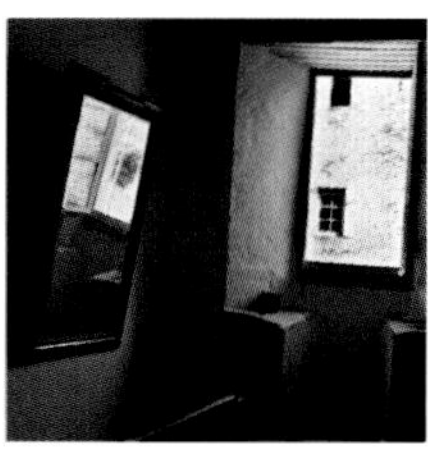

Interior
Limeuil, France
1985
76,2 × 76,2 (30 × 30)
106,6 × 106,6 (42 × 42)

p. 66

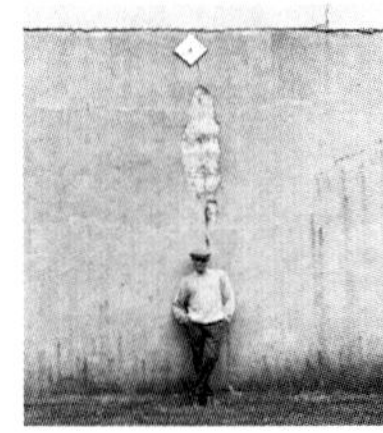

*Peter with Hands in Pockets
Leaning against Wall
Hancock Shaker Village, Massachusetts*
1993
38,1 × 43,6 (15 × 17.2)
53 × 58,4 (20.8 × 23)

p. 67

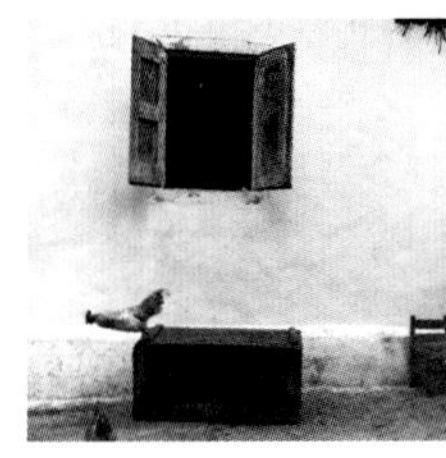

*Chicken
La Vallée, Haiti*
1982
76,2 × 76,2 (30 × 30)
106,6 × 106,6 (42 × 42)

p. 69

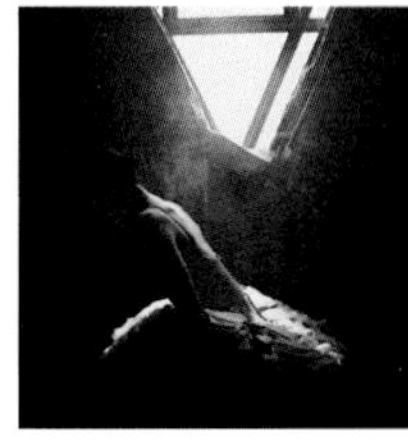

*Deanna Leaning beneath Window
The Cloudroom, New York, New York*
1999
12,7 × 12,7 (5 × 5)
53 × 53 (20.8 × 20.8)

p. 70

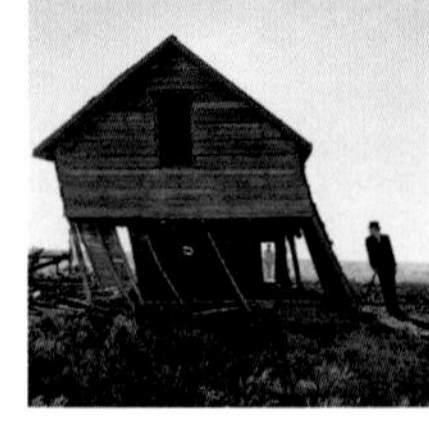

*Leaning House
Alberta, Canada*
2004
12,7 × 12,7 (5 × 5)
53 × 53 (20.8 × 20.8)

p. 71

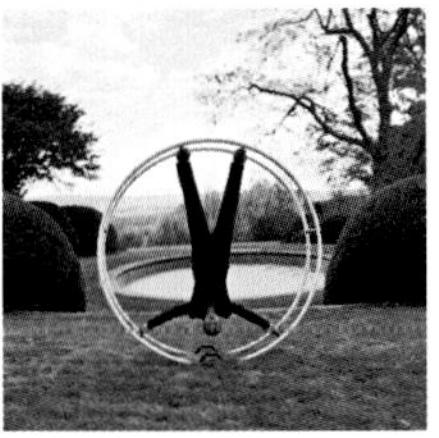

*Kelsey Upside-down
Amenia, New York*
2013
12,7 × 12,7 (5 × 5)
53 × 53 (20.8 × 20.8)

p. 72

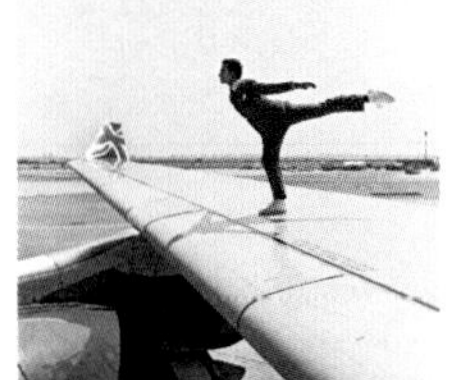

*Reed Balancing on Airplane Wing
JFK, New York*
2007
12,7 × 12,7 (5 × 5)
53 × 53 (20.8 × 20.8)

p. 73

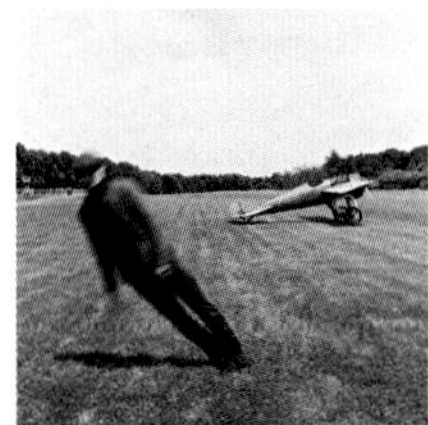

*Robert Falling
Rhinebeck, New York*
2009
12,7 × 12,7 (5 × 5)
53 × 53 (20.8 × 20.8)

p. 74

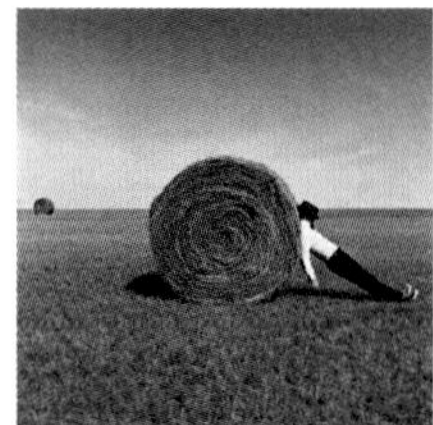

*Man Leaning against Hay Bale
Alberta, Canada*
2004
12,7 × 12,7 (5 × 5)
53 × 53 (20.8 × 20.8)

p. 74

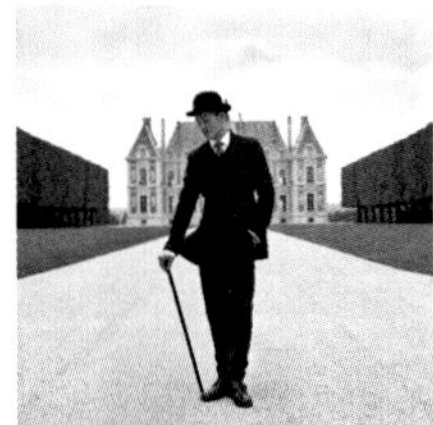

*Gary with Cane
Parc de Sceaux, France*
1995
12,7 × 12,7 (5 × 5)
53 × 53 (20.8 × 20.8)

p. 75

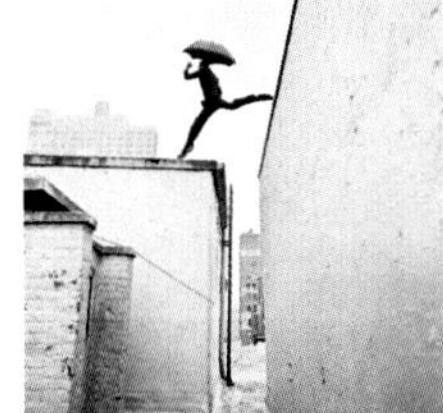

*Reed Leaping over Rooftop
New York, New York*
2007
12,7 × 12,7 (5 × 5)
53 × 53 (20.8 × 20.8)

p. 76

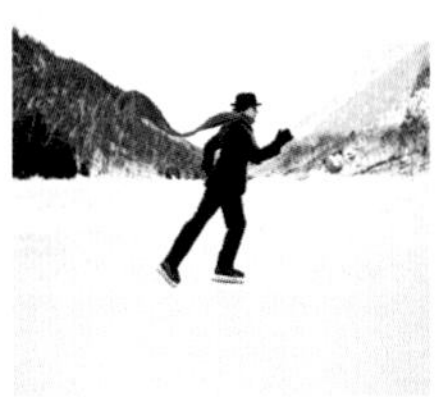

*Reed Ice Skating No. 2
Lake Placid, New York*
2008
12,7 × 14,9 (5 × 5.9)
53 × 55,1 (20.8 × 21.7)

p. 76

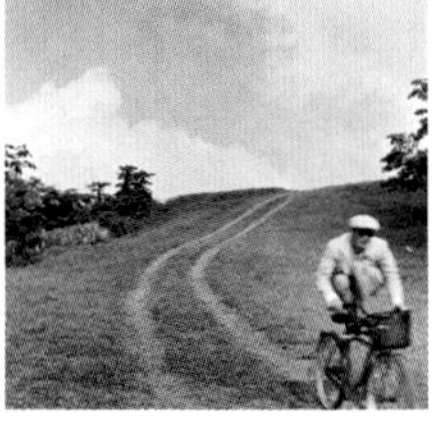

*Jimmy Riding Bicycle Down Hill
Dominican Republic*
2010
12,7 × 12,7 (5 × 5)
53 × 53 (20.8 × 20.8)

p. 77

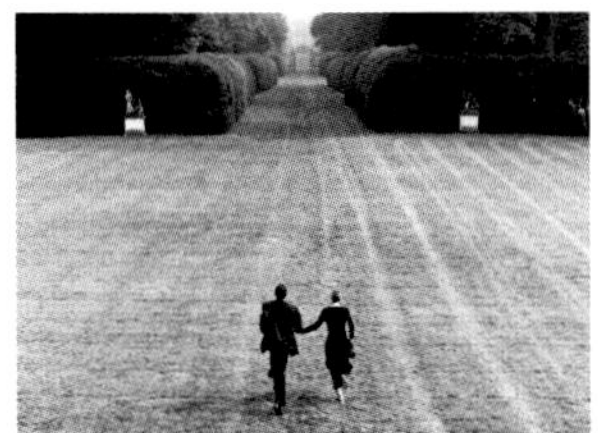

*Couple Running from Behind
Westbury Gardens, New York*
1992
76,2 × 103,1 (30 × 40.6)
106,6 × 133,5 (42 × 52.5)

p. 78

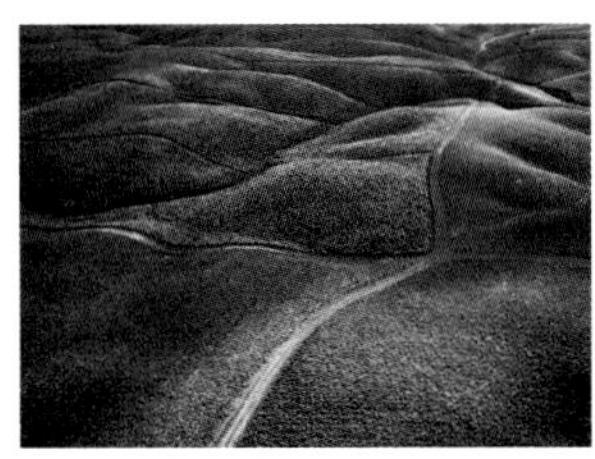

*Hills from Above
Dominican Republic*
2010
38,1 × 47,2 (15 × 18.6)
69 × 77,9 (27.1 × 30.7)

p. 79

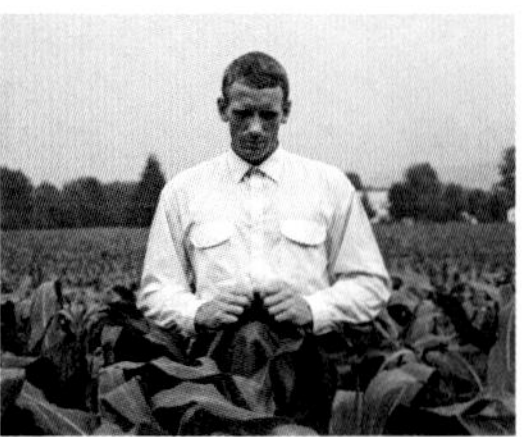

*Peter in Cornfield
Hancock Shaker Village, Massachusetts*
1993
38,1 × 46,9 (15 × 18.5)
69 × 77,8 (27.1 × 30.6)

p. 80

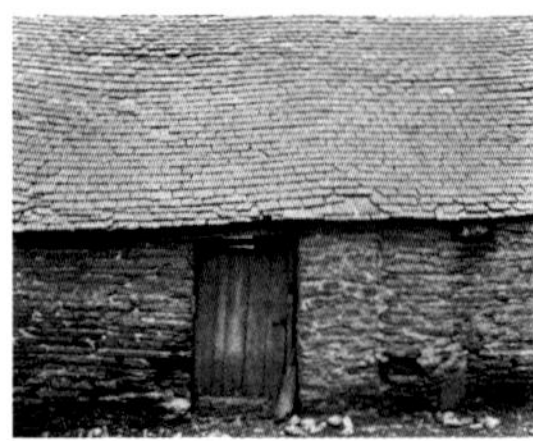

*Penlwn Farm
Llaithdu, Wales, United Kingdom*
1980
38,1 × 47,7 (15 × 18.8)
69 × 78,4 (27.1 × 30.9)

p. 81

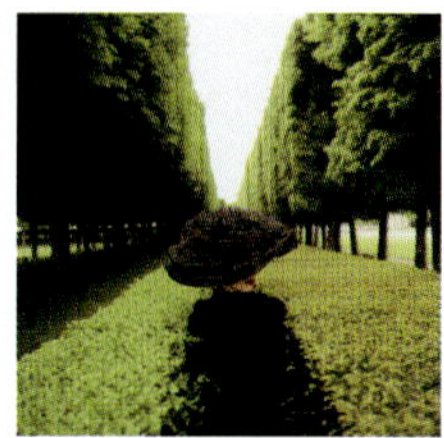

Woman with Hat between Hedges
Parc de Sceaux, France
2004
76,2 × 76,2 (30 × 30)
106,6 × 106,6 (42 × 42)

p. 83

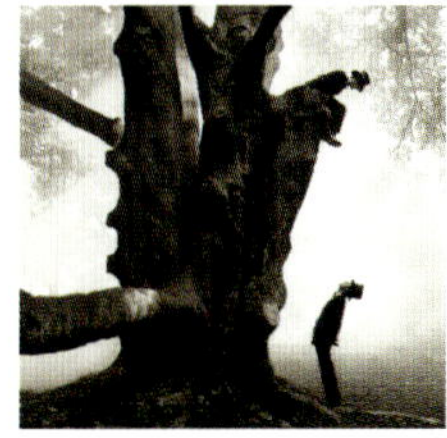

Twins in Tree
Snedens Landing, New York
1999
38,1 × 38,1 (15 × 15)
69 × 69 (27.1 × 27.1)

p. 84

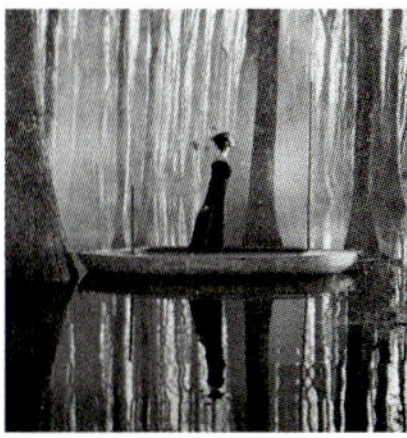

Danielle in Boat
Beaufort, South Carolina
1996
38,1 × 38,1 (15 × 15)
69 × 69 (27.1 × 27.1)

p. 85

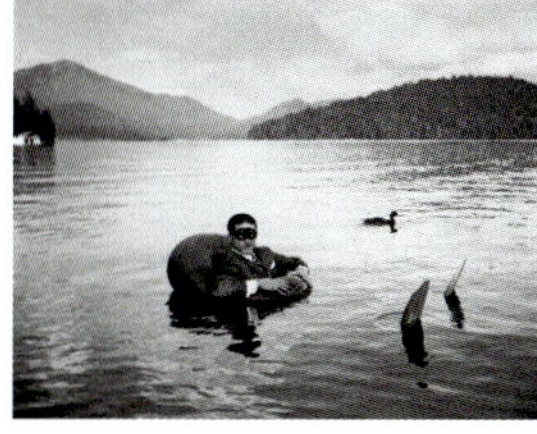

James in Innertube with Duck
Lake Placid, New York
2006
76,2 × 95,5 (30 × 37.6)
106,6 × 125,9 (42 × 49.6)

p. 86

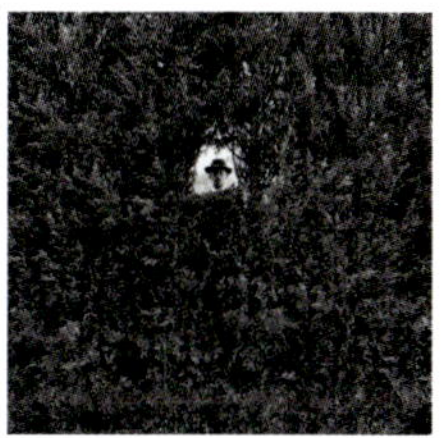

A. J. through Hedge
Westbury Gardens, New York
2000
38,1 × 38,1 (15 × 15)
69 × 69 (27.1 × 27.1)

p. 87

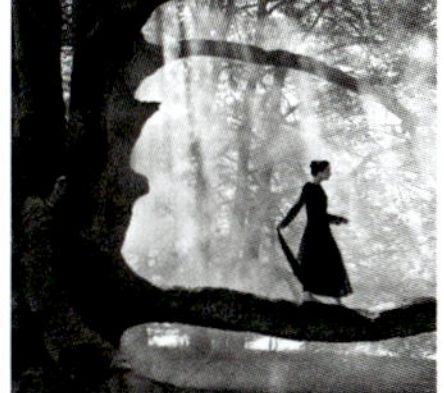

Woman Balancing on Tree Limb
Snedens Landing, New York
1998
38,1 × 38,1 (15 × 15)
69 × 69 (27.1 × 27.1)

p. 87

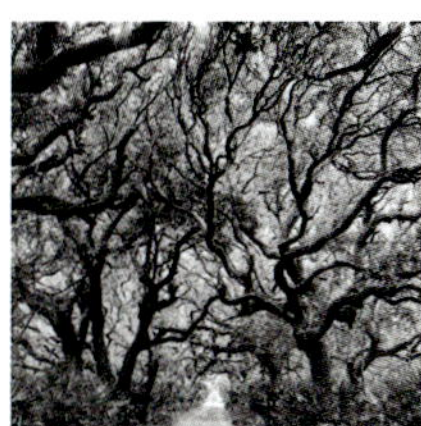

Trees
Cumberland Island, Georgia
1991
38,1 × 38,1 (15 × 15)
69 × 69 (27.1 × 27.1)

p. 88

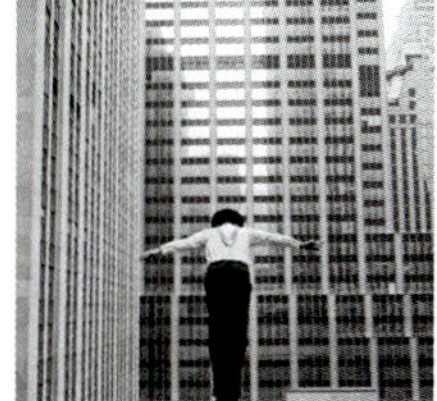

Reed on Ledge
New York, New York
2007
38,1 × 38,1 (15 × 15)
69 × 69 (27.1 × 27.1)

p. 89

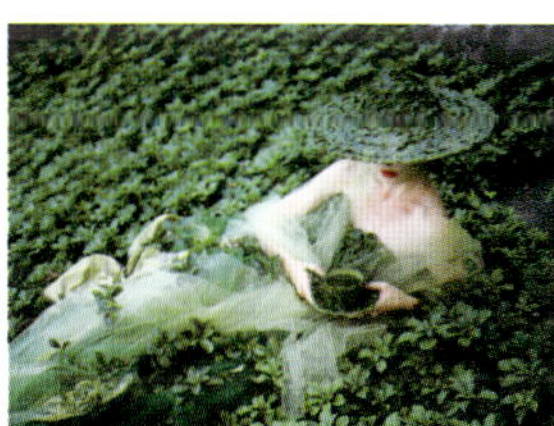

Erin in Green
Snedens Landing, New York
2014
76,2 × 91,4 (30 × 36)
106,5 × 121,7 (42 × 47.9)

p. 90

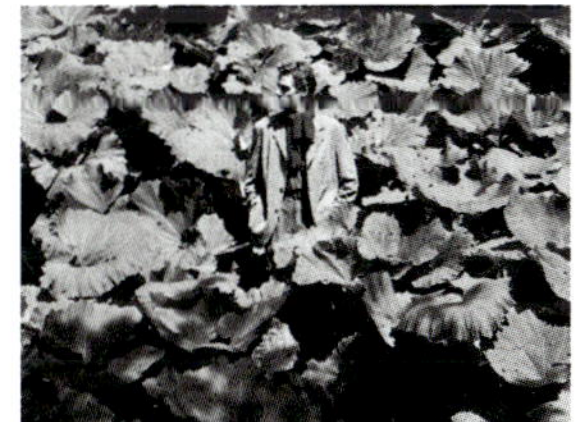

Don Standing in Leaves No. 1
Stockbridge, Massachusetts
1997
76,2 × 91,4 (30 × 36)
106,5 × 121,7 (42 × 47.9)

p. 91

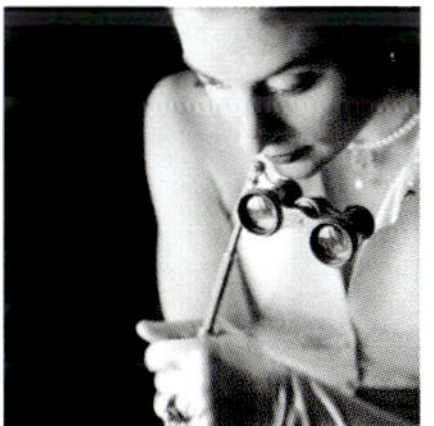

Caroline with Opera Glasses No. 2
Charleston, South Carolina
2000
38,1 × 38,1 (15 × 15)
69 × 69 (27.1 × 27.1)

p. 92

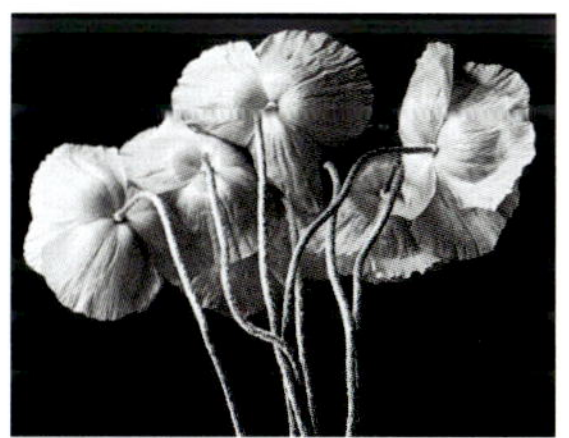

Red Poppies
Waterside, Connecticut
1978
38,1 × 53,3 (15 × 21)
69 × 84 (27.1 × 33.1)

p. 92

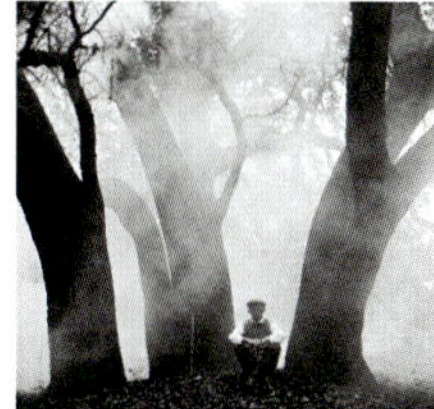

A. J. Seated by Trees,
St. Augustine, Florida
2002
12,7 × 12,7 (5 × 5)
53 × 53 (20.8 × 20.8)

p. 93

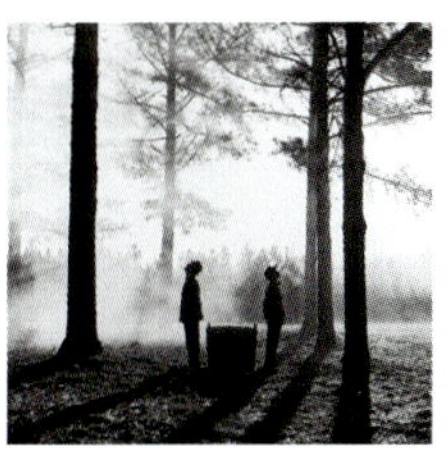

Two Men in Forest
Brunswick, Georgia
2001
76,2 × 76,2 (30 × 30)
106,6 × 106,6 (42 × 42)

p. 94

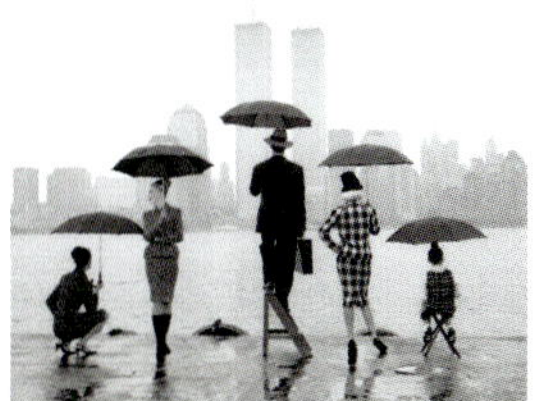

Skyline
Hudson River, New York
1995
76,2 × 94,7 (30 × 37.3)
106,6 × 125,2 (42 × 49.3)

p. 95

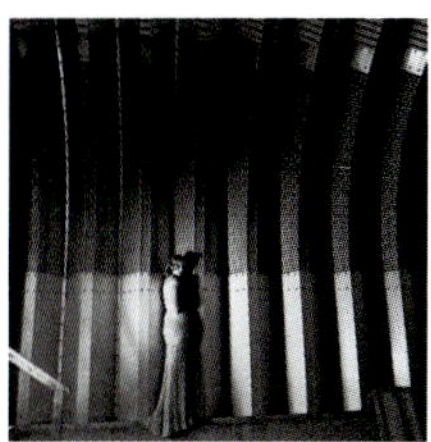

Ingrid Leaning against Wall No. 2
Rhinebeck, New York
2009
76,2 × 76,2 (30 × 30)
106,6 × 106,6 (42 × 42)

p. 97

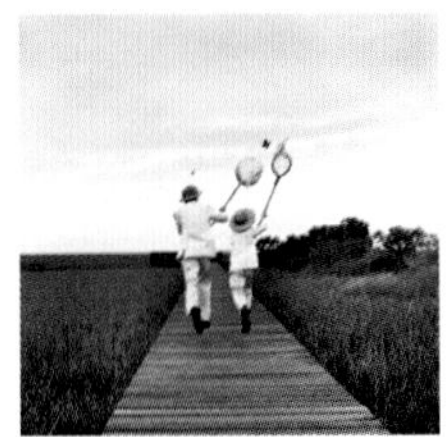

Gary and Henry Chasing Butterfly
Beaufort, South Carolina
1996
12,7 × 12,7 (5 × 5)
53 × 53 (20.8 × 20.8)

p. 98

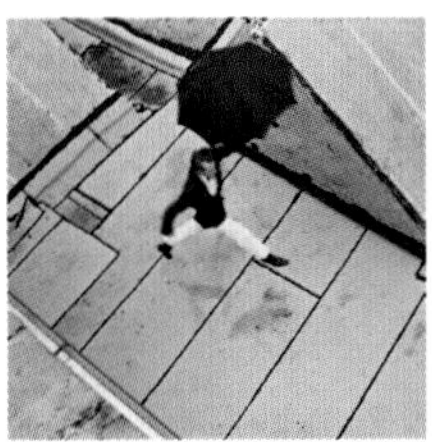

Nathan Leaping with Umbrella on Rooftop
New York, New York
2011
12,7 × 12,7 (5 × 5)
53 × 53 (20.8 × 20.8)

p. 98

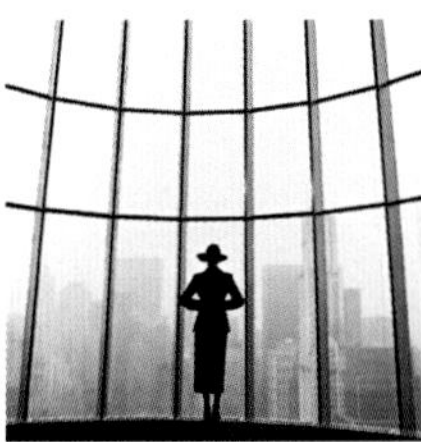

Woman in Front of Window from Behind
New York, New York
2000
12,7 × 12,7 (5 × 5)
53 × 53 (20.8 × 20.8)

p. 99

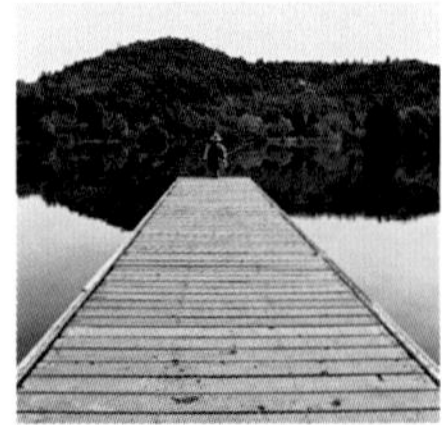

Fisherman Seated on Dock
Santa Rosa, California
1996
38,1 × 38,1 (15 × 15)
69 × 69 (27.1 × 27.1)

p. 100

Landscape
Rosh Pina, Israel
1976
38,1 × 38,1 (15 × 15)
69 × 69 (27.1 × 27.1)

p. 101

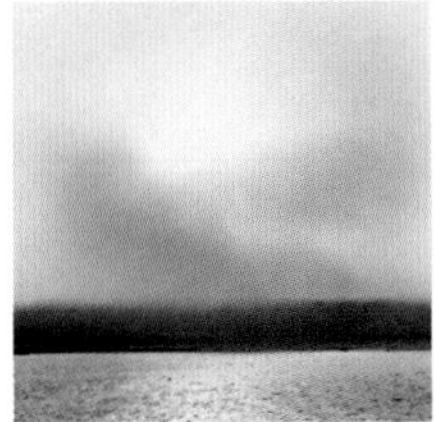

Harbor
Gloucester, Massachusetts
1989
38,1 × 38,1 (15 × 15)
69 × 69 (27.1 × 27.1)

p. 102

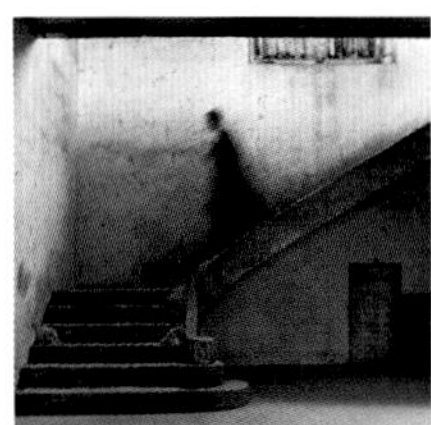

Gary Descending Staircase
Parc de Sceaux, France
1995
38,1 × 38,1 (15 × 15)
69 × 69 (27.1 × 27.1)

p. 103

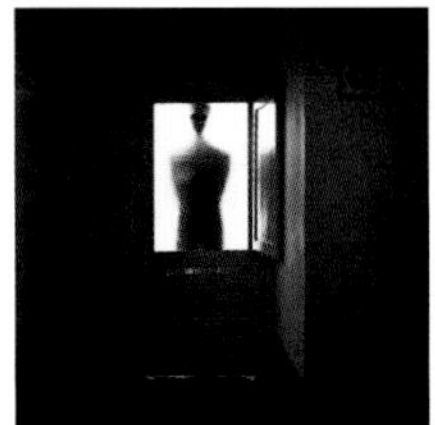

Jonah through Doorway
Siena, Italy
1998
12,7 × 12,7 (5 × 5)
53 × 53 (20.8 × 20.8)

p. 104

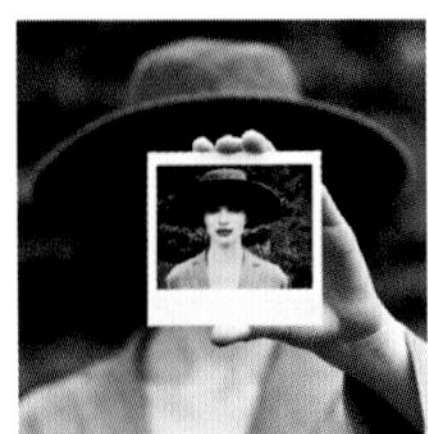

Woman Holding Polaroid in Front of Face
Snedens Landing, New York
1998
12,7 × 12,1 (5 × 4.8)
53 × 52,4 (20.8 × 20.6)

p. 104

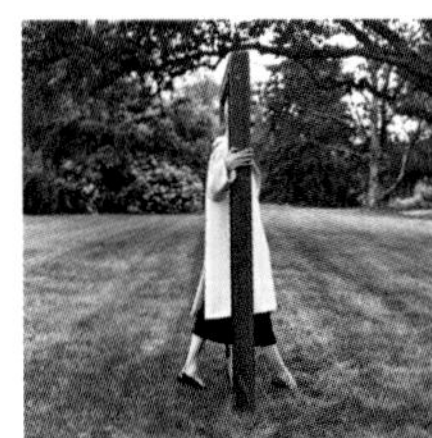

Woman Stepping through Doorway
Snedens Landing, New York
1998
38,1 × 48 (15 × 18.9)
69 × 78,7 (27.1 × 31)

p. 106

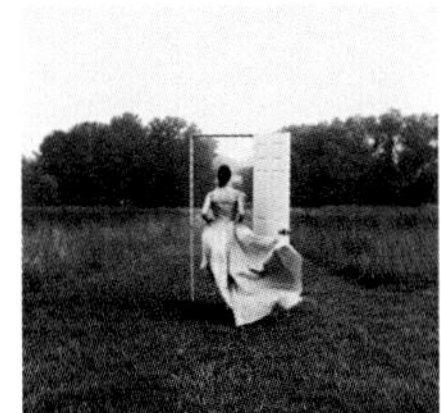

Caroline Running through Doorway
Monkton, Maryland
1999
38,1 × 38,1 (15 × 15)
69 × 69 (27.1 × 27.1)

p. 107

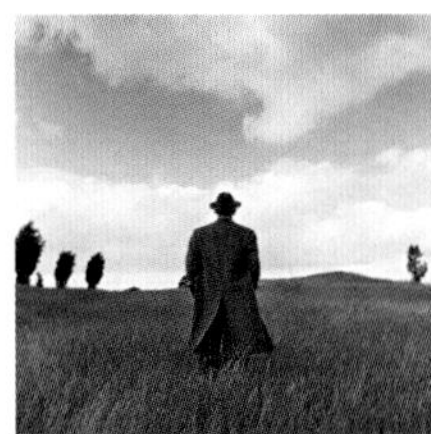

A. J. from Behind in Field
Harriman, New York
1994
12,7 × 12,7 (5 × 5)
53 × 53 (20.8 × 20.8)

p. 108

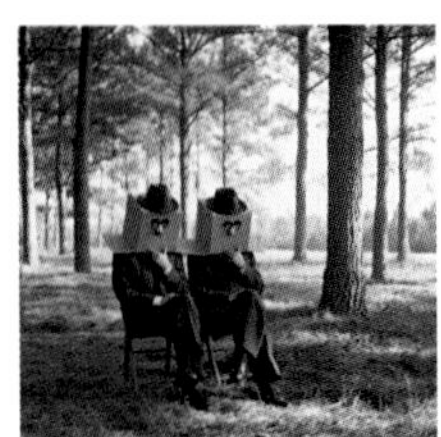

Men with Boxes on Head
Brunswick, Georgia
2001
12,7 × 12,7 (5 × 5)
53 × 53 (20.8 × 20.8)

p. 109

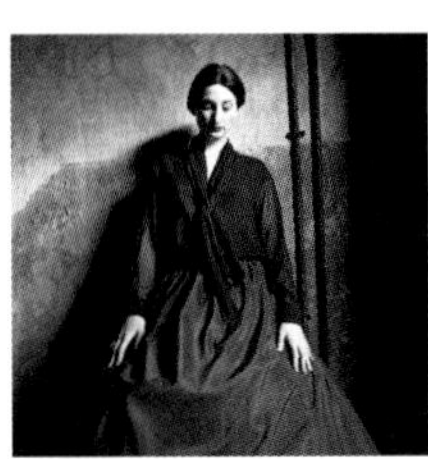

Bernadette Leaning against Wall
Brooklyn, New York
2000
76,2 × 76,2 (30 × 30)
106,6 × 106,6 (42 × 42)

p. 111

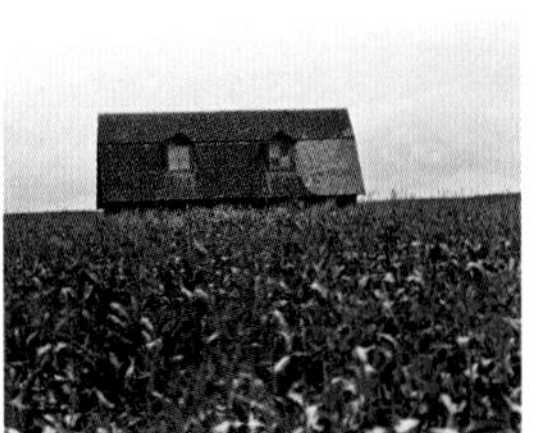

House
East Northfield, Massachusetts
1971
38,1 × 50,8 (15 × 20)
69 × 81,5 (27.1 × 32.1)

p. 112

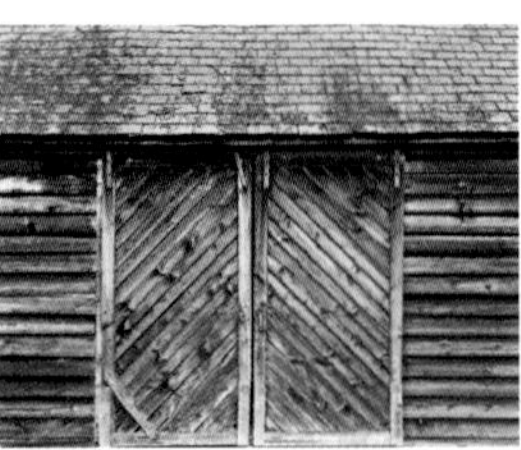

Abandoned Farm
near Crossgates, Mid Wales, United Kingdom
1980
38,1 × 48,2 (15 × 19)
69 × 78,9 (27.1 × 31)

p. 113

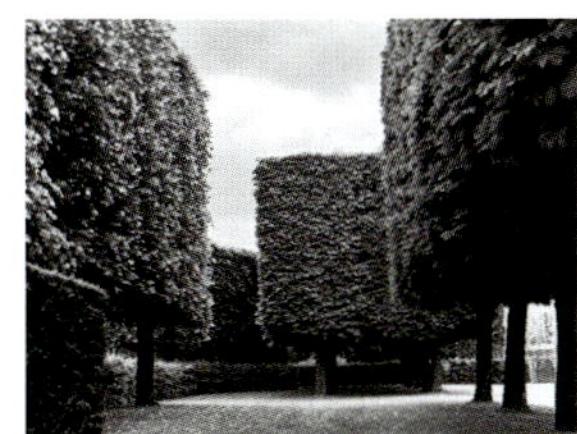

Landscape No. 1
Parc de Sceaux, France
1995
38,1 × 50,8 (15 × 20)
69 × 81,5 (27.1 × 32.1)

p. 114

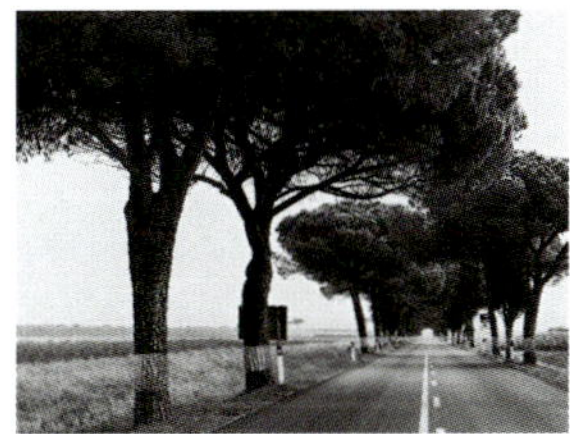

Road with Trees No. 3
Rome, Italy
1990
38,1 × 49,7 (15 × 19.6)
69 × 80,5 (27.1 × 31.7)

p. 115

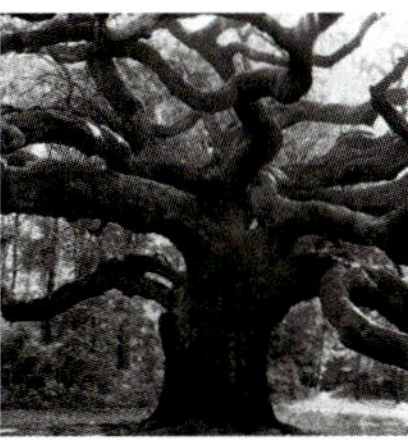

Angel Oak No. 2
Johns Island, South Carolina
1977
38,1 × 38,1 (15 × 15)
69 × 69 (27.1 × 27.1)

p. 116

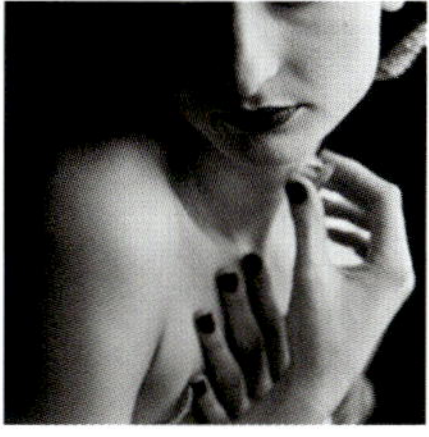

Bernadette Applying Perfume
Burden Mansion, New York, New York
1995
38,1 × 38,1 (15 × 15)
69 × 69 (27.1 × 27.1)

p. 116

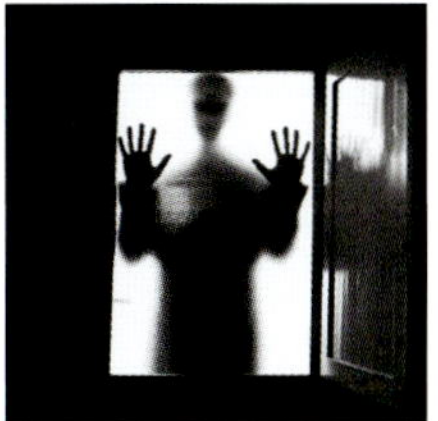

Jonah through Doorway No. 2
Siena, Italy
1998
38,1 × 38,1 (15 × 15)
69 × 69 (27.1 × 27.1)

p. 117

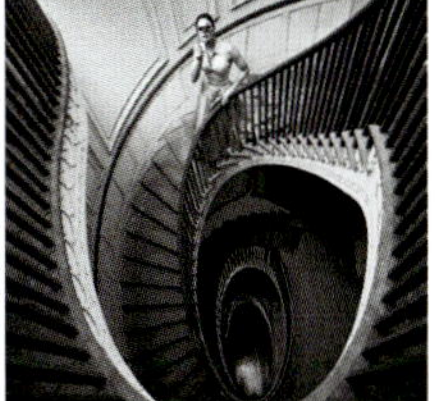

Caroline at the Top of Circular Staircase
Charleston, South Carolina
2000
38,1 × 38,1 (15 × 15)
69 × 69 (27.1 × 27.1)

p. 118

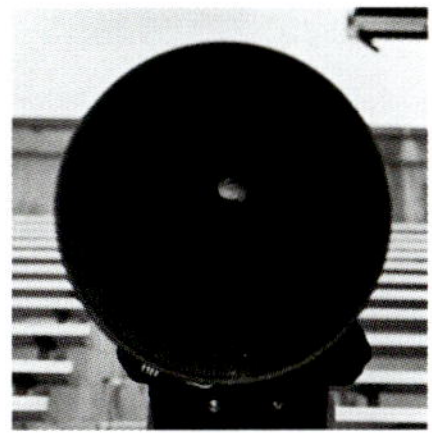

Eye through Megaphone
West Point, New York
1996
38,1 × 38,1 (15 × 15)
69 × 69 (27.1 × 27.1)

p. 119

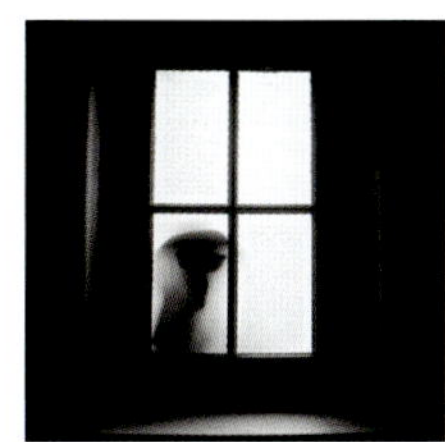

A. J. Looking through the Window
Harriman, New York
1998
38,1 × 38,1 (15 × 15)
69 × 69 (27.1 × 27.1)

p. 120

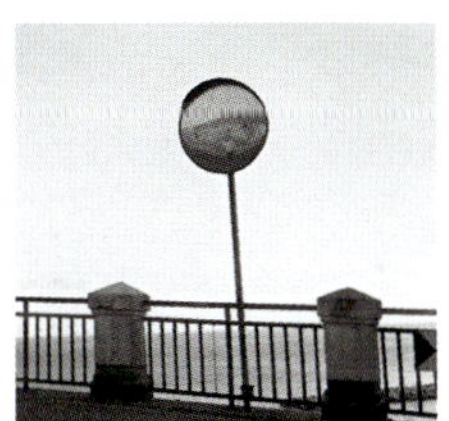

Jerome in Reflection
Amalfi, Italy
2007
38,1 × 38,1 (15 × 15)
69 × 69 (27.1 × 27.1)

p. 120

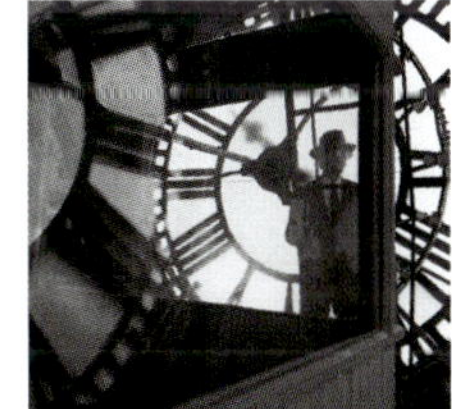

Colin inside Clock
New York, New York
2005
12,7 × 12,7 (5 × 5)
53 × 53 (20.8 × 20.8)

p. 121

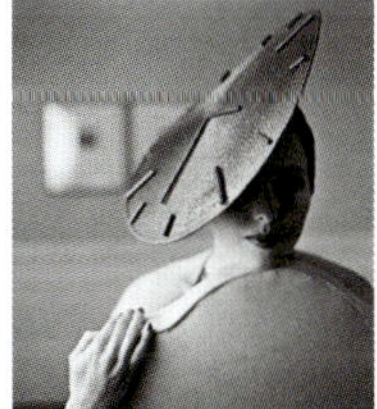

Viktoria Wearing Clock Hat
Rhinebeck, New York
2011
12,7 × 11,1 (5 × 4.4)
53 × 51,4 (20.8 × 20.2)

p. 122

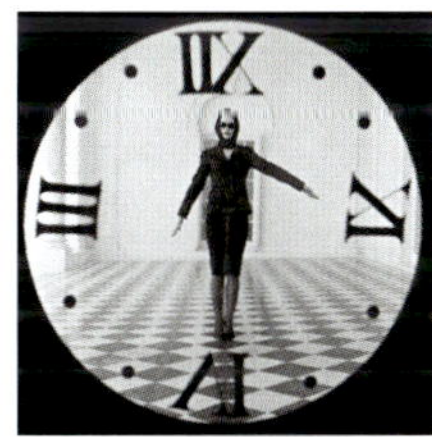

Viktoria through Clock
Rhinebeck, New York
2011
38,1 × 38,1 (15 × 15)
69 × 69 (27.1 × 27.1)

p. 123

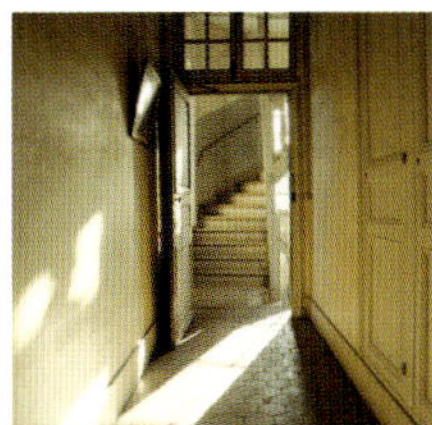

Hallway in Color
Vaux-le-Vicomte, France
2004
38,1 × 38,1 (15 × 15)
69 × 69 (27.1 × 27.1)

p. 125

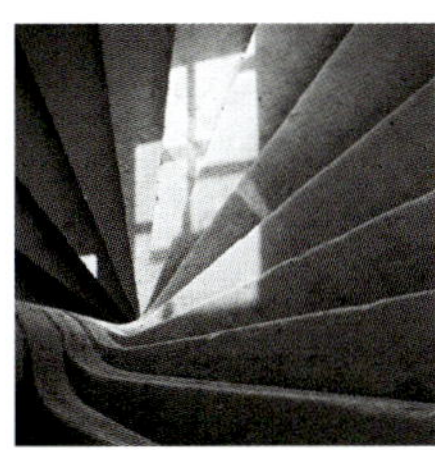

Staircase
Burgundy, France
1985
76,2 × 76,2 (30 × 30)
106,6 × 106,6 (42 × 42)

p. 126

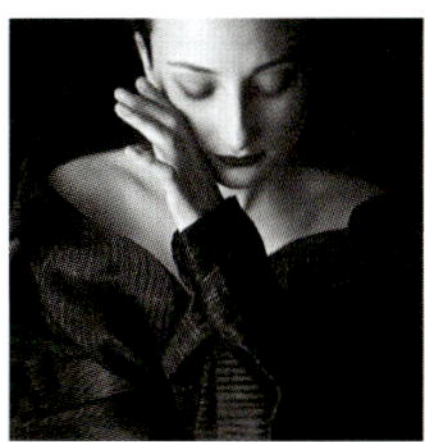

Bernadette with Hand on Cheek
Snedens Landing, New York
1995
76,2 × 76,2 (30 × 30)
106,6 × 106,6 (42 × 42)

p. 127

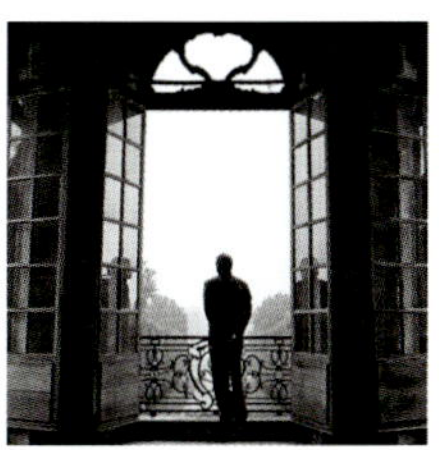

Man Looking through Doorway
Parc de Sceaux, France
1995
38,1 × 38,1 (15 × 15)
69 × 69 (27.1 × 27.1)

p. 128

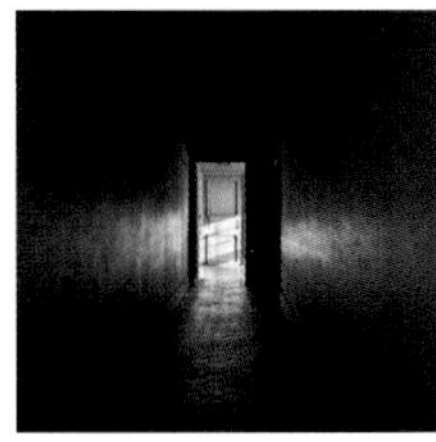

Door
Vaux-le-Vicomte, France
2004
38,1 × 38,1 (15 × 15)
69 × 69 (27.1 × 27.1)

p. 129

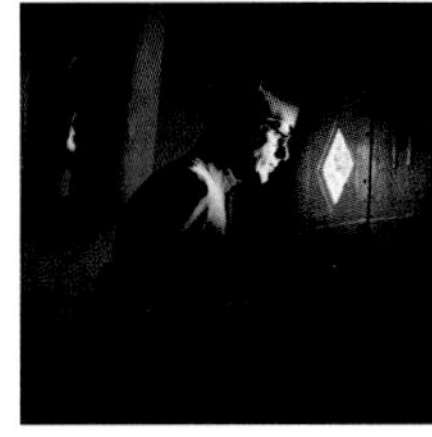

Don Looking through Window
New York, New York
2002
38,1 × 38,1 (15 × 15)
69 × 69 (27.1 × 27.1)

p. 130

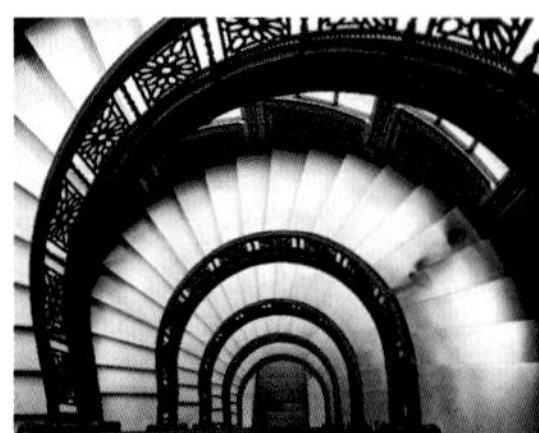

Woman Descending Stairs
Chicago, Illinois
1997
38,1 × 48,5 (15 × 19.1)
69 × 79,2 (27.1 × 31.2)

p. 130

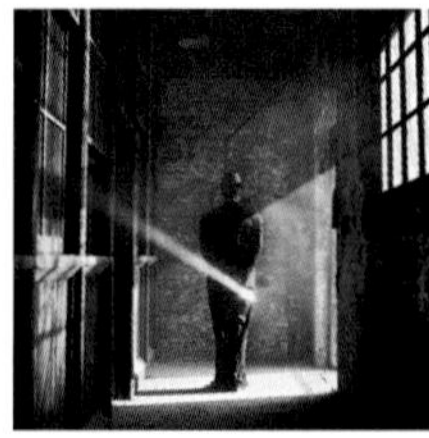

Don Holding Mirror behind Back
Brooklyn, New York
2000
12,7 × 12,7 (5 × 5)
53 × 53 (20.8 × 20.8)

p. 131

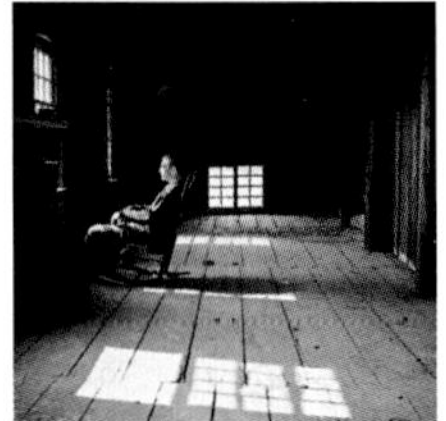

Peter Seated by Window
Hancock Shaker Village, Massachusetts
1993
38,1 × 38,1 (15 × 15)
69 × 69 (27.1 × 27.1)

p. 132

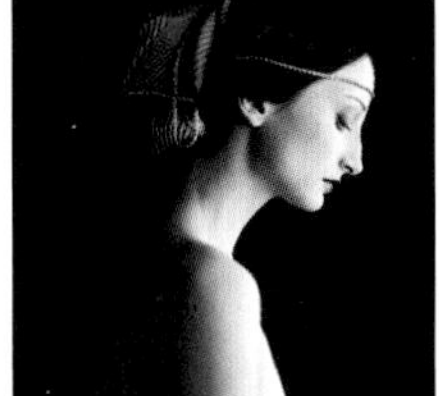

Bernadette No. 2,
Burden Mansion, New York, New York
1995
12,7 × 12,7 (5 × 5)
53 × 53 (20.8 × 20.8)

p. 133

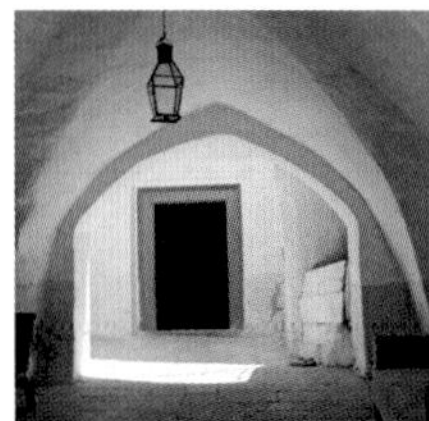

Mar Saba
Negev Desert, Israel
1976
38,1 × 38,1 (15 × 15)
69 × 69 (27.1 × 27.1)

p. 134

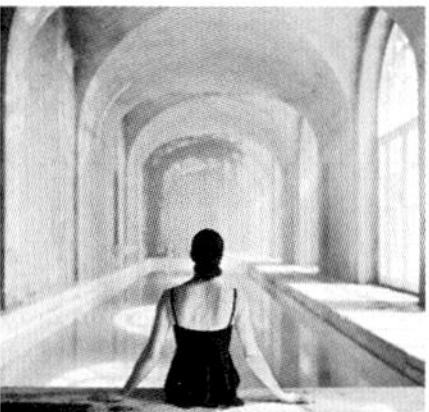

Caroline Seated on Edge of Pool
Long Island, New York
2000
76,2 × 76,2 (30 × 30)
106,6 × 106,6 (42 × 42)

p. 135

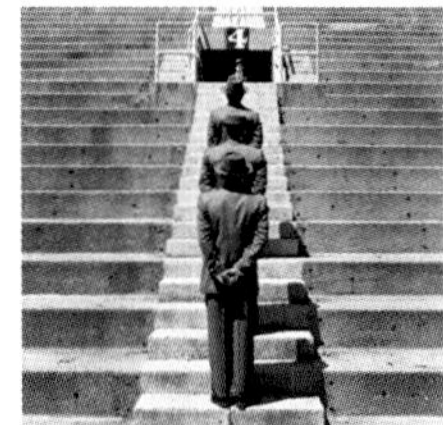

Men in Suits Lined Up
Randalls Island, New York
1999
12,7 × 12,7 (5 × 5)
53 × 53 (20.8 × 20.8)

p. 136

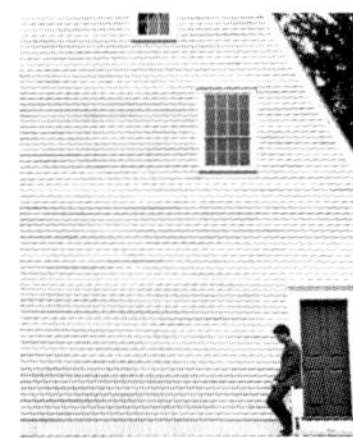

Man in Profile
Hancock Shaker Village, Massachusetts
1993
12,7 × 9,9 (5 × 3.9)
53 × 50 (20.8 × 19.7)

p. 137

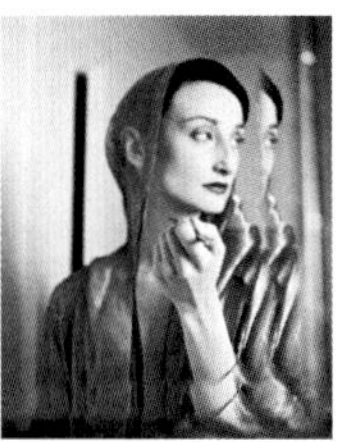

Bernadette in Mirror
Snedens Landing, New York
2001
76,2 × 63,5 (30 × 25)
106,6 × 93,9 (42 × 37)

p. 139

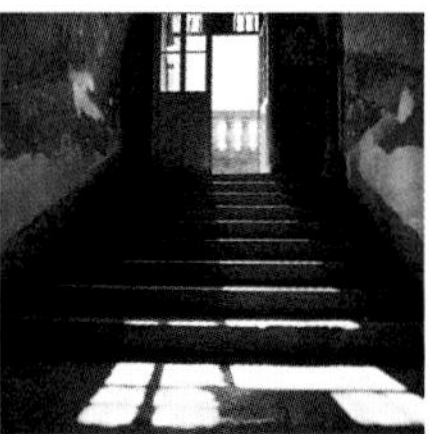

Stairs
Vaux-le-Vicomte, France
2004
12,7 × 12,7 (5 × 5)
53 × 53 (20.8 × 20.8)

p. 140

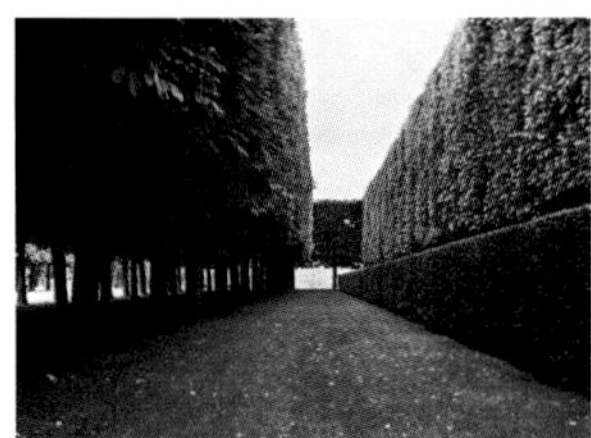

Landscape No. 2
Parc de Sceaux, France
1995
38,1 × 51,8 (15 × 20.4)
69 × 82,5 (27.1 × 32.5)

p. 141

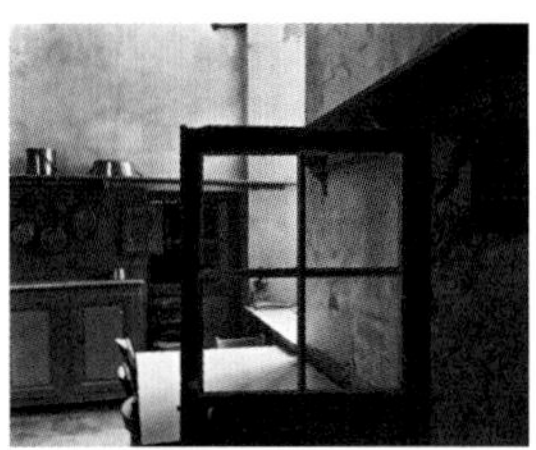

Kitchen Interior
Chastellux, France
1985
76,2 × 86,3 (30 × 34)
106,6 × 116,8 (42 × 46)

p. 142

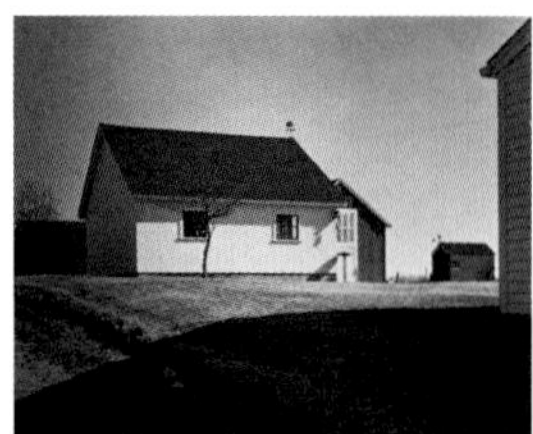

Garage, Afternoon Light
Waterside, Connecticut
1977
38,1 × 48,2 (15 × 19)
69 × 78,9 (27.1 × 31)

p. 143

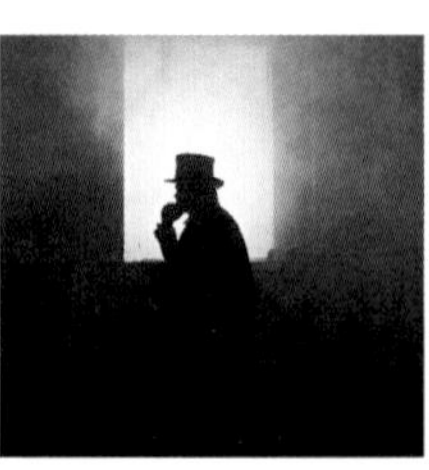

Dmitri Seated by Window
Snedens Landing, New York
1999
12,7 × 12,7 (5 × 5)
53 × 53 (20.8 × 20.8)

p. 144

Opere in mostra   Exhibition checklist

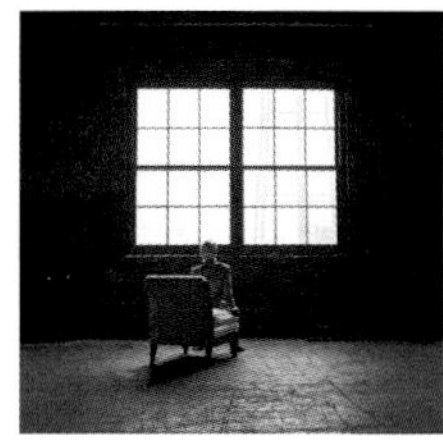

Cyndi Seated by Window
Brooklyn, New York
2003
12,7 × 12,7 (5 × 5)
53 × 53 (20.8 × 20.8)

p. 144

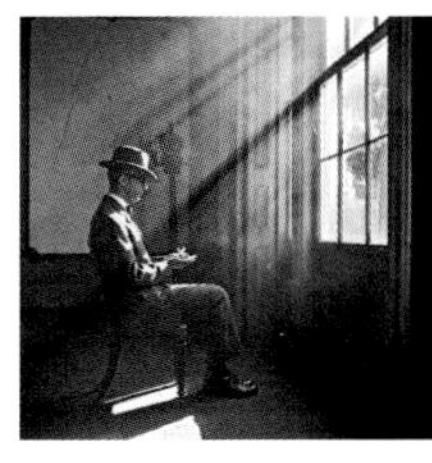

A. J. Seated Holding Gift
Charleston, South Carolina
2000
12,7 × 12,7 (5 × 5)
53 × 53 (20.8 × 20.8)

p. 145

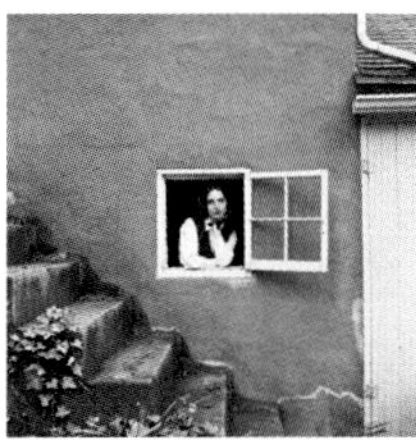

Pamela in Window
Snedens Landing, New York
1996
12,7 × 12,7 (5 × 5)
53 × 53 (20.8 × 20.8)

p. 146

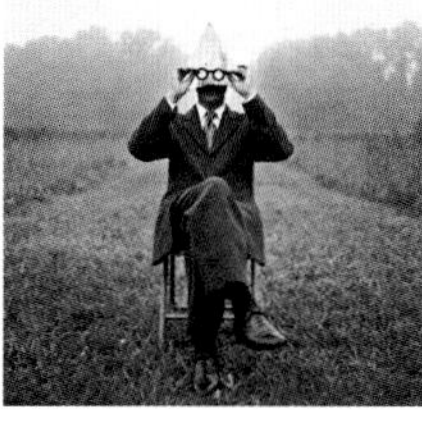

Man with Newspaper Hat
Monkton, Maryland
1999
12,7 × 12,7 (5 × 5)
53 × 53 (20.8 × 20.8)

p. 147

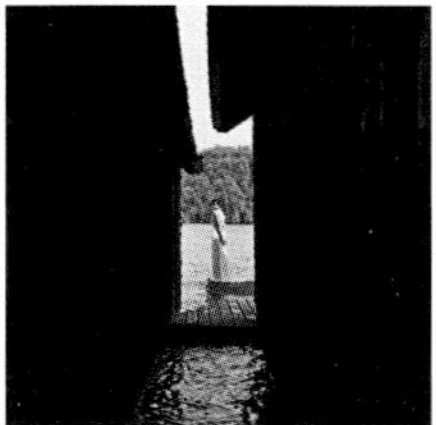

Laura with Hands behind Back
Lake Placid, New York
2006
76,2 × 76,2 (30 × 30)
106,6 × 106,6 (42 × 42)

p. 148

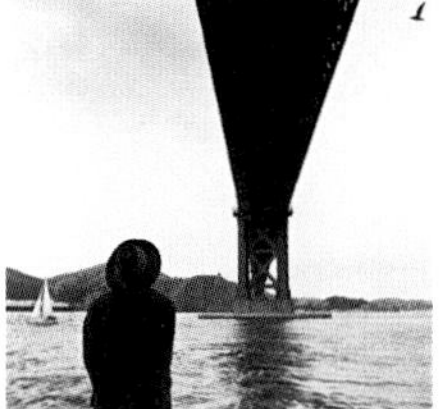

Clark under the Golden Gate Bridge
San Francisco, California
1996
38,1 × 38,1 (15 × 15)
69 × 69 (27.1 × 27.1)

p. 149

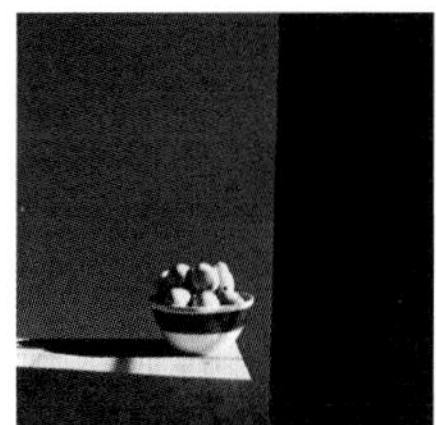

Pears
Clinton, Connecticut
1974
76,2 × 76,2 (30 × 30)
106,6 × 106,6 (42 × 42)

p. 150

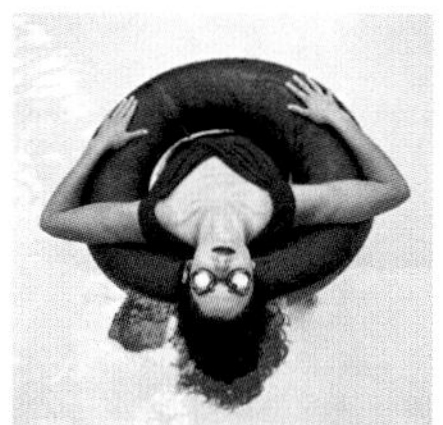

Zoe in Innertube
Snedens Landing, New York
2005
76,2 × 76,2 (30 × 30)
106,6 × 106,6 (42 × 42)

p. 151

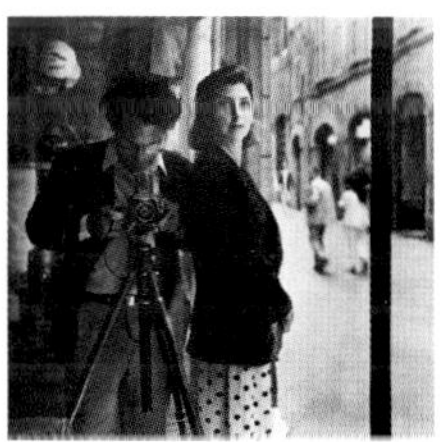

Self-portrait with Leslie
Siena, Italy
1990
12,7 × 12,7 (5 × 5)
53 × 53 (20.8 × 20.8)

p. 15

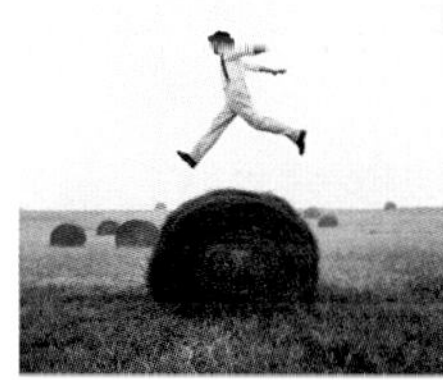

Don Jumping over Hay Roll No. 1
Monkton, Maryland
1999
12,7 × 12,7 (5 × 5)
53 × 53 (20.8 × 20.8)

p. 19

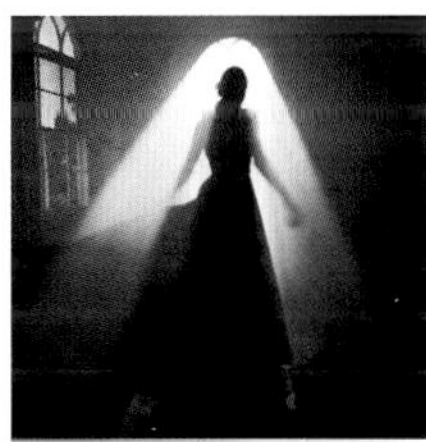

Caroline Silhouette No. 1
Ashley Hall, South Carolina
2000
76,2 × 76,2 (30 × 30)
106,6 × 106,6 (42 × 42)

p. 37

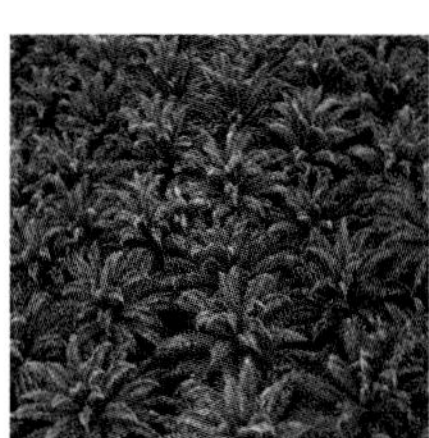

Palm Trees from Above
Dominican Republic
2010
38,1 × 38,1 (15 × 15)
69 × 69 (27.1 × 27.1)

non riprodotta in catalogo /
not reproduced in the catalog

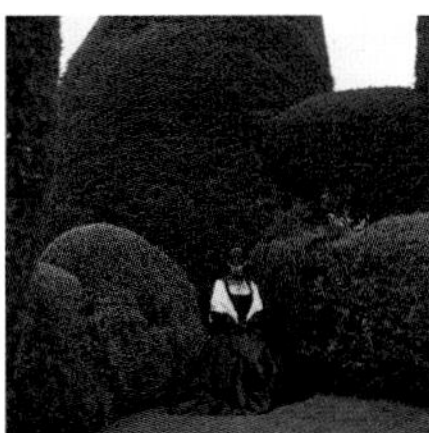

Chris Wearing Mask in Front of Hedges
Packwood Estate, England
2006
38,1 × 38,1 (15 × 15)
69 × 69 (27.1 × 27.1)

non riprodotta in catalogo /
not reproduced in the catalog

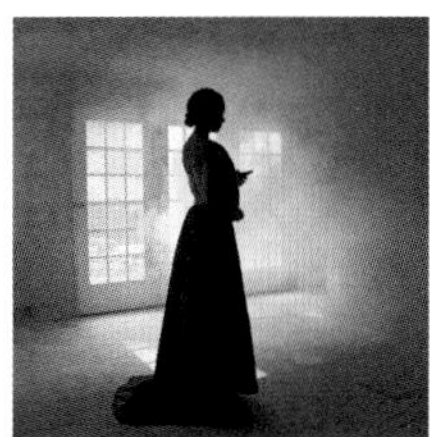

Wendy Silhouetted in Black Skirt
Snedens Landing, New York
2000
76,2 × 76,2 (30 × 30)
106,6 × 106,6 (42 × 42)

non riprodotta in catalogo /
not reproduced in the catalog

CRONOLOGIA

Rodney Lewis Smith (1947–2016) è stato un fotografo americano famoso per la magia delle sue immagini, capaci di confondere il confine tra sogno e realtà. Le composizioni sofisticate e i personaggi eleganti dei suoi straordinari scatti appartengono al mondo senza tempo che abitava la sua fantasia. Nato a New York, Smith esordisce come fotoreporter per poi dedicarsi al ritratto e infine trovare la sua nicchia, nonché il suo più grande successo, nella fotografia di moda. Ispirato da W. Eugene Smith, allievo di Walker Evans e fedele alle tecniche di Ansel Adams, egli fa della maestria tecnica e della pura bellezza la sua duplice stella polare. La fotografia è per lui il modo di vedere sé stesso attraverso gli altri. Sebbene sia nato in un ambiente privilegiato, il difficile rapporto con i genitori lo spinge a cercare altrove i suoi legami. Sia che ritragga i volti suggestivi di pellegrini, di potenti amministratori delegati o di eteree modelle, Smith riesce a restituire in modo sublime la propria capacità di entrare in risonanza con i soggetti fotografati e di catturare l'umanità della narrazione. La perfetta composizione delle sue immagini, scattate in esterno, smentisce la spontaneità del suo procedimento. Smith trasforma il nostro caotico mondo in un luogo di tranquillità e ordine, e ci strappa un sorriso mentre ci aiuta a riconoscere la nostra umanità condivisa. Scomparso nel 2016 all'età di sessantotto anni, Rodney Smith ha lasciato dietro di sé un corpus di opere notevole e impeturo. In un'epoca satura di immagini, le sue fotografie sono indimenticabili: sprigionano arguzia, eleganza e una sommessa profondità. Ci spingono a fermarci, a stupirci e a godere di un momento distillato nel tempo.

1915
Sanford J. Smith nasce a Woodmere, Long Island, New York, da Charles e Mollie Smith. Charles è un produttore di cappotti.

1918
Nasce Marion Rodnick, figlia di Samuel e Tessie Rodnick, sempre a Woodmere. Samuel lavora nel settore tessile.

1929
28 ottobre: Il crollo della borsa innesca la Grande Depressione.

1938
Sanford Smith e Marion Rodnick si sposano.

1941
Gli Stati Uniti entrano nella Seconda Guerra Mondiale.

1943
12 febbraio: Nasce a Woodmere la figlia della coppia, Marianne. Durante la Seconda Guerra Mondiale gli Smith vivono con i genitori di Marion.

1947
24 dicembre: Rodney Lewis nasce a New York.

1948
Gli Smith si trasferiscono al numero 963 di Allen Lane a Woodmere.
Ansel Adams pubblica *The Negative.*

1950
Ansel Adams pubblica *The Print.*

1951
Sanford Smith fonda l'azienda di moda Modelia, Inc. assieme al socio Gunther Oppenheim. Nel 1952 George Borg, proprietario di un'azienda di maglieria, autorizza Smith a impiegare un tessuto sviluppato per i rulli di verniciatura allo scopo di realizzare cappotti in pelliccia sintetica. Borg ribattezza il tessuto a pelo lungo Borgana. Rodney frequenta la scuola pubblica a Hewlett-Woodmere.

1955
Edward Steichen progetta la mostra itinerante *The Family of Man.*

1956
Gli Smith si trasferiscono in un tipico palazzo georgiano in pietra in Monroe Lane a Woodmere.
Un custode tedesco impiegato nella villa dei genitori impartisce al giovane Rodney i primi rudimenti di fotografia.

1957
Frequenta la scuola privata Woodmere Academy (fino al 1962).

1958
La villa degli Smith in Monroe Lane è citata nei numeri di ottobre e dicembre della rivista "American Home".

1959
Visita Londra, Parigi e St. Moritz con i genitori.

1960
Beaumont Newhall pubblica *The Daybooks of Edward Weston.*

1962
Il padre gli regala una Kodak Retina Reflex III con obiettivo Schneider da 50mm.
Frequenta la Avon Old Farms School di Avon, Connecticut (fino al 1966).

1964
Le truppe da combattimento statunitensi vengono inviate in Vietnam. Inizia la leva militare.

1965
Durante un viaggio d'istruzione in Europa incontra Mary-Kelly Busch, figlia dell'attrice Teresa Wright e del romanziere Niven Busch.

1966
Si iscrive alla University of Virginia, a Charlottesville, alma mater di Sanford Smith.

1967
In visita al Museum of Modern Art di New York, vede per la prima volta le stampe originali di Margaret Bourke-White, Henri Cartier-Bresson, Dorothea Lange e W. Eugene Smith.

1968
Sposa Mary-Kelly Busch a Bridgewater, Connecticut, in un meleto situato nella tenuta dell'attrice Teresa Wright, madre della sposa, e del patrigno, il drammaturgo Robert Anderson.
Sanford Smith e Gunther Oppenheim fondano la Anne Klein & Company assieme ad Anne Klein e al marito Matthew "Chip" Rubinstein. Smith e Oppenheim firmano un accordo per commercializzare in esclusiva la moda prêt-à-porter donna di Pierre Cardin negli Stati Uniti.
Henri Cartier-Bresson pubblica *The World of Henri Cartier-Bresson.*

1970
Si laurea in letteratura inglese e scienze religiose alla University of Virginia.
Riceve 500 dollari dal cognato Stephen Harrison per acquistare una fotocamera Leica.

1971
W. Eugene Smith realizza lo scatto *Tomoko and Mother in the Bath.*

1972
Smith e Mary-Kelly acquistano una casa con fienile appartenuta a un ex capitano di Marina a Clinton, Connecticut, e intraprendono ambiziosi lavori di ristrutturazione. Rodney decide di diventare fotografo e fa costruire una camera oscura all'interno della proprietà.
30 agosto: Sanford Smith muore improvvisamente all'età di cinquantasette anni; la sua fortuna passa al socio in affari, Gunther Oppenheim.
25 settembre: Nasce Jonah, figlio di Rodney e Mary-Kelly, a New Haven, Connecticut.
Il Museum of Modern Art dedica un'importante retrospettiva a Diane Arbus.

1973
Ottiene un master in teologia presso la Yale Divinity School di New Haven; intanto studia fotografia con Walker Evans.
Diventa collaboratore associato di Magnum Photos.
Gli Stati Uniti terminano il loro coinvolgimento nella guerra del Vietnam.

1974
Smith inizia a lavorare come professore associato di fotografia all'Università di Bridgeport, Connecticut, un incarico che manterrà anche l'anno successivo.

1976
Diciassette fotografie di Smith vengono pubblicate sulla rivista "Yale Alumni Magazine".
Grazie a una borsa di studio della Jerusalem Foundation, diventa fellow al Mishkenot Sha'ananim di Gerusalemme e fotografa il popolo di Israele. Tra i borsisti figurano il violinista Isaac Stern, il pianista Arthur Rubinstein, lo scultore Alexander Calder, il romanziere E.L. Doctorow e il compositore e scrittore Nicolas Nabokov.

1977
Fotografa il delta del Mississippi.

1979
Terence Falk diventa il primo assistente di Smith e successivamente il suo stampatore. Smith era stato suo insegnante di fotografia alla University of Bridgeport nel 1974.

1980
Soggiorna e fotografa in Galles.

1982
È professore associato di fotografia alla Yale University.
Soggiorna e fotografa ad Haiti.
Marion Smith muore a New York all'età di sessantaquattro anni.

1983
Il libro di Smith *In the Land of Light: Israel, a Portrait of Its People*, con prefazione di Elie Wiesel, viene pubblicato da Houghton Mifflin, dove Smith ha l'occasione di collaborare con la editor Nan A. Talese.
Visita Ansel Adams a Carmel, California.

CHRONOLOGY

Rodney Lewis Smith (1947–2016) was an American photographer whose magical images blur the line between dreams and reality. The sophisticated compositions and stylish characters in his extraordinary pictures exist in the timeless world of his imagination. Born in New York City, Smith started out as a photo-essayist, turned to portraits, and found his niche, and greatest success, in fashion photography. Inspired by W. Eugene Smith, taught by Walker Evans, and devoted to the techniques of Ansel Adams, Smith was driven by the two ideals of technical mastery and pure beauty. Photography was Smith's way of seeing himself through others. Although born to privilege, his difficult parental relationship led him to seek connection elsewhere. Whether soulful portraits of religious pilgrims, powerful CEOs, or ethereal models, his ability to connect with his subjects and convey a human narrative is exquisitely rendered on film. His perfectly composed images, shot on location, belie the spontaneity of his process. Smith transforms our chaotic world into a place of tranquility and order and elicits a smile by helping us recognize our shared humanity.
Rodney Smith passed away in 2016 at the age of sixty-eight, leaving behind a remarkable and enduring body of work. In an age saturated with images, his photographs remain unforgettable—witty, elegant, and quietly profound. They prompt us to pause, to wonder, and to take delight in a moment distilled.

1915
Sanford J. Smith is born to Charles and Mollie Smith in Woodmere on Long Island, New York. Charles is a coat manufacturer.

1918
Marion Rodnick is born to Samuel and Tessie Rodnick, also in Woodmere. Samuel is in the textile business.

1929
October 28: Stock market crash leads to the Great Depression.

1938
Sanford Smith marries Marion Rodnick.

1941
The United States enters World War II.

1943
February 12: A daughter, Marianne, is born to the Smiths in Woodmere. During World War II, the Smiths live with Marion's parents.

1947
December 24: Rodney Lewis Smith is born in New York City.

1948
The Smiths move to 963 Allen Lane in Woodmere.
Ansel Adams publishes *The Negative.*

1950
Ansel Adams publishes *The Print.*

1951
Sanford establishes the fashion company Modelia, Inc. with Gunther Oppenheim. In 1952 George Borg, owner of a knitting mill, allows Smith to use a fabric developed for paint rollers to make faux-fur coats. Borg calls the deep-pile fabric Borgana.
Rodney attends the Hewlett-Woodmere Public Schools.

1955
Edward Steichen creates the traveling exhibition *The Family of Man*.

1956
The Smiths move to a Georgian stone mansion on Monroe Lane in Woodmere.
Rodney is introduced to photography by a German caretaker employed in his parents' household.

1957
Attends the private Woodmere Academy (through 1962).

1958
The Smith mansion on Monroe Lane is featured in the October and December issues of *American Home* magazine.

1959
Travels to London, Paris, and St. Moritz with his parents.

1960
Beaumont Newhall publishes *The Daybooks of Edward Weston*.

1962
Receives a Kodak Retina Reflex III with a 50mm Schneider lens from his father.
Attends Avon Old Farms School, Avon, Connecticut (through 1966).

1964
US combat troops are sent to fight in the Vietnam War. Military draft begins.

1965
Meets Mary-Kelly Busch, daughter of actress Teresa Wright and novelist Niven Busch, on a European student tour.

1966
Enrolls at the University of Virginia, Charlottesville, Sanford Smith's alma mater.

1967
Visits the Museum of Modern Art, New York, where he sees original prints by Margaret Bourke-White, Henri Cartier-Bresson, Dorothea Lange, and W. Eugene Smith for the first time.

1968
Marries Mary-Kelly Busch in the apple orchard at the home of her mother, actress Teresa Wright, and her stepfather, playwright Robert Anderson, in Bridgewater, Connecticut.
Sanford Smith and Gunther Oppenheim cofound Anne Klein & Company with Anne Klein and her husband, Matthew "Chip" Rubinstein. Smith and Oppenheim also sign an agreement to sell Pierre Cardin's ready-to-wear women's fashions in the United States.
Henri Cartier-Bresson publishes *The World of Henri Cartier-Bresson*.

1970
Receives a bachelor's degree in English literature and religious studies from the University of Virginia.

Receives 500 dollars from his brother-in-law, Stephen Harrison, to purchase a Leica camera.

1971
W. Eugene Smith creates *Tomoko and Mother in the Bath*.

1972
Smith and Mary-Kelly purchase a former sea captain's house and barn in Clinton, Connecticut, and embark on renovation. Rodney decides to become a photographer and builds a darkroom on the property.
August 30: Sanford Smith dies suddenly at age fifty-seven; his fortune goes to his business partner, Gunther Oppenheim.
September 25: A son, Jonah, is born to Rodney and Mary-Kelly in New Haven, Connecticut.
Diane Arbus is given a major retrospective at the Museum of Modern Art.

1973
Receives a master of divinity degree from Yale Divinity School, New Haven, while also studying photography under Walker Evans.
Becomes a contributing associate of Magnum Photos.
US involvement in the Vietnam War ends.

1974
Smith begins serving as adjunct professor of photography at the University of Bridgeport, Connecticut, for two years.

1976
Seventeen of Smith's photographs appear in the *Yale Alumni Magazine*.
Receives a grant from the Jerusalem Foundation to serve as a fellow at Mishkenot Sha'ananim, Jerusalem, where he would photograph the people of Israel. Fellow attendees include violinist Isaac Stern, pianist Arthur Rubinstein, sculptor Alexander Calder, novelist E. L. Doctorow, and composer and writer Nicolas Nabokov.

1977
Photographs in the Mississippi Delta.

1979
Terence Falk becomes Smith's first assistant and later his printer. Smith taught Falk photography at the University of Bridgeport in 1974.

1980
Lives and photographs in Wales.

1982
Serves as adjunct professor of photography at Yale University.
Lives and photographs in Haiti.
Marion Smith dies in New York City at the age of sixty-four.

1983
His book *In the Land of Light: Israel, a Portrait of Its People*, introduced by Elie Wiesel, is published by Houghton Mifflin, where Smith works with editor Nan A. Talese.
Visits Ansel Adams in Carmel, California.

1984
Photographs throughout the American South.

1985
Photographs in France.
Applies to become a full member of Magnum Photos.
Becomes a resident fellow at the Virginia Center for the Creative Arts, Sweet Briar.

1984
Fotografa in tutto il Sud America.

1985
Fotografa in Francia.
Si candida per diventare membro di Magnum Photos.
Diventa resident fellow del Virginia Center for the Creative Arts di Sweet Briar.
Svolge incarichi di insegnamento a breve termine all'International Center of Photography di New York, ai Maine Photographic Workshops di Rockport e ai Santa Fe Photographic Workshops, New Mexico.

1986
Smith e Mary-Kelly si separano. Il divorzio è finalizzato nel 1989.

1987
Entra nel mondo della fotografia commerciale con un premiato *Annual Report* per la società agroalimentare H. J. Heinz Company, nel quale ritrae CEO internazionali in mezzo alla natura.
Incontra Leslie Smolan, cofondatrice della società di design Carbone Smolan Agency, che lo incarica di documentare la Borsa di New York e Merrill Lynch.
Realizza una campagna fotografica per la Bollman Hat Company di Adamstown, Pennsylvania.

1988
Diventa fellow del Timothy Dwight College, Yale University.
Ritrae alcuni docenti di Yale.
Fa domanda per un finanziamento Guggenheim con l'intento di realizzare una serie di ritratti fotografici dei leader delle principali organizzazioni imprenditoriali del mondo.
Realizza la maggior parte dei suoi lavori servendosi di una fotocamera Hasselblad dotata di treppiede; per le foto orizzontali utilizza una Mamiya 6x7 centimetri.
Leslie Smolan acquista una proprietà a Snedens Landing, New York. Avvia un progetto di ristrutturazione assieme a Smith che da Clinton, Connecticut, vi trasferisce la sua camera oscura.

1989
Fotografa in Giamaica.
"Taxi Magazine" gli affida il suo primo incarico di moda.
Terence Falk apre uno studio in proprio.
Sam Pettingill inizia a lavorare per Smith come stampatore.

1990
Smith e Leslie Smolan si sposano.
Fotografa a Roma, Siena e Porto Ercole.

1991
Realizza servizi di moda per marchi del lusso come Bergdorf Goodman, Neiman Marcus e Saks Fifth Avenue.
Realizza lo scatto *Trees, Cumberland Island, Georgia.*
John Szarkowski, direttore della fotografia al Museum of Modern Art, va in pensione.

1992
La Witkin Gallery di New York dedica a Smith una mostra personale.

1993
The Hat Book, un viaggio visivo nel mondo dei cappelli, ideato e progettato da Smolan con fotografie di Smith, è curato da Nan A. Talese e pubblicato da Doubleday.

1994
20 novembre: Nasce a New York Savannah, la figlia di Smith e Smolan.
Realizza una campagna per Ralph Lauren.
dicembre 1994 – ottobre 1995: Realizza la serie *Line* (*Airline*, *Hemline* e *Skyline*) per il settimanale "The New York Times Magazine", in collaborazione con la stylist Elizabeth Stewart e l'art director Janet Froelich.

1995
Fotografa per la prima volta la modella Bernadette Jurkowski.
Vive e fotografa in Provenza, Francia.
Crea immagini per marchi di moda tra cui Kiton, Louis of Boston e Alfred Dunhill.

1996
Terence Falk torna a lavorare nello studio di Smith.
Fotografa le copertine per *The Book* di Neiman Marcus,

in uscita quell'anno, in collaborazione con l'art director Georgia Christensen. Il "magalog" (un incrocio tra un catalogo e una rivista di moda di alto profilo) viene spedito ai clienti e commercializzato nelle edicole.
agosto: Fotografa a Chicago per la catena di grandi magazzini Dayton Hudson.

1997
settembre: Realizza lo scatto *Three Men with Shears no. 1, Reims, France.*

1998
aprile: Celebra il suo cinquantesimo compleanno viaggiando e fotografando in Europa in compagnia del figlio Jonah.

1999
Acquista una proprietà confinante a Snedens Landing. Unisce le proprietà e intraprende un secondo progetto di ristrutturazione che include la progettazione del paesaggio.
Realizza lo scatto *Twins in Tree, Snedens Landing, New York.*
Crea una serie di immagini per promuovere il New York City Ballet.
Ha inizio la collaborazione con la stylist tedesca Renate Lindlar.

2000
Mostra personale alla Robert Klein Gallery di Boston.
Riceve la diagnosi di leucemia linfatica cronica.

2001
Terence Falk abbandona il ruolo di stampatore di Smith. L'assistente di studio Patricia Barrett viene istruita come sostituta.
11 settembre: Quasi tremila persone perdono la vita in una serie di attacchi contro gli Stati Uniti condotti da terroristi di Al-Qaeda. Le Torri Gemelle a Lower Manhattan vengono rase al suolo.
novembre: Smith è il primo fotografo incaricato di realizzare le immagini per *The Year in Ideas*, un numero speciale di "The New York Times Magazine" dedicato a una rassegna di "idee, invenzioni, spunti concettuali, mutamenti di mentalità e progressi filosofici determinanti per quest'anno e, probabilmente, per gli anni a venire". Le fotografie di Smith documentano le realtà più disparate, dai botox parties al fitness super slow, dalle "visite di gratitudine" ai disegni realizzati da non vedenti. Collabora con Kathy Ryan, direttrice della fotografia, e ancora con l'art director Janet Froelich ai primi tre numeri: 2001, 2002 e 2003.

2002
Inizia a usare la pellicola a colori e a realizzare stampe a colori.
Dirige "Searching for Perfect", una serie di spot pubblicitari per Walgreens.

2003
Mostra personale "Rêverie and Reality", University of Virginia Art Museum, Charlottesville.
Crea la copertina dell'album *At Last* di Cyndi Lauper.
Lavora sul libro *Perceptions*, dedicato al Surrealismo.

2004
Insegna in un workshop privato a Parigi.

2005
Pubblica *The Book of Books*.
Mostra personale "Adam's Dream" al Brigham Young University Museum of Art di Provo, Utah.

2007
On the Edge, un servizio di Smith dedicato alla moda autunnale per la rivista "New York", è il primo che vede la partecipazione del modello e acrobata Reed Kelly.
Realizza una serie di fotografie a corredo di un servizio di copertina sul sonno per "The New York Times Magazine".
Si reca ad Amalfi per un servizio di moda commissionato dalla rivista "Departures", in collaborazione con l'editor Richard David Story.

2008
Negli Stati Uniti inizia la Grande Recessione, la crisi economica globale innescata dallo scoppio della bolla immobiliare e dalla crisi dei mutui subprime.
Tiene workshop privati per studenti a Snedens Landing (2008, 2011, 2013).

Per la rivista "New York" scatta la foto *Edythe and Andrew Kissing on Top of Taxis, New York.*
Su incarico di W. W. Norton & Company realizza la copertina per la ristampa dei cinque romanzi di Patricia Highsmith su Mr. Ripley.

2009
Nasce "The End", il suo blog a carattere personale.
Inizia il primo ciclo di chemioterapia per curare la leucemia linfatica cronica; riceverà ulteriori trattamenti nel 2011 e nel 2014.
Pubblica il libro *The End*, un'edizione da collezione di grandi dimensioni che raccoglie vent'anni di fotografie in bianco e nero.

2010
Mostra personale al Museo de Teruel, Spagna.
Scatta *Saori on Sea Plane Wing, Dominican Republic.*

2011
17 gennaio: La foto del 1997 *David with Binoculars Standing on Water, Sherwood Island, Connecticut* è sulla copertina della rivista "Time".
Skyline, Hudson River, New York (1995) è esposta al National September 11 Memorial & Museum di New York.
Per la rivista "Real Simple", in collaborazione con Janet Froelich, elabora una serie di scatti che illustrano il concetto di tempo.
Mostra personale alla Fahey/Klein Gallery di Los Angeles.

2012
Realizza *Reed Perched on the Top of Ladder with Binoculars, Snedens Landing, New York*, pubblicata sulla copertina del 16 aprile di "Time".
Fotografa per Martha Stewart Weddings.

2013
Realizza fotografie personali a Longwood Gardens, Pennsylvania.
Per la rivista "Real Simple", in collaborazione con l'art director Janet Froelich, elabora una serie di scatti che illustrano il concetto di equilibrio.

2014
Realizza una serie di foto a carattere personale ad Amenia, New York.

2015
6 marzo: È pubblicato l'ultimo post sul blog "The End".

2016
Firma l'immagine di copertina di *A Gentleman in Moscow* di Amor Towles per Viking Books.
Esce *Rodney Smith: Photographs*, il primo libro che include i suoi lavori a colori.
novembre: Rodney Smith presenta una retrospettiva del suo lavoro presso B&H Photo a New York.
5 dicembre: Rodney Smith muore nella casa di Snedens Landing all'età di sessantotto anni.

Begins taking short-term teaching assignments at the International Center of Photography, New York; the Maine Photographic Workshops, Rockport; and the Santa Fe Photographic Workshops, New Mexico.

1986
Smith's marriage to Mary-Kelly ends. Their divorce is finalized in 1989.

1987
Enters the commercial photography world with an award-winning annual report for the H. J. Heinz Company, shooting environmental portraits of international CEOs.
Meets Leslie Smolan, cofounder of the design firm Carbone Smolan Agency, who hires him to shoot photographs for the New York Stock Exchange and Merrill Lynch.
Creates a series of photographs at the Bollman Hat Company, Adamstown, Pennsylvania.

1988
Becomes a fellow at Timothy Dwight College, Yale University.
Makes portraits of faculty at Yale.
Applies for a Guggenheim grant to create a series of photographic portraits of the leaders of the world's most important business organizations.
Begins using a Hasselblad camera with a tripod for most of his work. For horizontals or spreads, he uses a Mamiya 6-by-7-centimeter camera.
Leslie Smolan purchases property in Snedens Landing, New York. Begins renovation project with Smith, who moves his darkroom there from Clinton, Connecticut.

1989
Photographs in Jamaica.
Hired by *Taxi Magazine* for his first fashion assignment.
Terence Falk establishes his own studio.
Sam Pettingill begins working for Smith as a master printer.

1990
Smith and Leslie Smolan get married.
Photographs in Rome, Siena, and Porto Ercole, Italy.

1991
Begins shooting fashion assignments for luxury retailers such as Bergdorf Goodman, Neiman Marcus, and Saks Fifth Avenue.
Creates *Trees, Cumberland Island, Georgia*.
John Szarkowski retires as director of photography at the Museum of Modern Art.

1992
Smith is given a solo exhibition at the Witkin Gallery, New York.

1993
The Hat Book, a visual journey through the world of of hats, conceived and designed by Smolan with photographs by Smith, is edited by Nan A. Talese and published under her imprint at Doubleday.

1994
November 20: A daughter, Savannah, is born to Smith and Smolan in New York.
Creates a campaign for Ralph Lauren.
December 1994 – October 1995: Creates the *Line* series (*Airline*, *Hemline*, and *Skyline*) for *The New York Times Magazine*, working with stylist Elizabeth Stewart and art director Janet Froelich.

1995
Photographs model Bernadette Jurkowski for the first time.
Lives and photographs in Provence, France.
Creates images for fashion brands including Kiton, Louis of Boston, and Alfred Dunhill.

1996
Terence Falk returns to work in the Smith studio.
Photographs covers for Neiman Marcus's *The Book*, which debuts this year, working with creative director Georgia Christensen. This "magalog" (a cross between a catalog and a high-end fashion magazine) was mailed to customers and sold on newsstands.
August: Photographs in Chicago for Dayton Hudson.

1997
September: Creates *Three Men with Shears no. 1, Reims, France*.

1998
April: Celebrates his fiftieth birthday by traveling and photographing in Europe with his son, Jonah.

1999
Purchases adjacent property in Snedens Landing. Combines the properties and embarks on another renovation project, including landscape design.
Creates *Twins in Tree, Snedens Landing, New York*.
Creates images to advertise the New York City Ballet.
Begins working with German fashion stylist Renate Lindlar.

2000
Solo exhibition at the Robert Klein Gallery, Boston.
Smith is diagnosed with chronic lymphocytic leukemia (CLL).

2001
Terence Falk resigns as Smith's printer. He trains studio assistant Patricia Barrett as his replacement.
September 11: Almost three thousand people are killed in a series of attacks against the United States led by members of the terrorist group Al-Qaeda. The Twin Towers in Lower Manhattan are leveled.
November: Smith is the first photographer hired to create images for *The Year in Ideas*, a special issue of *The New York Times Magazine* offering a catalog of "notions, inventions, conceptual swerves and philosophical leaps that mattered this year and may well continue to matter in years to come." Smith's photographs document subjects as diverse as Botox parties, super-slow exercise, gratitude visits, and drawings by blind people. He works with Kathy Ryan, director of photography, and Janet Froelich, creative director, on the first three issues: 2001, 2002, and 2003.

2002
Begins to shoot color film and make color prints.
Directs "Searching for Perfect," a series of commercials for Walgreens.

2003
Solo exhibition *Rêverie and Reality* at the University of Virginia Art Museum, Charlottesville.
Creates cover art for Cyndi Lauper's album *At Last*.
Begins work on *Perceptions*, a book on Surrealism.

2004
Teaches a private student workshop in Paris.

2005
Publishes *The Book of Books*.
Solo exhibition *Adam's Dream* at the Brigham Young University Museum of Art, Provo, Utah.

2007
"On the Edge," a fall fashion feature for the *New York* magazine, is Smith's first shoot with model and acrobat Reed Kelly.
Photographs a cover story on sleep for *The New York Times Magazine*.
Travels to Amalfi, Italy, to shoot a fashion story for *Departures* magazine, working with editor Richard David Story.

2008
The Great Recession begins in the United States with the bursting of the housing bubble and the onset of the subprime mortgage crisis.
Smith begins hosting private student workshops in Snedens Landing (2008, 2011, 2013).
Creates *Edythe and Andrew Kissing on Top of Taxis, New York* for the *New York* magazine.
Provides cover art to W. W. Norton & Company for a reprint edition of the five-book series of Ripley novels by Patricia Highsmith.

2009
Begins "The End," a personal blog.
Begins first course of chemotherapy to treat CLL; receives subsequent treatments in 2011 and 2014.
Publishes the book *The End*, an oversize collector's edition featuring twenty years of black-and-white photographs.

2010
Solo exhibition at the Museo de Teruel, Spain.
Creates *Saori on Sea Plane Wing, Dominican Republic*.

2011
January 17: *David with Binoculars Standing on Water, Sherwood Island, Connecticut* (1997) appears on the cover of *Time* magazine.
Skyline, Hudson River, New York (1995) is exhibited at the National September 11 Memorial & Museum, New York.
Creates photographs illustrating the concept of time for *Real Simple* magazine, working with creative director Janet Froelich.
Solo exhibition at Fahey/Klein Gallery, Los Angeles.

2012
Creates *Reed Perched on the Top of Ladder with Binoculars, Snedens Landing, New York*, which appears on the April 16 cover of *Time* magazine.
Photographs for Martha Stewart Weddings.

2013
Creates personal photographs at Longwood Gardens, Pennsylvania.
Creates photographs illustrating the concept of balance for *Real Simple* magazine, again working with creative director Janet Froelich.

2014
Creates personal photographs in Amenia, New York.

2015
March 6: The final blog entry for "The End" is posted.

2016
Provides cover art to Viking Books for *A Gentleman in Moscow* by Amor Towles.
Publishes *Rodney Smith: Photographs*, the first book to include his color work.
November: Rodney Smith presents a retrospective of his work at B&H Photo in New York City.
December 5: Rodney Smith dies at home in Snedens Landing at age sixty-eight.

GLI AUTORI

Susan Bright
Curatrice specializzata in fotografia, vive e lavora a Londra. Nel corso della sua carriera internazionale ha curato varie mostre presso importanti istituzioni come la Galleria Nazionale d'Arte Moderna di Roma, il Princeton University Art Museum e il Lismore Castle Arts in Irlanda. È stata curatrice ospite o direttrice artistica di numerosi festival in Spagna e Germania e ha pubblicato sette libri d'arte e fotografia. Collabora regolarmente alla redazione di cataloghi di mostre e scrive per importanti testate e riviste tra cui "The Financial Times", "The Guardian" e "Vogue". Ha curato alcuni programmi per BBC Radio 4 e ha insegnato in università di tutto il mondo, fra cui la Parsons School of Design di New York e il Sotheby's Institute di Londra.

Anne Morin
Diplomatasi presso l'École nationale supérieure de la photographie di Arles e l'École Supérieure des Beaux-Arts di Montpellier, è la direttrice di diChroma photography, società specializzata nell'organizzazione di esposizioni internazionali itineranti dedicate alla fotografia, nonché nello sviluppo e nella realizzazione di progetti culturali in collaborazione con istituzioni e musei prestigiosi, tra cui Fundación Canal (Madrid), Martin-Gropius-Bau (Berlino), Museo Pushkin (Mosca), Musée du Luxembourg, Jeu de Paume (Parigi), Palazzo Ducale (Genova). Mossa da grande passione e irriducibile entusiasmo, lavora alla riscoperta di artisti e fotografi. Ha curato numerose mostre di fotografi e artisti, tra cui Sally Mann, Horst P. Horst, Berenice Abbott, Antonio Lopez, Vivian Maier, Robert Doisneau e Margaret Watkins. Nel 2022 ha ricevuto il premio Photo Curator of the Year dei Lucie Awards (Carnegie Hall, New York) per il suo lavoro sulla mostra "Unseen" dedicata a Vivian Maier, allestita al Musée du Luxembourg.

Leslie Smolan
Leslie Smolan è direttrice esecutiva della Estate of Rodney Smith. Per più di quarant'anni è stata art director della Carbone Smolan Agency, un'azienda di design che ha fondato a New York insieme a Kenneth Carbone. Nel 2014, ha ricevuto il premio alla carriera dell'American Institute of Graphic Arts. È stata la moglie di Rodney Smith, sua stretta collaboratrice e partner creativa per trent'anni. Attualmente si dedica a preservare, valorizzare e divulgare il lascito artistico del grande fotografo.

CONTRIBUTORS

Susan Bright
She is a London-based curator specializing in lens-based media. Her international career has included curating exhibitions at leading institutions such as the Galleria Nazionale d'Arte Moderna in Rome (Italy), Princeton University Art Museum (USA), and Lismore Castle Arts (Ireland). She has been guest curator or artistic director for festivals in Spain and Germany and published seven books on art and photography. She is a regular contributor to exhibition catalogs, journals, magazines, and broadsheets including *The Financial Times*, *The Guardian*, and *Vogue*. She has broadcast for BBC Radio 4 and has taught at universities worldwide including Parsons School of Design in New York and Sotheby's Institute in London.

Anne Morin
A graduate of the École nationale supérieure de la photographie in Arles and the École Supérieure des Beaux-Arts in Montpellier, she is the director of diChroma photography, a company specializing in international touring exhibitions of photography. She also develops and realizes cultural projects in collaboration with prestigious museums and institutions, including Fundación Canal (Madrid), Martin-Gropius-Bau (Berlin), Pushkin National Museum of Fine Arts (Moscow), Musée du Luxembourg, Jeu de Paume (Paris), and Palazzo Ducale (Genoa). Driven by great passion and enthusiasm, she works to rediscover artists and photographers. She has curated numerous exhibitions devoted to important photographers and artists, including Sally Mann, Horst P. Horst, Berenice Abbott, Antonio Lopez, Vivian Maier, Robert Doisneau, and Margaret Watkins. In 2022, she received the Photo Curator of the Year award at the Lucie Awards (Carnegie Hall, New York) for her work on the Vivian Maier exhibition, *Unseen*, at the Musée du Luxembourg.

Leslie Smolan
Leslie Smolan is the executive director of the Estate of Rodney Smith. For more than forty years, she was the creative director of Carbone Smolan Agency, a design company she cofounded with Kenneth Carbone in New York City. In 2014, she received the Lifetime Achievement Award from the American Institute of Graphic Arts. Smolan had a thirty-year collaboration with Rodney Smith as both his creative partner and his wife, and is dedicated to preserving, enhancing, and expanding Smith's legacy.

In copertina / Cover
Skyline
Hudson River, New York
1995

p. 2
Polaroid self-portrait
Schönbrunn Palace, Vienna, Austria
1998

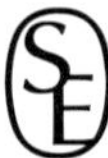

Silvana Editoriale

Direttore generale / General Director
Michele Pizzi

Direttore editoriale / Editorial Director
Sergio Di Stefano

Art Director
Giacomo Merli

Coordinamento redazionale / Editorial Coordinator
Silvia Perfetti

Redazione / Copy Editor
Emanuela Di Lallo

Traduzione / Translation
Anna Albano
(dal francese all'italiano / from French into Italian)
Jeremy Carden
(dall'italiano all'inglese / from Italian to English)
Valeria Caredda
(dall'inglese all'italiano / from English into Italian)
Charles Davis
(dal francese all'inglese / from French into English)

Impaginazione / Layout
Denise Castelnovo

Coordinamento di produzione / Production Coordinator
Antonio Micelli

Segreteria di redazione / Editorial Assistant
Giulia Mercanti

Ufficio iconografico / Photo Editors
Silvia Sala, Barbara Miccolupi

Ufficio stampa / Press Office
Alessandra Olivari, press@silvanaeditoriale.it

Available through ARTBOOK | D.A.P.
155 Sixth Avenue, 2nd Floor, New York, N.Y. 10013
Tel: (212) 627-1999 Fax: (212) 627-9484

ISBN 9788836658879

Crediti fotografici / Photo credits

Mondadori Portfolio / Courtesy Everett Collection, p. 24
Album / Alamy Foto Stock, p. 28
Bridgeman Images, p. 30
The Stapleton Collection / Bridgeman Images, p. 42
Image copyright The Metropolitan Museum of Art / Art Resource / Scala, Firenze, p. 44
Courtesy SMK, National Gallery of Denmark, p. 48

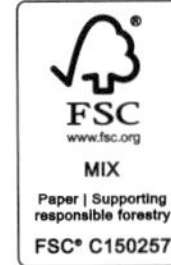

Silvana Editoriale S.p.A.
via dei Lavoratori, 78
20092 Cinisello Balsamo, Milano
tel. 02 453 951 01
www.silvanaeditoriale.it

Le riproduzioni, la stampa e la rilegatura
sono state eseguite in Italia
Reproductions, printing and binding
in Italy
Stampato da / Printed by Tipo Stampa S.r.l.,
Moncalieri (Torino)
Finito di stampare nel mese di luglio 2025 /
Printed July 2025

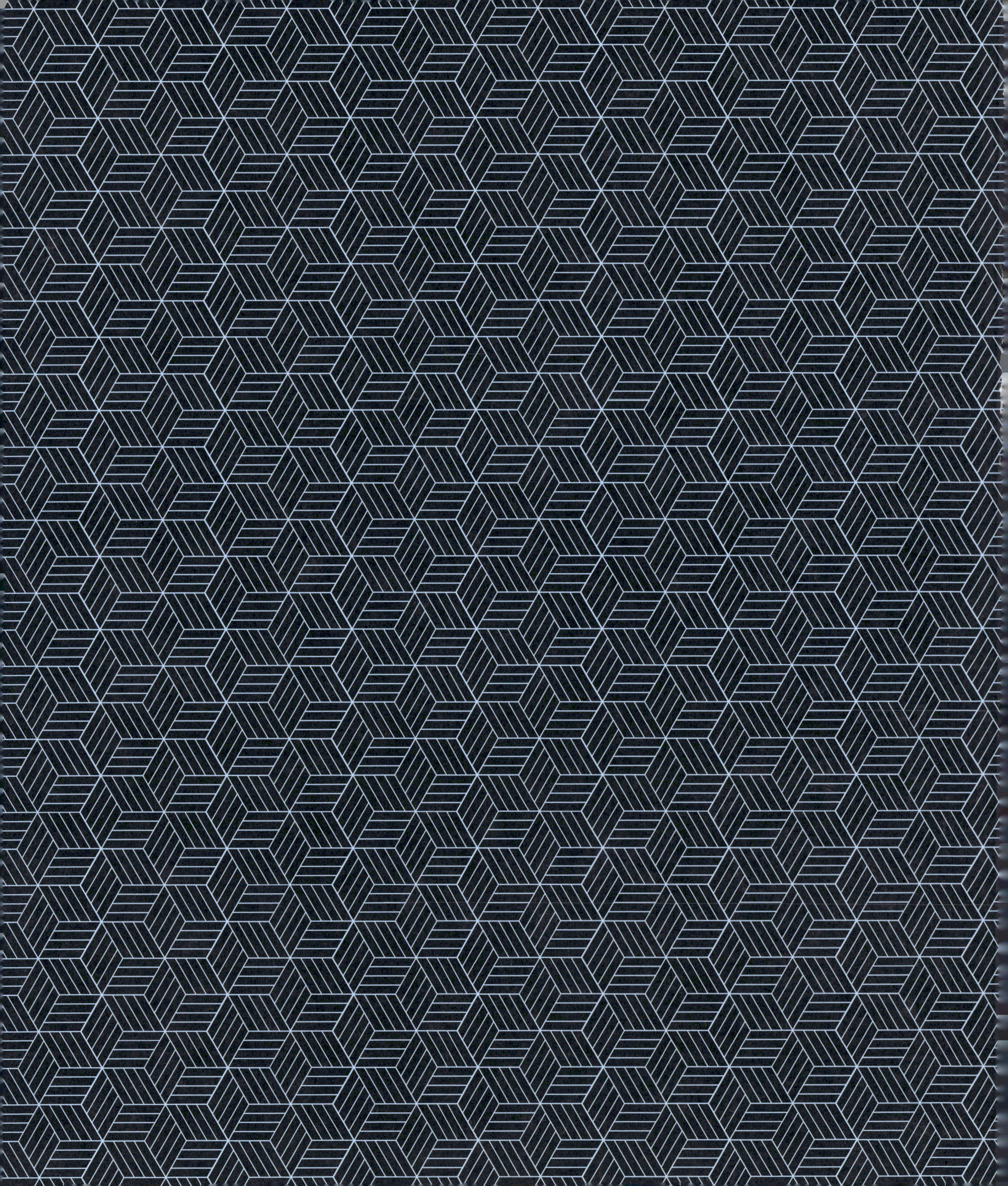